博物館とコレクション管理

金山喜昭 編

ポスト・コロナ時代の資料の保管と活用

まえがき

「地方分権」や「規制緩和」が推進される中で、国公立の博物館でも市場化・民営化による制度（独立行政法人、指定管理者制度、PFI法など）により、経営の効率化や利用者サービスの向上をはかり、利用者数を増やす展覧会事業に一段とウエイトが置かれるようになっている。その影響により博物館が収蔵するコレクションの整理や保存は必ずしも十分に整備されているとはいえず、多くの博物館は程度の差はあるものの問題を抱えている。博物館はコレクションを次世代に引き継ぐことが大きな使命といえるが、そのためには博物館の持続可能性が保障されることが大きな鍵となっている。

一方、ポスト・コロナ時代は巡回展や他館から展示資料を借りる大規模展（新聞社などマスコミと共催のブロックバスター展）は低調になり、展覧会は自館のコレクションをベースにして開催することが主流になると予想される。展覧会に主軸をおいてきた博物館運営にとっても、コレクションを適正に管理する体制を整備することは欠かすことができない。

本書では、博物館における資料の収集をはじめ、ドキュメンテーション、保存・修復、収蔵管理、資料の移動、貸借、展示、アクセス・活用、処分などを包括的に「コレクション管理」という概念によってとらえ、コレクションを基盤にした一連の流れの中で、それぞれの領域について取り上げる。また、その前提となるコレクションに関する歴史や法制度についても見てゆくことにする。

博物館の持続可能性を担保するためには、人々がコレクションにアクセスして活用することができるかどうかが問われる。デジタルアーカイブはドキュメンテーションによって支えられ、収蔵コレクションへのアクセスを拡大することができる。収蔵庫を一般に公開するためには、ドキュメンテーションをはじめ収蔵環境などを日頃から整えておかなければならない。また、収蔵庫の増設を契機に、それらの諸活動と関連づけて相互調整をはかることは、コレクション管理の在り方を見直すことに通じる。

2019年（令和元）、ICOM京都大会の総会で採択された「社会に託された人類が作った物や標本を保管し、未来の世代のために多様な記憶を保護するとともに、すべての人々に遺産に対する平等な権利と平等な利用を保証する」

という博物館の認識は、今日のグローバル社会に共有されている。また、同大会では「世界中の収蔵庫のコレクションの保護と活用に向けた方策」も採択されたように、世界中の博物館関係者にとって、コレクションの保存・活用は共通する課題となっている。国内でも公益財団法人日本博物館協会が、2012 年（平成 24）に制定した「博物館の原則」及び「博物館関係者の行動規範」の中で、「博物館は、体系的にコレクションを形成し、良好な状態で次世代に引き継ぐ」と定めているように、コレクションを適正に管理することは、全ての博物館の社会的な役割と責任である。

しかしながら、博物館の財政や人員の不足が慢性化する中で、コレクションの管理がなかなか進んでおらず、コレクションを死蔵化しているところもある。設置者がコレクション管理に理解がおよばずに、手間や時間のかかる資料整理を後回しにするなど、誤った判断が是正されていないことが懸念される。博物館の基盤はコレクションである。コレクションの価値が十分に理解され、それを活かすことができなければ、学術文化・教育面ばかりでなく、地域コミュティや福祉、産業、観光などにも良い影響を及ぼすことができない。

コレクションの管理をめぐるグローバル社会の動向を俯瞰すると、欧米におけるコレクション・マネジメント（collections management）は、所蔵するコレクションの保存管理だけではなく、収集、ドキュメンテーション、修理・保存、収蔵保管、セキュリティ、展示、アクセスと活用、貸借、処分など、コレクションに関する総ての領域活動を包括的にとらえたシステムとして機能している。基本方針となるポリシーは、すべての活動を網羅し、公衆に対して説明責任を果たす。コレクション・マネジメントの歴史は試行錯誤の連続である。行政評価においても説明責任などが求められるようになり、増え続けるコレクションと向き合いながら、その再構築がはかられている。

本書が、「コレクション管理」と題する理由は、日本の博物館は欧米のように関連する領域が総合的にシステムとして機能させる状況になっておらず、さらに博物館を取り巻く環境が整備されていないことによる。本書ではそれぞれの執筆者の博物館に関する職業キャリアを結集することにより、コレクション・マネジメントの構築を見据えて、その取り組みを開始する足がかりにすることを狙いにしている。

本書を構想するきっかけとなったのは、2008 年 4 月から 1 年間、在外研究でロンドン大学（University College London）において、S. キーン（Suzanne Keene）博士の下でコレクション・マネジメントについて学び、イギリス国内の博物館の状況を現地調査したことである。当時は、『スペクトラム（SPECTRUM）』というドキュメンテーションの標準書を用いて、各館でコレクションの再整理が行われていたり、国営の宝くじ基金の助成により収蔵庫も増設されていた。再整理が完了したところでは、日本ではほとんど見られなかった収蔵庫の公開も行われていた。そのような知見が契機となり、日本のコレクションの管理問題に直面することになった。

その後、指定管理者の博物館調査を行う中で、並行して国内の収蔵庫の管理状況なども調査してきた。また、日本博物館協会の『日本の博物館総合調査』（令和元年度）の一員として、報告書の作成に携わるなかで国内のコレクションの管理状況が調査を重ねるたびに厳しい状況になっていることにも危機感を抱いた。そのため、本書を計画するとともに、昨年９月から執筆者による研究会を発足し、定期的に発表を行ってきた。

本書を刊行することができたのは、執筆者の方々の努力に負うところが大きい。S. キーン博士をはじめ、内外でフィールド調査にご協力いただいた皆様にも厚く感謝申し上げる。

また、松田陽氏には拙稿の草稿（序章）をお読みいただき有益なご助言、ご教示をいただき、渡邊祐子氏には拙稿（序章、第３章の２編）の翻訳の校閲を、小町大和氏には校正をしていただきました。また、本書の刊行については株式会社雄山閣の宮田哲男社長をはじめ編集部の桑門智亜紀氏のご尽力をいただきました。記して深く感謝の意を表します。

2022年５月吉日

金山 喜昭

増補改訂版刊行にあたって

2022年6月に刊行した本書は、初版完売により増補改訂版を刊行することになりました。執筆者の方々をはじめ、ご協力いただいた方々や関係諸機関に感謝申し上げます。

本年（2023年）4月には、「博物館法の一部を改正する法律」及び「博物館法施行規則の一部を改正する省令」が施行されます。この改正博物館法施行規則には、新たな登録博物館の要件として、本書のテーマとなる博物館のコレクション管理に関連する内容が組み込まれました。そのため、増補改訂版の刊行にあたって、序章「コレクション管理の考え方と方法」（金山）、第2章「コレクションをめぐる法制度と権利関係」（栗原）、第3章「イギリスのコレクション管理制度」（松田）、「イギリスにおける収蔵資料のアクセス・活用」（金山）、「イギリスにおける収蔵資料の処分」（金山）の項目について増補し、本施行規則が意図するところや今後のコレクション管理の在り方について、読者が理解を深められるようにしました。ご執筆いただいた栗原先生、松田先生に感謝申し上げます。

博物館のコレクション管理については、今後ますます関心が高まり、共通理解をはかることが必須となります。本書がそのための議論の土台となれば幸いです。

2023年3月吉日

金山 喜昭

◉増補改訂版 博物館とコレクション管理◉目 次

第5章　博物館の収蔵資料の公開・活用

第6章　博物館資料の処分

第7章　収蔵庫の管理と増設

序章

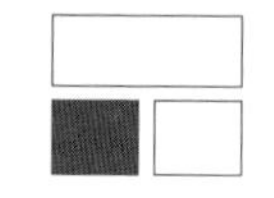

コレクション管理の考え方と方法

金山喜昭

はじめに―博物館のコレクションと社会的価値―

コレクションとは、ある目的のために意図的に集められた、まとまりをもち意味を持ったものの集合体である。2010年に国際博物館会議（International Council of Museums）（以下、ICOMとする）が公表した『博物館学のキーコンセプト（Key Concepts of Museology）』と題する報告書によれば、「個人または機関が収集、分類、選択し、安全な環境で保存して、当該コレクションが公共的なものか、私的なものかに従って、少数または多数の観衆に通常展示される、有形あるいは無形資料（作品、アーティファクト（artefact：人工物、人によって作られたり使われたりするもの）、メンティファクト（mentefact：認知枠組み、考えや価値観）、標本、公文書、証言など）の一連」と定義される（デヴァレーほか編2010）。博物館は、コレクションの存在を前提として成り立つものであり、『ICOM職業倫理規程』（2004年改訂）[(1)]には、「博物館は、自然、文化、学術遺産の保護への貢献として、その収蔵品の収集、保存、向上をおこなう義務がある」とあるように、コレクションに関する諸機能は博物館活動の中心に位置づけられている。

ものを収集する行為は、そもそも人間が欲望を満たす一つの手段として始まったといえる。愛玩、また自らの威信の象徴、社会的地位の誇示など、様々な理由のためにコレクションは形成された。大航海時代の探検家や博物学者たちは、未知なる世界を探求する飽くなき欲望をもって、世界各地から様々な自然物や人工物を集めた。コレクションは世界中の国々で、それぞれの歴史的文脈や社会のニーズのもとで形成された。

欧米をはじめとする博物館の前史は、個人的な趣味や価値観によって集められたコレクションが大なり小なり関わっており、個人コレクションは博物館の成立の基礎になっている。たとえば、最初の公立博物館として知られるオックスフォード大学付属のアシュモリアン博物館は1683年に開館した。E. アシュモール（Elias Ashmole）が、イギリスの旅行家・探検家であるJ. トラデスカント（John Tradescant）父子が2代にわたって収集した資料を入手し、彼ら自身の収集品を合わせて、そのコレクションをオックスフォード大学に寄贈したことが博物館を設立する契機になった。大英博物館は、医者で博物学者のH. スローン（Hans Sloane）が収集した動植鉱物標本、写本、貨幣などのコレクションを政府が買い上げたものを母体にして1759年に開館した。

個人的な収集品が博物館に移管され一般に公開されるようになると、コレクションは社会の富の一部になり、公共の財産として維持するために、適切に管理することが必要になっていく。

イギリスの博物館協会（Museums Association）（以下、MAとする）のJ. グレイスター（Jane Glaister）会長は、博物館のコレクションは「人々に喜びを与え、驚きと畏怖を呼び起こすことができるばかりでなく、世界中の人々や文化を理解することができ、学習や研究の機会を提供する」、「人々や地域社会が紡いできた歴史や文化に一定の価値を持たせ、それは記録として役立ち、地域社会や個人の歴史を検証することができる」と述べている。さらに「現代の科学や創造性、産業を刺激し、社会に経済的な裨益をもたらす」というように、経済的な価値についても言及している（Glaister 2005：8-9）。人々が社会生活を営む上で、資源として様々な可能性をもつコレクションの現代的な意義が広く認識されるようになっている。

「コレクション管理」という用語は、博物館資料を整理し保存管理することを想起させる。欧米では、「コレクション・マネジメント（Collections Management）」は、以前は所蔵するコレクションを保存管理するという秩序の確立と維持が基本であったが、現在はコレクションと関連情報の取得、受入、登録、目録作成、収蔵管理、アクセス・活用、そして処分などが含まれる（Simmons 2015）。さらに、それらをシステムとして機能させるために、「コレクション・マネジメント・ポリシー（方針）」を成文化し、博物館の目的やそれらの作業プロセスを明確化している。何を収集するか、どのようにコレクションを保存管理し、活用を図るか、コレクションが博物館運営の計画にどのように適合するかなどについて、一定期間ごとに見直し更新する。コレクション・マネジメントは公的責任を果たす作業であり、「コレクション・マネジメント・ポリシー（方針）」は、対外的に透明性を図り説明責任を果たす文書でもある。

そうした背景には、博物館が増え続けるコレクションと向き合う中で、その解決策を探るための関係者による議論ばかりでなく、コレクションという公的財産を預かる博物館に対して説明責任が求められるようになったことなどがあげられる。近年では、「コレクション拡充（Collections development）」（本書 88 頁）や「コレクションのアクセス・活用」（本書 106 頁）が大きなテーマになっている。博物館が、コレクションを次世代に伝えるとともに、人々の生活や社会の発展を図るために、コレクション・マネジメントは益々その重要性を増している。

本書では、こうした国際的な動向や歴史を俯瞰しながら、コレクションに関する法律や権利関係を踏まえつつ、国内の博物館における資料の収集、ドキュメンテーション、整理保管、保存、収蔵管理、アクセス・活用、処分などを「コレクション管理」として包括的にとらえる。これまで個別に扱われがちとなってきたそれぞれの領域を、コレクションを基盤に一連のシステムとして考えることを意図する試みである。今後、国際的なコレクション・マネジメントの水準に到達するためには、その考え方や方法を学ぶとともに、制度や組織体制、業務の見直し、人材育成などを整備することが必要である。

序章では、コレクション管理の意義や欧米の歴史的系譜、職業倫理との関連性に触れながら、今後の博物館がめざす方向性を導きだす。

1　コレクション管理の必要性

近年、多くの博物館の収蔵庫が、新しい資料を収容することができない状態に陥っていることが問題となっている。日本博物館協会による『日本の博物館総合調査』（令和元年度）によれば、2,314 館中、6 割の館の収蔵庫が「満杯状態」になっている（日本博物館協会 2020）。同調査では、2004 年（平成 16）から 2013 年の調査時よりも「満杯状態」の館の割合が高くなっていることも判明した。さらに、5 割ほどの館で資料台帳の作成が未完了（登録が完了していない）であり、ドキュメンテーションそのものにも問題のあることが明らかになっている。つまり多くの博物館は、収蔵コレクションが死蔵化された状態を改善することができず、その状態は悪化し続けているのである。

平成の市町村合併によって再編された博物館でも、コレクションの取り扱いが問題となっている。市町村合併が行われた多くの自治体では、旧市町村の博物館や資料館の統廃合が進んでいる。再編により、複数の旧施設の収蔵品を集約したり、廃止された施設を収蔵庫に転用したりするところもある。最近では山口県岩国市が、老朽化した徴古館と岩国学校教育資料館や旧町村の3つの歴史民俗資料館の資料を新博物館で一括保管することを計画している[(2)]。

資料の盗難や紛失の問題を見過ごすこともできない。2002年には東京都の区立博物館の職員が収蔵庫から資料を盗み出し古書店に売り渡したという、耳を疑うような事件が発覚した。2019年（令和元）には県立博物館で、借用していた考古資料を学芸員が所有者に無断で一部を削り取り分析していたという事件が発覚したことも記憶に新しい。最近では浜松市博物館で浜松城二の丸絵図など6点が紛失していることが報道された[(3)]。多くの博物館では台帳などの記録と資料全点を照合して所在を確認するコレクション管理が行われているとはいえない。同じような事例は決して限られたものではなく、たとえ判明したとしても積極的な公表は控えられているのが実情である。

近年、各地で増加する自然災害は、コレクションを維持管理するうえで外的な脅威となっている。中でも地震、津波、風水害による被害は決して他人事ではなく、どこでも被害に見舞われる危険性をはらんでいる。しかしながら、実際の災害対策は必ずしも十分とは言えない。『日本の博物館総合調査研究（平成27年度報告書）』によれば、回答のあった2,258館中、災害前に準備するリスクマネジメントの状況は、「大規模災害対策マニュアル」を備えている館は4割余り、「危機管理担当者の配置」は3割弱となっているように、博物館のリスクマネジメントの整備も進んでいない（井上2016：203-210）。

2019年にICOM京都大会の総会で決議された「世界中の収蔵庫のコレクションの保護と活用に向けた方策」は、コレクションをめぐる世界の博物館に共通する重要な課題である。その解決を図ることを、今こそ真剣に考えていかなければならない。

2　コレクション管理の考え方と方法

(1) 欧米のコレクション・マネジメント

スミソニアン研究所の法律顧問を務め、博物館のコレクションと法律に関する『博物館コレクションの管理に関する法的入門書（A Legal Primer on Managing Museum Collections)』（1985年）（Malaro and De Angelis 2012：45-56）を著したM.マラロ（Marie Malaro）らは、スタッフからの次のような質問を披露している。

「当館には長年所蔵しているものが少なからずありますが、所有権があるかどうかわかりません。処分したいのですが、可能でしょうか」

「毎年、当館が不要なものを引き取ってしまう。どうしたらいいのでしょうか」

「スタッフが寄贈者から鑑定をよく依頼されます。私たちはそれを引き受けていますが不安です。どのように扱えばよいのでしょうか」

このようなスタッフからの質問について、マラロは博物館に明確な方向性がなければ誤った決定が下されることになり、それを予防するための最善の対策として推奨される手法が、「コレクション・マネジメント・ポリシー（Collections Management Policy）」を採用することであると指摘する。コレクション・マネジメント・ポリシー（方針）とは、博物館がなぜ運営されているのか、どのように事業を進めているのかを説明する文書であり、博物館に預けられた資料に関する専門的な基準を明確にしたものである。それは、スタッフが業務を確認する手引きにもなる。マラロが提示する「コレクション・マネジメント・ポリシー（方針）」は、次のように幅広いテーマにわたる。

1. 博物館の目的とそのコレクションの目標。
2. コレクションの資料を取得する方法。
3. コレクションの資料を処分する方法。
4. 入庫と出庫の方針。
5. 博物館の寄託品の取り扱い。
6. 一般的な収蔵品の管理。
7. コレクション資料へのアクセス。
8. 収蔵品に関連する保険手続き。
9. 収集活動の記録、記録を作成する時期、記録を保管する場所。

「コレクション・マネジメント・ポリシー（方針）」は、博物館を運営する理由とその事業の進め方を成文化した声明であり、保管されている資料に関する博物館の専門的な基準を明確に示している。その中では、既にコレクションへのアクセスについて物理的なアクセスだけでなく、コレクションや関連資料の複製へのアクセスにも留意している。マラロの見識は、アメリカにおけるコレクションの管理が抱えていた諸問題を解決するための思想的な原点といえるものである。

イギリスでは、18世紀後半になると、伝統的な大学やロンドンのアカデミー以外にも、各地で文化・学術的な団体が設立された。産業革命の経済発展により地方都市が豊かになると、知識の普及や交流の場を求めた人たちが新しい文化・学術団体をつくり、博物館を設立するようになった。19世紀中頃からイプスウィッチ博物館（Ipswich Museum）では、歴代のキュレーターたちは、生物標本を積極的に収集し、今日の自然史コレクションを形成した。リーズ市博物館のキュレーターは、自然誌の研究に積極的に取り組み、生物学者のC.ダーウィン（Charles Darwin）やD.リビングストン（David Livingstone）のような探検家からも海外の標本を収集した。いずれの博物館でも収集品は分類され、ラベルが付けられ、展示、保存され、コレクションとして蓄積されていった（金山2022：27-34）。アメリカでも同じように、19世紀〜20世紀初頭のスミソニアンの国立博物館などのように、資料の収集や展示、管理はキュレーターが担当していた（高橋2008：307）。20世紀半ばになると、同館のような大規模博物館では記録管理の体系化や組織化が図られるようになり、ミュージアム・レジストラの役割が位置づけられるようになった（Matassa 2011：8）。『博物館のレジストラの方法（Museum Registration Methods）』（1958年）は、最初に出版されたレジストラに関する手引書である（Dudley et al. 1979）。その後、ミュージアム・レジストラは専門職として、1977年にアメリカ博物館協会（the American Association of Museums）のレジストラ委員会（the Registrars Committee）の設立をもって正式に確立した。イギリスでは、1970年代から非公式なイギリスレジストラ団体の会合が開かれ、1991年にイギリス登録機関グループ（the United Kingdom Registrars Group）が正式に設立された。ヨーロッパの多くの国々やオーストラリア、ニュージーランドでも同様の団体が設立されて、博物館のコレクション・マネジメントや関連する情報収集などが行われるようになった（Matassa 2011：8）。

1984年にJ.トンプソン（John Thompson）は『博物館実践　キュレーターシップのためのマニュアル（Manual of Curatorship　A Guide to Museum Practice）』を編集、出版した。本書は、博物館の運営全般にわたる諸活動についての詳細な解説が加えられており、現在に至るまで博物館スタッフのテキストとして使用されている。執筆者の一人、P.キャノン・ブロックス（Peter Cannon-Brookes）

は、博物館の基礎は、まず集めること、そして集めたものを維持管理することであるとし、資料を保管するとともにその知識や情報を保存することに重きをおいた特徴的な知的環境であり、そして収集が理にかなっていなければ、博物館の諸活動全体が無駄になる恐れがある（Cannon-Brookes 2012：500-512）、としている。資料の収集から、ドキュメンテーション、保管管理などの領域を一連のシステムとして機能させることがコレクション・マネジメントであることを示唆している。

1988年からイギリスでは博物館・美術館委員会（Museums & Galleries Commission = MGC）による「登録制度（Registration Scheme）」が施行された。それに先行する1974年から約10年にわたり実施された「認可制度（Accreditation Scheme）」はMAによって主体的に行われたが、認可料を必要としたことや、助成が受けられるメリットがなかったこと、審査基準が高いことなどの理由により頓挫したという経緯がある（竹内1999:67-68）。1995年から始まった「第二期登録制度」では、9項目の登録要件のうち3項目がコレクション管理に関するものとなっている。それらは、取得や処分の方針を定める「収集方針」や、コレクション・トラスト（Collections Trust）が発行した『スペクトラム（SPECTRUM）』という標準書に従い記録管理することを求める「ドキュメンテーション」、収蔵品の保存や修復、安全管理に関する「収蔵品管理」である。こうしてイギリス国内の多くの博物館では、登録博物館になるために、コレクションの管理についても一定の基準を満たすための取り組みが行われるようになった。

T. アンブローズ（Timothy Ambrose）は、『（改訂版）博物館の設計と管理運営（Managing New Museums: A Guide to Good Practice）』（1992年）の中で、コレクションの取得方針は博物館の目的を反映する最初の例証であり、そのことが博物館のコレクションが発展していく基盤になるとしている。その方針にはコレクションをどのように構築していくかを定義するために、寄贈や現地での採集、遺贈、購入などの方法、その分野やテーマ、地理的な範囲などを記述しておくことが述べられている。処分についても方針を明記することに留意する。そのほかにもコレクションの保守点検、取り扱い、ドキュメンテーション、写真記録、保存、セキュリティなどについても具体的に詳述している（アンブローズ 1997：49-90）。

次いで、アンブローズとC. ペイン（Crispin Paine）は『博物館の基本（Museum

Basics)』(1993年)の中で、収集から情報記録の作成、研究におけるコレクションの役割、保存計画、環境監視と管理、収蔵、補修保存、災害対策などを経て保安管理に至る一連の業務工程を詳述しながら、それぞれの業務を行うにあたり指針や計画を作成する必要性を指摘している。収集方針の原則を策定するにあたっては、『ICOM職業倫理規程』を参照することや、処分の方針については倫理ばかりでなく法律にも照らし合わせて成文化することにも触れている(Ambrose et al. 1995:114-180)。つまり、博物館がコレクションを収集する理由と、その管理方法を説明する方針を成文化した「コレクション・マネジメント・ポリシー(方針)」を保持、公開する必要性を説いている。こうしてコレクションの管理に関する一連の流れがシステム化されるようになる。

(2) イギリスの博物館行政評価とコレクションの活用

1991年にイギリスの監査委員会(Audit Commission)がまとめた報告書の中で、多くの公立博物館が未登録資料を抱えていることについて、「19世紀、20世紀とも、博物館はコレクションを形成しようとしてきたが、正式な収集計画が欠如していた。(中略)適切なドキュメンテーションと長期的な修復及び収蔵庫の条件、そしてそれらに係る条件が見過ごされがちである」ということが指摘された(竹内1998:3)。同委員会は、1982年の地方自治体財政法(Local Government Finance Act)に基づき、イギリス国内の地方公共団体の行政監査をするものであった。博物館が公費で運営されていながらも、そのコレクションが適切に収集、保管管理されていないことに当局から警告が発せられたのである。

1988年から始まったMGCによるイギリスの博物館登録制度は、その後に基準が改訂され博物館の質的な向上が図られた(竹内1999:68-70)。それは、第一に、多くの博物館が抱えていた未整理資料の解消に取り組むことができたこと、第二に、収蔵庫の整備や資料の修復保存における改善が行われたこと、第三に、館の意思決定に館長や学芸員が参加することの重要性が認識されるようになったこと、第四に、収蔵品管理や取得・処分方針、推進計画など博物館の活動に関する方針が作られるようになったこと、などである。10年ほどの間に、コレクションの管理に関する方針は推進計画と共に多くの館で作成されるようになり、監査委員会で指摘された諸問題が着実に改善したことが分かる。

その一方、増え続けるコレクションの多くが未使用になっていることが問題視されるようになった。博物館は収集活動により、コレクションが増え続けることは自明のことである。しかもコレクションを保管するために相当の労力と経費がかかっていることも事実である。K. トムソン（Keith Thomson）は、博物館のコレクションが増え続ければ、アクセスがしにくくなり、公衆にとっては利便性が減ることになる（Thomson 2002:63-65）というように、コレクションを保管することを目的化していた従来の考え方に対する懐疑的な見方をしている。S. キーン（Suzanne Keene）は、収蔵コレクションの価値を再評価するために、コレクションは研究資料であるばかりでなく、調査研究、教育・学習、人々の記憶や帰属意識、創造性、楽しみなどについて幅広く活用できること、コレクションをデジタル化することによりアクセスの利便性を飛躍的に高められる可能性があることについて言及している（Keene 2005：1-11）。

1998年にMAは年次総会で博物館の定義を次のように再定義した。「博物館は、人々がインスピレーションや学び、楽しみをもたらすコレクションを探求できるようにする。博物館は、社会から信託を受け、人工物や標本を収集し、守り、活用できるようにする機関である」。2005年に、MAが公表した『未来のためのコレクション（Collections for the Future）』と題する報告書は、新しい定義の文脈に沿うようにして、多くの博物館のコレクションが活用されていない問題に着目した上で、博物館は全ての人々がコレクションにアクセスできるようにすることを提言している（Museums Association 2005：2-7）。同書の中で、MAのJ. グレイスター（Jane Glaister）は次のように述べている。

> コレクションは潜在的に博物館の最も貴重な資産だが、かなりの経営資源を消費し続けながら、コレクションの最大80％を未使用にすることができるビジネスはあるだろうか。活用されないコレクションを保管するコストは考慮されるべきであり、その上で、コレクションは博物館やその利用者に対してもたらす便益を衡量されるべきである。活用されない収蔵コレクションを、すぐに展示しろとか、処分しろという政治家や資金提供者に失望することがよくある。こうした彼らの態度は何から生じているのかといえば、経営資源を枯渇させる現実の問題に端を発しているからである。博物館が主体的にこの問題の解決に取り組まなければ、このままでは歓迎されない解決策を押し付けられることになる。つまり、

博物館は主導権をもってこの問題に取り組まなければならない（Glaister 2005：8-9）（アンダーラインは筆者による）。

報告書は、コレクション関連の知識や管理方法を改善するために、必要に応じて資料を処分するほかに、貸出を促進することにより、広く公衆に対しコレクションへのアクセスや活用の機会を増やすことを提唱した。展示されずに永久に収蔵庫で保管するよりも、除籍して館外の必要なところで活用を図ることに理をもとめている。

その背景にあるのは、一つは「パブリックレルム（public realm）」という考え方である。パブリックレルムとは、都市の広場などのように誰もが自由にアクセスできる空間をいう。政府によって運営されているか慈善団体や他の組織によって運営されているかにかかわらず、社会のすべてのメンバーに利益をもたらす全ての資源と機関があたるとしている。博物館のコレクションは誰でも自由に利用できるものでなければならないということである。

そして、もう一つは「文化的権利（cultural entitlement）」を挙げることができる。誰もが一定レベルの文化的資源の提供を受ける権利を持っているというもので、イギリスでは教育や健康など、他の公共サービスの概念を、文化にも適用させている（Glaister 2005：10）。つまり、博物館のコレクションは、最も適した方法で、誰もが自由に楽しむ権利があるものであるという考え方である。

その後、MAは『未来のためのコレクション（Collections for the Future）』の路線を実現するためにエスメ・フェアベアン財団（Esmée Fairbairn Foundation）から100万ポンドの資金協力を得て「エフェクティブ・コレクション（Effective Collections）」事業を展開した（Museums Association 2007）。収蔵コレクションの活用を促進するために、貸借や処分に向けた取り組みを推進することにより、「博物館文化」の転換を図ろうとするものである。博物館はコレクションを集めて保管することが主な任務であるという定説に替わり、コレクションを社会に還元するために活用を図り、コレクションや博物館の持続性を担保していくために取得と処分を一定の基準のもとに管理するという、パラダイムの転換を目指している。処分は、コレクションから除外された資料がその博物館の外で活用される途を拓くことになる一方、博物館の収集活動を継続的に維持することにもつながる利点があるとする。

マンチェスター大学（The University of Manchester）のマンチェスター博物館長

のN.メリマン（Nick Merriman）は、博物館はコレクションを次世代に引き継ごうとしても、現状ではコレクションの管理が不適切なために持続することが不可能であることを明らかにした上で、それを回避するためには、コミュニティの関与を促し、取得、ドキュメンテーション、保管の改善、処分などのプログラムを含む、コレクションの管理の戦略的なアプローチを採用することが必要であることを述べている（Museums Association 2007：28-29）。コレクションを後世に伝えるために維持管理することは、もちろん博物館の基礎的な使命であり、そのためには博物館が持続可能であることが保障されなければならない。

MAは、2007年に倫理規程を全面改訂した上で、貸借の促進を図るための『スマート・ローン（Smarter Loans）』[(4)]や、処分のための手順書となる『処分のための手順書（Disposal Toolkit）』[(5)]などのガイドラインを公表することにより、『未来のためのコレクション（Collections for the Future）』での提言を実現するために具体的な事業を展開した。実際のところ、2012年には、イギリス全土で調査した55館のうち95％の博物館が処分を含む「コレクション・マネジメント・ポリシー（方針）」を採用していることが報告されている（Museums Association 2012：27）。

2018年、MAは「コレクション2030」プロジェクトを立ち上げて、博物館、政府、資金提供者、およびセクター団体に対して、10年間で博物館の活動の中心にコレクションへのアクセスを置き、コレクションが社会で重要な役割をはたすようにする取り組みを始めた[(6)]。現代の諸課題を解決するために、人々がコレクションを活用しコミュニティを豊かにしていくことや、誰でも自由に参加する共同調査や展示活動を行うこと、コレクションのデジタル化を進めてオンラインによる公開をさらに促進することなどがあげられる。また、イングランド芸術評議会（Arts Council England）の博物館認証基準にも「コレクションへのアクセス」に関する項目が加わる[(7)]など、コレクションを社会にとって価値あるものとして生かすために、博物館がコレクションへのアクセスを拡大する不断の試みが続けられている。

3　コレクション管理の実務指針

英国規格協会（British Standards Institution）[(8)]とコレクション・トラスト（本

書136頁参照）は、2009年に「文化的コレクション管理に関する実務指針」（Code of practice for cultural collections management）である「PAS197」と呼ばれるコレクション管理に関する実践上の規範を共同して作成した（Hillhouse 2009）。本書は、公文書館や図書館、博物館、その他の公的・私的な組織による文化的コレクション管理に必要な基本原則の枠組みを示すもので、それぞれの分野における既存の基準や倫理綱領及びガイドラインとの整合性にも配慮されている。

さらにコレクション・トラストは、それを博物館向けに解説することにより、博物館におけるコレクション管理の実務上の指針を示した。それには、館の使命・目的の下に、コレクション管理方針を立てること、そしてコレクション拡充（Collections development）、ドキュメンテーション（Collections documentation）、コレクションへのアクセス（Collections access）、コレクション保存・修復（Collections care and conservation）からなる4つのテーマごとに作業の方針、計画、手順が示され、最後に内部監査やレビューを行い、改善するための取組をするものである。それら一連の工程は、図1のようにコレクション管理フレームワークとして説明されている。このコレクション管理フレームワークは、博物館が公的機関として必要な最低の基準を満たすことを公認し、博物館の振興を図るために設計された、博物館認証制度の基準とも接続している（金山 2023：123）。

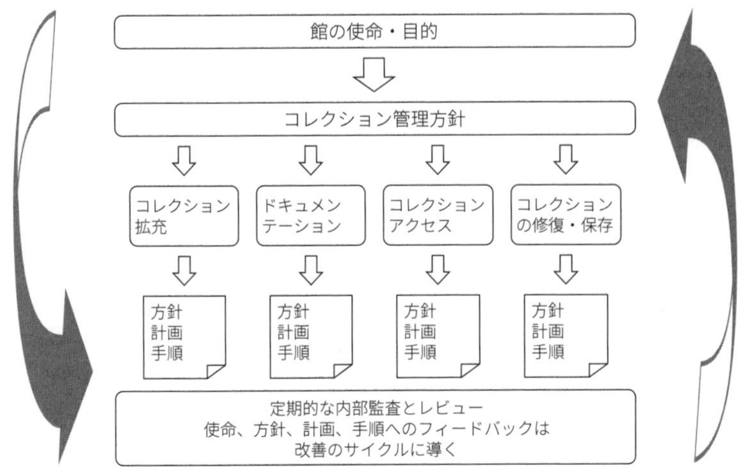

図1　コレクション管理フレームワークのフローチャート（Collections Trust 2020を一部改変）

以下は、PAS197を博物館のコレクション管理に適用させたフレームワークの抄訳である[(9)]。

●コレクション管理方針（Collections management policies）

コレクション管理方針は、組織の使命と戦略的目標を実現するための原則や規則を定めるもので、コレクションの管理に関する長期的な指針や方向性を示すものである。これは、「何を（what）」や「なぜ（why）」を表明する。

コレクション管理方針は、各テーマの方針（コレクション拡充、ドキュメンテーション、コレクションへのアクセス、コレクション修復・保存）が相互に関連しあうように全体を統合（integrated）する。しかしながら、館ごとに事情が異なることから、テーマごとの方針に必ずしも縛られるものではなく、それぞれのテーマが適切に包括され、方針が互いに矛盾するのではなく、相互に補完しあう限りにおいては、使用する用語や構成にとらわれるものではない。

なお、このコレクション管理方針や、次にあげる4つのテーマを包括するすべての業務は、関連する法律や倫理規程に言及する必要がある。

●コレクション拡充方針（Collections development policy）

コレクション拡充方針は、それぞれの博物館が自らのコレクション形成をはかるために必要な重要文書である。この方針はコレクションの長所と短所を概観し、取得や合理化を通じて将来にわたり、どのようにしてコレクション形成をはかるのかを説明するものである。

博物館認証基準（2018年版）によれば、コレクション拡充方針には、次のことを含むべきであるとされている。

- 博物館の趣旨
- 現在の収蔵品の概要
- 今後の収集のテーマと優先順位
- 合理化と処分にむけたテーマと優先事項
- 取得と処分のための法的・倫理的枠組みに関する情報
- 次回方針を見直す検証日

つまり、コレクション拡充方針とは、コレクションの長所と短所を概説し、取得や合理化（処分など）や将来の収集計画などを説明し、収集の持続性を維持することを目指すものである。

●コレクション・ドキュメンテーション方針（Collections documentation policy）

コレクション・ドキュメンテーションとは、博物館におけるコレクション業務の基礎となるものである。その方針は、コレクションの収集や有益な情報を集めるために明確に述べることが重要である（本書88頁参照）。

多くの博物館では、コレクションの情報を収集することや保管するための仕組みをもっている。しかし、その仕組み（systems）が旧式であったり、コレクションに関する情報の質が一定でなかったりすることもある。ドキュメンテーション方針は、そのような仕組みの問題（手作業と電子化の両方）を改善することを約束し、自館が目指す基準を達成するために役立てることができる。ドキュメンテーション方針の声明は短く簡潔なものでよく、博物館に応じた規模や性質を反映したものでよい。この方針には最低限、コレクションに関する情報がどのように文書化され、最新の状態で維持され、役立てられるのかを説明する必要がある。なお、『スペクトラム（5.0）』の各手順には、この方針に関する情報とガイダンスが示されている（本書79頁参照）。

●コレクションへのアクセス方針（Collections access policy）

コレクションへのアクセス方針についても、博物館認証基準（2018年版）にそれを示すことが必要とされている。アクセスを拡大することや利用者の経験を向上させることは、ほとんどの博物館における活動計画の上位を占めている。アクセス方針の優先順位がコレクション管理のより幅広い活動と調和することができれば、博物館の利用者とコレクションの両方に明らかな利益をもたらす。

アクセス方針には最低限、次のことを含むべきである。

・その組織が、どのようにして使命に則した形で、コレクション及びコレクションに関する情報の提供を目指しているのかについて説明する。
- コレクションの資料にアクセスできるような施設や設備をもち、実際にアクセスできる。
- 個人または他の組織との間で資料を貸借する。
- 一般公開のために資料を展示する。
- 複製品を利用する。
- 状況に応じてコレクションと資料を適切に運用する[(10)]。
- アクセスに対する利用者のニーズや障壁を特定する。

・組織を規定する法的要件、およびコレクションへのアクセスを提供する上で組織が遵守すべきその他の要件。
・倫理規程においてコレクション管理をすることへの責任。
・知的財産権の制約を考慮した上で、資料に付与される商業的利用の種類と範囲。
・コレクションへのアクセスと長期間の保存という矛盾する要求は、コレクション管理上のリスク評価に従ってなされるという主張。

さらに、アクセス方針には、以下のような人たちのコレクション利用についての具体的な記述を含むことができる。

・学校団体
・地域社会のグループ
・研究者
・その他（博物館を取り巻く特定のグループ）

なお、博物館によっては、個別の貸出方針を定めている場合もあるし、コレクション全体のアクセス声明に含まれる場合もある。アクセス方針は適切である必要があり、組織の規模と優先順位を反映したものでなければならない。

●コレクション保存・修復（Collections care and conservation）

コレクション保存・修復は博物館におけるコレクション管理の主要な部分であり、博物館のアプローチを示す明確な方針を示すことが重要である。

自館の保存・修復に関する資源が限られている場合、コレクションの保存と修復に戦略的なアプローチをとることが奨励される。例えば、リスク評価を利用し、組織の全体的な戦略目標に沿ってコレクションの保存作業（collections care work）に優先順位をつければ、貸出、展示、研究に高い頻度で利用されるコレクションに的を絞って保存・修復することができる。つまり、コレクション保存・修復方針は、保存上の改善のために戦略的優先順位の概要を示すために使用することができる。

コレクション保存・修復方針には、最低限、次のことを含むべきである。

・コレクション保存（collections care）におけるリスク管理への責任。これは定期的な評価の実施と、その結果をコレクション保存・修復に関する意思決定に役立てることを意味する。

・博物館におけるコレクション保存・修復を規定する法的要件と倫理規程への言及。
・コレクション保存・修復について、関係者とどのように話し合われるのかについて説明する。例えば、スタッフやボランティア、利害関係者などとの情報を共有など。

さらに、コレクション保存・修復計画のための推奨事項として、この方針には、環境モニタリング、環境管理、維持しようとする環境条件の範囲を指定する、施設の維持管理、助言と予防保存の処理を公認の専門家に求めることがあげられる。

●計画（plan）と手順（procedure）

計画（Plan）とは、組織の方針や戦略目標に対して、具体的な成果を出すために使われる。その際、目標を達成するための課題と期限を示す。そのために、「何を（What）」「いつ（when）」「誰が（who）」「どのように（how）」するのかについて説明する。

手順（procedure）とは、ある活動やプロセスを実行するための特定の方法をいう。コレクション管理フレームワークのプロセスは、コレクション管理に関わるすべての活動をさす。すなわち手順とは、書かれたり、記録されたプロセスについての記述である。

計画書と手順書の関係性は、計画書は作業を指示し、資源を配分し、進捗を監視するために不可欠なものである。一方、手順書はスタッフに自信と自覚を与え、監視と監査を可能にし、作業の一貫性を担保するものである。

●内部監査と評価

内部監査（Internal audit）とは、コレクション管理フレームワークが適切に行われ、維持されているかどうかを判断するために実施される。抜き打ちチェックが行われることもあるが、監査結果はフレームワークの評価作業に反映され、コレクション管理フレームワークを改善するために利用される。現在のところ、博物館認証基準ではこの内部監査については必要項目から除外されており、その運用は各々の組織に任されている。

マネジメントレビュー（Management review）とは、トップマネジメントが継続的な有効性を確保するために、組織のコレクション管理の方針とプロセスの見直しをするために確実に行うべきである。評価作業は一定の期間をおいて定期的に行われる。

そして組織は、その評価結果を必要に応じて方針、計画、手順の変更につなげてコレクション管理の改善をはかる。

4　職業倫理規程とコレクション管理

博物館は社会から信託を受けてコレクションを保管管理している。そのため博物館には高い倫理観が求められる。欧米のコレクション・マネジメントの動向は、博物館で働くスタッフの倫理観と不可分の関係性にある。ICOMが制定した『ICOM職業倫理規程』（2004年改訂）は博物館スタッフの倫理観を定めた国際的な標準である。欧米諸国をはじめ日本でもそれに倣って独自に倫理規程を策定している。コレクションの管理に関する倫理的な配慮はいろいろあるが、中でも除籍（Deaccessioning）と処分（Disposal）、資料の由来と正当な注意義務（Provenance and Due Diligence）については、特に留意されている。

除籍や処分は、コレクションから抹消するものであるから慎重に対処しなければならない。そのためまずは「除籍・処分のポリシー（方針）」をもつことが必要である。倫理および国内外の法律に照らし合わせて支障のないことを確認して策定する。MAの『処分のための手順書（Disposal Toolkit）』（2014年）やオランダ博物館協会の『博物館オブジェクトの処分に関するガイドライン（LAMO = Leidraad Afstoten Museale Objecten）』（2016年）[(11)]などのように信頼のおけるガイドラインでは、処分の対象となる資料についての倫理的な配慮や除籍・処分の具体的な手続きを詳述している。

資料の由来と正当な注意義務については、『ICOM職業倫理規程』に次のように規定されている。

> 2．3資料の由来と正当な注意義務
>
> 購入、寄贈、貸与、遺贈、もしくは交換の申し入れがあった資料もしくは標本は、すべて取得の前に、その原産国もしくは適法に所有されていた中継国（博物館の自国も含む）から違法に取得もしくは輸入されたものでないことを確認するためにあらゆる努力を払うべきである。これに関して、正当な注意義務を払ってその物件の発見もしくは製作以来の由来を明らかにするべきである（12）。

取得は、コレクションをどのように構築していくかが定義され、収集する基準を説明するための明確なポリシー（方針）を持っていることが必要である。たとえ、ポリシー（方針）に添うものであっても、取得する資料の所有権と来歴は不当でないか、いかなる処分の透明性をもって行われているか、などを確認する。先方が物件の法的な権利を有していることや、以下のような略奪や盗難、違法な輸出の可能性を示さないことを確認することである。

⑴ 不法に発掘または輸出された可能性のある考古学資料。

⑵ 違法に入手または除去された可能性のある民族資料、生物標本。

⑶ 占領国において略奪、盗難、撤去された可能性のある芸術作品。

⑶ は、例えば1933年から45年にナチスが占領した欧州の国々のものをいう。コレクションの由来を調べ精査することは、コレクション管理の基本的な手続きである。

とりわけ遺骸については、ポリシー（方針）やガイドラインに従って慎重に取り扱う必要がある。博物館は遺骸を所蔵していることを公表するとともに、その来歴を文書にして説明する。関係する諸団体との協議を経て博物館での活用についてもポリシー（方針）を定める。ポリシー（方針）には、返還の要求があった際の手続きについても明記される。イギリスでは、「2004年人体組織法（Human Tissue Act 2004）」の制定により、これまでに大英博物館（British Museum）やリバプールの世界博物館（World Museum）などがオセアニアの先住民の遺骸をオーストラリア政府に返還している。

例えば、古代エジプトのミイラを多数所蔵するマンチェスター博物館では、「遺骸の管理と活用に関するポリシー」（2017年）を定めて、遺骸についての認識と取り扱い方を次のように表明している。

> 私たちは、過去の人々について学ぶために、博物館が所蔵する遺骸の価値を認識しています。私たちは、遺骸がかつて生きている人々の一部であったこと、そして多くの人々が、系譜上の子孫、場所、個人的な信念などを通して、特定の遺骸に個人的なつながりを感じていることを認めます。私たちは、何をもって尊重するかは文化によって異なることを受け入れつつ、所蔵する遺骸を尊重した方法で取り扱います。私たちは、特定の遺骸の取り扱いや判断をする際に、適切なグループの人々と協議します[(13)]。

このようにICOMの職業倫理規程には、基本原則と合わせてその対策が定められている。欧米諸国でも同じく具体的に規定されている。2019年に

ICOMはイギリスやオランダなどの処分のガイドラインに促されるように、「除籍のガイドライン」(Guidelines on Deaccesioning of the International Council of Museums) を公表した[14]。持続可能なコレクションの収集や維持管理を図るために、ICOMも収蔵資料の除籍や処分の取り扱いについて取りまとめられた。これに比べて日本は、日本博物館協会『博物館の原則』『博物館関係者の行動規範』(2012年) のように基礎的な原則を示すのみで、具体的に個別の対策には言及しておらず、詳細な規範は館種や職種ごとに別に定めることになっているのが現状である (佐々木2020：62-63)。

5　コレクション管理の課題と展望

(1) 博物館の国際的な使命と役割

2015年に国連サミットはSDGs「持続可能な開発目標」を加盟国の全会一致で採択した。地球環境の破壊による災害やエネルギー危機をはじめ国際紛争、貧困や差別などの諸問題を、世界全体が共有する危機意識の高まりの中で、国際社会の総意によって解決することが焦眉の課題となっている。最近のコロナ禍も世界的に深刻な問題を投げかけていることは周知の通りである。

ユネスコ (UNESCO＝国際連合教育科学文化機関) は、1960年に採択した「博物館をあらゆる人に開放する最も有効な方法に関する勧告」以来55年を経て、2015年11月に博物館に対する勧告「ミュージアムとコレクションの保存活用、その多様性と社会における役割に関する勧告」を採択した。その趣旨は、「さまざまな課題に直面している国際社会が抱える社会課題に、博物館が果たすべき役割と、持続的発展の必要性を共有し実践する」(日本博物館協会・ICOM日本委員会2020) ことにある。同勧告には、「ミュージアムとコレクションの保護と振興の重要性を喚起し、遺産の保存と保護、文化の多様性の保護と振興、科学的知識の伝達、教育政策、生涯学習と社会の団結、また創造産業や観光経済を通して、ミュージアムとコレクションが持続可能な発展のパートナーであることを確認する」と明言されている (UNESCO 2015：4)。博物館には、持続可能な社会形成を図るために社会的な包摂、学校連携、観光、経済、人々のクオリティ・オブ・ライフ、市民意識、または集団的アイデンティティの形成、遺産へのアクセシビリティを高めることなど広範な内容が求められている。

日本でも政府によって制定された、障害者差別解消法 (2016年施行)、文化芸術基本法（2017年）・文化芸術推進基本計画（2018年）、文化財保護法改正（2018年）、文化観光推進法（2020年）、知的財産推進計画（2020年）などは、近年のグローバルな動向に添う課題に対処したものといえる。また、博物館法改正については、2021年12月に文化庁の文化審議会（佐藤信会長）から文化庁長官に「博物館法制度の今後の在り方について」が答申された。審議会の議論を総括して、博物館は収集・保管、展示・教育、調査・研究の基本的機能を生かしつつ、ICOM京都大会（2019年）で採択された「文化をつなぐミュージアム（Museums as Cultural Hub）」の役割を担うために、「既知と未知をつなぐ」（触発、創造）、「知識・経験をつなぐ」（探求・創発）、「世代をつなぐ」（多世代交流、伝承）、「人びとをつなぐ」（交流、共創）、「多様な文化・分野をつなぐ」（多文化理解）、「地域と人をつなぐ」（土地への愛着、地域課題への対応）、「住民（ホスト）と来訪者（ゲスト）をつなぐ」（観光振興、地域活性化）、「自然と人をつなぐ」（環境保護）を、活動や経営計画に活かす必要性があることが提起されている（文化審議会2021：13-14）。博物館が「文化をつなぐミュージアム（Museums as Cultural Hub）」になり、現代社会における様々な課題を解決するためには、MAが『未来のためのコレクション（Collections for the Future）』において提唱したように、収蔵コレクションを幅広く利活用することは、有効な方策になるはずである。

(2)「コレクションを活用する」ことのできる博物館

博物館の展示品はごく一部であり、大多数のコレクションは収蔵庫に保管されている。人々の生活や文化、教育、経済活動を発展させるために、コレクションを活用できるかどうかは、コレクションに容易にアクセスできるかどうかにかかっている。

佐々木秀彦は、収蔵資料を公共の財産と認識し、展示以外で収蔵資料を公開する必要性を指摘した上で、全収蔵資料について利用者のアクセスを可能とするために、資料整備と公開についての指針を提案した（佐々木2002：13-23）。具体的には、資料整備と公開が一連の流れとして連動せずに断ち切れている問題点を是正するために、博物館界において博物館の拠り所となるような基準・行動指針（倫理規程）を定めること、そしてその基準は資料公開について、次のような内容を含んだものとすることを提案している（佐々木2004：49-50）。

・博物館は自館の使命に基づき、展示以外の収蔵資料公開方針と公開のための計画を策定し､利用者が収蔵資料を利用できるように努めること。

・利用者に情報提供することを目的として、資料や調査研究のデータを整備し、公開すること。

・収蔵資料に関する情報は、調査研究のデータも含め、機密扱いを除き、問い合わせに対し必ず提供すること。また公開できない資料についてはその理由を明示すること。

・研究用の施設設備を提供し、調査研究目的での資料の実物閲覧を可能にするように努めること。

・実物閲覧が困難な場合は、写真やマイクロフィルム等の資料の代替物を用意すること。

佐々木が所属する江戸東京博物館では、所蔵する33万3,206点のデータベース化が行われ、利用者が資料検索によって申請をすれば収蔵資料の閲覧ができるというパブリックアクセスを保障した先駆的な試みが行われた。

そのほかの博物館でも、インターネット、収蔵庫公開、移動博物館、資料閲覧、教育プログラムなどの方法により収蔵資料が公開、活用されている。その実践的な取り組みとして、例えば、各地の博物館で行われている回想法は、高齢者が昭和期の生活資料に触れながら当時の思い出を語り合うことにより、介護・認知症予防の効果が期待できるばかりでなく、地域の子供達への文化伝承､世代間交流などにもなっている｡岐阜県博物館は収蔵コレクションを用いて、県の文化教育施設や市町村、商業施設等で移動展を行い、利用者のアクセスの拡大に努めている（本書200頁参照）。長野県大鹿村の中央構造線博物館の収蔵展示のように、中央構造線の内帯と外帯の異なる岩石標本群が展示室の左右に展示されている様子は、学術的な価値が高く、見学者にも日本列島形成の物語を実感させる。同館は、村のジオパーク構想の拠点施設となっており、観光にも欠かせない存在となっている。沖縄県立博物館・美術館や氷見市立博物館、市立函館博物館などのように収蔵庫を公開するツアーは参加者達にとっては、その膨大なコレクションを目の当たりにして過去から引き継いだ先人の知識や経験を実感することができ､その土地の歴史･文化や特色を学び、愛着心を育てる契機につながる（本書140頁、192頁、218頁参照）。イギリスのヨークシャー博物館では、収蔵するローマ時代の髪飾りを調べた地元の美容師たちが、その技術を仕事に応用している。ノーウィッチ城博物館が収蔵する鳥類標本を調査したデザイン専門学校の学生達も、テレビゲームのデザインを制作するために利用するなど、収蔵資料は仕事や職業教育にも活用されている。

(3) コレクション管理の取り組み

資料にアクセスし活用するためには、コレクションが適切に整理保管されることが前提になる。コレクションのデータベースの中から、スタッフが事業内容に適した資料を選択することができてこそ、コレクションを有効に活用することができるのである。ところが、残念ながら日本の博物館の多くはそれらの管理体制が整備されておらず、作業も追いつかない状況となっている。『日本の博物館総合調査』(令和元年度)によれば、資料の収集、登録・管理、保存等に関する方針であるコレクション・ポリシー(方針)を明文化している館は全体(2,314館)の25.8%しかない(日本博物館協会2020)。僅か4分の1である。残りの館では慣例的なやり方で実施していることが推測されるが、そのままでは博物館の持続可能性を保障することはできない。また、ポリシー(方針)を持っている館でも定期的に見直しをすることが必要である。留意点としては、資料の収集、ドキュメンテーション、保存、収蔵管理などに加えて、資料の処分やアクセス・活用についての方針などを、コレクション管理の一連のシステムに位置づけて再検討することである。そのうえで個別領域の指針を文書化する必要がある。栃木県立博物館では、「資料の収集、保管、活用等に関する要綱」が定められ、「資料収集の方針」、「資料収集手続要領」、「資料受入要領」、「採集資料取扱要領」、「収蔵庫管理取扱要領」、「資料の除籍に関する要領」などのようにそれぞれの指針が明文化されている(本書254頁参照)。

ドキュメンテーションは、コレクション管理にとって不可欠な手続きである。それは資料の収集、受入、登録、管理、貸出、移管、除籍・処分等の一連の手続きを文書化して記録として保管する作業のことをいう。イギリスの博物館では、『スペクトラム(SPECTRUM)』を標準の手順書として使用している(本書88頁参照)。日本では、そのような標準書が普及しておらず、館種にもよるが、各館が独自の方法で行っているのが実情である。『日本の博物館総合調査』(令和元年度)によれば、資料台帳に資料のほとんどを記載している館は44.8%というように、凡そ半数の館は収集、保存の基礎データが不完全となっている。データベース化された資料台帳を作成しているところもほぼ半数でしかない（日本博物館協会 2020）。残りは収蔵しても資料の登録がなされていない。公立館ならば行政評価で指摘されることが予想されるばかりでなく、博物館としての社会的な信用にかかわる由々しき事態である。

収蔵庫の問題は、改めて述べるまでもなくコレクション管理にとって極めて大きな影響を与えている。多くの博物館の収蔵庫が満杯またはそれに近い状況に陥っている。そのため資料の収集が制約を受けるばかりでなく、収蔵庫の出入りにも支障が生じているところもあり、資料の出し入れも困難になっている。学芸員が収蔵庫に出入りすることに気が重くなるということを仄聞したこともあるが、そのような事態は何としても避けなければならない。イギリスの取り組みにもあるように、好むと好まざるとにかかわらず、博物館の持続可能性を担保するために、日本でも除籍・処分について慎重に検討する時機である。

コレクション管理に関する課題を解決するためには、政府をはじめ博物館界の取り組みや資金、人材養成などが不可欠であることは言うまでもない。イギリスでは外部資金源として、国営の宝くじ、信託や財団、イギリス国外の資金など様々な団体から博物館に資金援助が寄せられる。筆者が在外研究でイギリスに滞在した 2008 年当時は、MA の「エフェクティブ・コレクション（Effective Collections）」プログラムがいくつかの館で実施されていた。

(4) 博物館法改正とコレクション管理について

2022 年（令和 4）4 月、「博物館法の一部を改正する法律」が公布されたことを受けて、同年 12 月に文化庁から「博物館法施行規則の一部を改正する省令案」が公表された。その後、パブリックコメントの手続きを経て、2023 年 4 月に同法は施行する運びとなった。それには、博物館法第 13 条を受けて、博物館の登録制度の新しい（参酌すべき）基準が示されている。今回の法改正の重要項目の一つが、この博物館登録制度の見直しであり、新しい基準案にコレクション管理がどのような形で組み込まれるのかが注目されてきた。今回改正された博物館法施行規則では、コレクション管理について、「博物館資料の収集、保管及び展示並びに博物館資料に関する調査研究を行う体制に係るもの」として、第 19 条に次のように規定されている。

第三章　博物館の登録に係る基準を定めるに当たつて参酌すべき基準

（博物館の体制に関する基準を定めるに当たり参酌すべき基準）

第十九条　法第十三条第二項の文部科学省令で定める基準であつて、同条第一項第三号に規定する博物館資料の収集、保管及び展示並びに博物館資料に関する調査研究を行う体制に係るものは、次の各号に掲げる事項とする。

一　博物館資料の収集、保管及び展示（インターネットの利用その他の方法により博物館資料に係る電磁的記録を公開することを含む。第四号、第二十一条第一号及び第二十四条第一項第二号において同じ。）並びに博物館資料に関する調査研究の実施に関する基本的運営方針を策定し当該方針を公表するとともに、当該方針に基づき、相当の公益性をもつて博物館を運営する体制を整備していること。

二　前号の基本的運営方針に基づく博物館資料の収集及び管理の方針を定め、当該方針に基づき、博物館資料を体系的に収集する体制を整備していること。

三　前号に規定する博物館資料の収集及び管理の方針に基づき、所蔵する博物館資料の目録を作成し、当該博物館資料を適切に管理し、及び活用する体制を整備していること。

四　一般公衆に対して、所蔵する博物館資料の展示を行い、又は特定の主題に基づき、所蔵する博物館資料若しくは借用した博物館資料による展示を行う体制を整備していること。

五　単独で又は他の博物館若しくは法第三条第一項第十二号に掲げる学術若しくは文化に関する諸施設と共同で、博物館資料に関する調査研究を行い、その成果を活用する体制を整備していること。

六　博物館資料を用いた学習機会の提供、利用者に対する博物館資料の説明その他の教育活動を行う体制を整備していること。

七　法第七条に規定する研修その他の研修に職員が参加する機会が確保されていること。

上記は、博物館法第13条第1項3号「博物館資料の収集、保管及び展示並びに博物館資料に関する調査研究を行う体制が、第三条第一項各号に掲げる事業を行うために必要なものとして都道府県の教育委員会の定める基準に適合するものであること。」を受けたものとなっている。

その概要は図2に示すとおりである。最初に、博物館資料の収集、保管、展示、

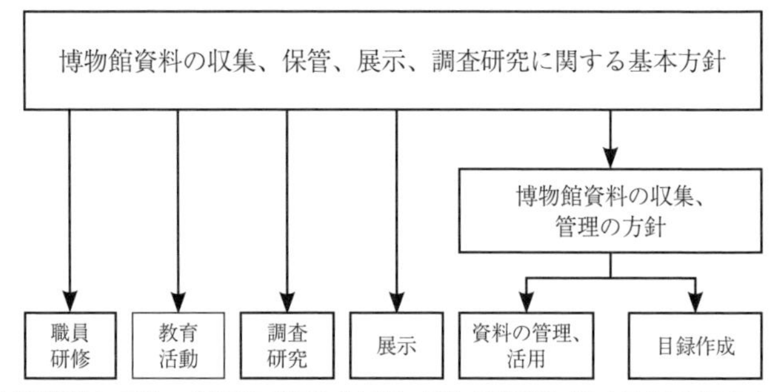

図２　博物館資料の収集、保管及び展示並びに博物館資料に関する調査研究を行う体制
（博物館法施行規則第19条より作図）

調査研究に関する基本方針を作成する。これは、博物館の運営に関する基本的な方針を定めることを意味するもので、その方針に則り、公益に資するよう運営を行うものとなっている。次に、コレクション管理に関することとして、この基本方針を受けて、資料の収集、管理の方針を定めるものとする。さらに、それを受けて資料を収集する体制と、資料の目録作成、管理、活用する体制をそれぞれ整備することとなっている。なお、展示、調査研究、教育普及、研修については、それぞれが基本方針を受けるという形になっている。この構成や内容についてはいろいろ検討すべきことがあるだろうが、ひとまず今回の省令改正によって、コレクション管理に関する規定が組み込まれたことになる。先述したように、コレクション管理上の諸問題を解決するための足掛かりになることを期待したいところである。

一方、コレクション管理について博物館関係者の間での共通理解はまだ不十分である。方針についての考え方をはじめ、「収集」「管理」「目録作成」「活用」などのようなキーワードがどのような業務内容を表象して使われているのかについて、今のところ都道府県や博物館現場をはじめ博物館関係者に共通理解があるとはいえない。法令遵守や倫理規程については、ICOMをはじめ海外の博物館界では、コレクション管理に不可欠な要件となっているのに、省令案には含まれていないことも違和感がある。また、コレクション管理を実効性のある形で運用するためには、『スペクトラム』のようなドキュメンテーションについての標準的な手引書を作成することや、関連するガイドラインの作成、それらを遵守させる仕組みや、具体的には博物館登録制度との接続や、それを管理する体制が不可欠であるし、文化庁や都道府県、日本博物館協会など組織間の連携や、外部資金を調達する制度と接続させることなど多くの課題が残されている。

なお、今回の法改正では博物館の定義について踏み込んだ議論は見られなかったが、コレクション管理の諸問題を解決するとともにその活用をはかる上で、定義のもつ意味は極めて大きい。イギリスでは、1998年にMAにより博物館の定義が見直されたことをうけて、コレクションをめぐる議論が本格的化したことを見ればわかるように、定義に関する論議は慎重に行われるべきではあるが、コレクション管理を発展的、持続的に機能させるためには、看過することのできない問題点である。

また、法令ではないが、職業倫理規程は博物館法令と不可分な関係性をもっていることは先述したとおりである。現行の日本博物館協会による『博物館関係者の行動規範』(2012)は、理念的な内容のために、コレクション管理の実務にとっても自ずと限界が生じている。そのため、本文を基本理念として活かしながら、博物館関係者の責務や役割、手続き、対策などを具体的に規定することが求められる。ICOMやMAの倫理規程などの国際的な動向に照らし合わせて、日本の実情に適合した「行動規範」の改訂が望まれる。

*

以下、本書では、第1章でコレクションがどのように形成されたのかについて、日本国内の歴史的系譜の中でその時代的な特徴や、近代以降に文化財保護思想の枠組により守り伝えられてきたことを明らかにする。また、近現代に創設された初期博物館のコレクション形成を遡及することにより、コレクションの由来・来歴について考察する。第2章では、博物館のコレクションをめぐる法制度や権利関係について確認する。第3章では、コレクション管理の先進的な事例といえるイギリスを中心にして、その制度やドキュメンテーション、資料の処分やアクセス・公開、デジタルアーカイブの取組について評価、考察する。第4章では、博物館の資料収集と保管のあり方を中心に、最近の先進的な事例を提示する。第5章では、収蔵資料の公開と活用について、最近の先進的な事例を提示する。第6章では、博物館の保管資料を処分した事例を見ることにより、処分に至る経緯や事後の対応などについて考察する。第7章では、資料の収蔵環境を整備するために施設・設備面と、資料管理面の人的な側面の両面から現状を分析する。また、収蔵庫増設の事例は、その経緯の中から、博物館のあり方について見直しが行われ、コレクション管理を発展化させてゆく可能性を分析する。最後にトピックとして、博物館が自然災害により被災した地域の文化財を救出した事例を取り上げることにより、博物館と全国の専門家や地域のネットワーク構築の必要性について展望する。

なお、本稿は増補改訂版刊行に伴い、2023年4月に改正博物館法が施行されたことにより、関連する事項などを加筆した。

註

(1) 国際博物館会議『イコム職業倫理規程（2004年10月改訂）』https://www.icomjapan.org/wp/wp-content/uploads/2020/03/ICOM_code_of-ethics_JP.pdf（2021年11月10日閲覧）

(2)「岩国市が計画　新博物館で5ヵ所の資料一括保存　郷土の宝どう生かす」『中國新聞』（2021年4月28日付朝刊）

(3)「浜松城二の丸絵図など紛失　浜松市、史料計6点」『産経新聞』（2021年11月29日付）https://www.sankei.com/article/20211129-5ZNFX6AOFVKDLIVHQVATSFB44Y/（2021年12月20日閲覧）

(4) Museums Association, HP, *Smarter Loans,* 2012, https://ma-production.ams3.digitaloceanspaces.com/app/uploads/2020/06/18145331/31012012-smarter-loans-principles.pdf（2021年12月10日閲覧）

(5) Museums Association, HP, *Disposal Toolkit*, https://ma-production.ams3.digitaloceanspaces.com/app/uploads/2020/06/18145446/31032014-disposal-toolkit-9.pdf（2021年12月10日閲覧）

(6) Museums Association, HP, *Empowering Collections*, https://ma-production.ams3.digitaloceanspaces.com/app/uploads/2020/06/18145331/MS1681-Empowering-collections__v8.pdf（2021年12月10日閲覧）

(7) Arts Council England, HP, *Accreditation Standard*, https://www.artscouncil.org.uk/sites/default/files/download-file/Accreditation_Standard_Nov2018_0.pdf（2022年1月3日閲覧）

(8) 英国規格協会は、英国政府によって国家標準機関として認められており、サービスおよびシステムの品質と安全性の向上を支援するために、各種の規格を作成し、それぞれの分野の品質や安全性の向上を支援している。

(9) Collections Trust, Collections management framework, 2020, https://collectionstrust.org.uk/wp-content/uploads/2016/10/collections-management-framework-V3.pdf(2022年10月15日閲覧)

(10) アクセシビリティを高めるためにコレクションや資料を適切に運用する意味と捉える。

(11) Museum Vereniging, *LAMO2016*, https://www.museumvereniging.nl/media/lamo_rapport2016_versie2020_def.pdf（2022年1月3日閲覧）

(12) 前掲註1に同じ。

(13) Manchester Museum, HP, *Policy for the Care and Use of Human Remains,* 2017, https://www.museum.manchester.ac.uk/about/reportsandpolicies/（2021年11月10日閲覧）

(14) ICOM, *Guidelines on Deaccessioning of the International Council of Museums*, https://icom.museum/wp-content/uploads/2019/08/20170503_ICOM_standards_deaccessioning_final_EN-v2.pdf（2021年12月15日閲覧）

引用・参考文献

アンブローズ，T　1997『博物館の設計と管理運営』（大堀　哲監修・水嶋英治訳）東京堂出版

井上　透　2016「博物館リスクマネジメント力強化への課題」『日本の博物館総合調査研究』（平成27年度報告書）、日本学術振興会科学研究費助成事業研究成果報告書（研究代表者：篠原　徹）
金山喜昭　2022「19世紀イギリスの公立博物館の成立について」『法政大学資格課程年報』Vol.11
金山喜昭　2023「イギリスにおけるコレクション管理の実務指針と日本のコレクション管理の課題」『國學院大學博物館學紀要』第47輯
佐々木秀彦　2002「公共財としての博物館資料—アクセスを保証する資料整備・公開体制の構築：人文系博物館を中心に—（上）」『博物館学雑誌』第27巻第1号
佐々木秀彦　2004「公共財としての博物館資料—アクセスを保障する資料整備・公開体制の構築：人文系博物館を中心に—（下）」『博物館学雑誌』第29巻第2号
佐々木秀彦　2020「博物館関係者の倫理規程　国内外と類縁機関の現状」『日本の博物館のこれからⅡ—博物館の在り方と博物館法を考える—』大阪市立自然史博物館
高橋雄造　2008『博物館の歴史』法政大学出版局
竹内有理　1998「イギリスの事例　資料論と情報論から見た収蔵品管理について」『アート・コム・ニューズ』VOL.19
竹内有理　1999「イギリス博物館登録制度をめぐって—導入の背景と現状—」博物館基準研究会編『博物館基準に関する基礎研究　イギリスにおける博物館登録制度』
デヴァレー，アンドレ、メレス，フランソア編　2010『博物館学のキーコンセプト（Key Concepts of Museology）』ICOM日本委員会
日本博物館協会　2020『令和元年度 日本の博物館総合調査報告書』日本博物館協会
日本博物館協会・ICOM日本委員会　2020「発刊にあたって」『ユネスコ（UNESCO）「ミュージアムとコレクションの保存活用・その多様性と社会における役割に関する勧告（2015年採択）」の実施状況報告書（2019年）』（日本語版）
文化審議会　2021『博物館法制度の今後の在り方について（答申）』（2021年12月20日）
Ambrose, Timothy., Paine, Crispin　1995『博物館の基本』（日本博物館協会訳）、日本博物館協会
UNESCO（国際連合教育科学文化機関）2015『ミュージアムとコレクションの保存活用、その多様性と社会における役割に関する勧告』（ICOM日本委員会訳）
Cannon-Brookes, Peter., 2012, "The nature of museum collections" John M. A. Thompson ed., *Manual of Curatorship A Guide to Museum Practice*（Second edition）, Routledge
Dudley, Dorothy H., Wilkinson, Irma Bezold. and Others, 1979, *Museum Registration Methods*（Third revised edition）, American Association of Museums
Glaister, Jane., 2005, “The power and potential of collections,” *Collections for the Future*, Museums Association
Hillhouse, Susanna., 2009, *Collections Management a Practical guide*, Collections Trust
Keene, Suzanne., 2005, *Fragments of the World, Elsevier*
Malaro, Marie., and DeAngelis, Ildiko P., 2012, *A Legal Primer on Managing Museum Collections*（Third Edition）, Smithsonian Books
Matassa, Freda., 2011, *Museum Collections Management*, Facet Publishing
Museums Association, 2005, *Collections for the future*
Museums Association, 2007, *Making collections effective*
Museums Association, 2012, *Effective Collections Achievements and legacy*
Simmons, John E., 2015, “Collection Care and Management: History, Theory, and Practice”, *Museum Practice. Part 2. Resources,* https://onlinelibrary.wiley.com/doi/10.1002/9781118829059.wbihms210
Thomson, Keith., 2002, *Treasures on Earth*, Faber & Faber

第1章

コレクションの歴史

日本におけるコレクション形成史と文化財保護思想の底流

内川隆志

はじめに

2019年（平成31）4月1日に改正施行された文化財保護法下では、地方自治体に「保存活用計画」の法定化、文化財行政の首長部局への移管などが法定化され、文化財の活用、観光資源化の方向性が示された。2020年（令和2）5月1日には、「文化観光拠点施設を中核とした地域における文化観光の推進に関する法律」が施行されるなど、文化財活用の後ろ盾を得た法制度も導入され、2022年4月1日からは、無形文化財にも登録文化財制度が適応されることも決定している。また、2019年に設置された文化審議会博物館部会では、博物館法改正の議論が進められており、博物館のコレクション管理にも関わる博物館の認証制度・学芸員制度などを中心とした抜本的な改正が行われようとしている。このような制度改革が次々と進められる過程で、ミュージアムが美術作品の売買を行い、美術市場の活性化をはかるリーディング・ミュージアム構想なども提案され、美術館界から批判が殺到した事や地方自治体のミュージアムが住民の協力を促して収集してきた民具コレクションを収蔵機能の限界を理由として除籍されるなど“保護”とは裏腹の出来事なども記憶に新しい（東京大学大学院 2019）。

政府の先導する経済政策としての文化財の活用、観光資源化による文化財のオーバーユースを回避するためにも、文化財保護の本義である“守り伝える”事を今一度意識し直す必要がある。2015年に出されたユネスコの「ミュージアムとコレクションの保存活用、その多様性と社会における役割に関する勧告」における「加盟各国は、ミュージアムの主要機能は、社会にとって何よりも重要なものであり、単なる財政的価値に換算しえないことを認識すべきである」という指摘などは、充分に傾聴すべきであろう。

このように文化財の活用をめぐる新たな制度整備や議論が白熱する時局にあって、本書の眼目である“コレクション”、“管理”、“活用”に関して今日の日本的文化財保護思想の底流となった３つの点について明らかにしておきたい。第一は、美術品の価値観や伝世しているコレクションそのものに直結するコレクション形成史について近代までの流れを押さえる事。第二には、近代になって成立した文化財保護法の前史である明治、大正、戦前に実施された諸政策の変遷を捉え、文化財保護法の要点を押さえる事。第三には、個の力をもって今日にコレクションを遺した近代前期にはじまる財界を中心とした個人コレクターの遺徳を明らかにしておく事である。

1　時代(とき)をこえたコレクションの形成と継承

価値あるモノを蒐集するという行為の歴史は古く、権力者の執着は時代の流れとともに対象を変え、その欲求を満たしてきた。わが国の場合、古く弥生時代より中国や朝鮮の品々が対象となっていたことは考古学的見地から明らかにされている。古代においては、隋、唐との交流によってもたらされた正倉院御物や法隆寺の献納宝物が双璧といえる。

平安時代には、嵯峨天皇が正倉院御物である王羲之父子の「大小王真跡帳」などを出蔵したように中国の書誌文化への関心を大いに示し、清和天皇の貞観年間には、いわゆる唐物を優先的に買い上げる「唐物使」を大宰府に派遣するなど、朝廷の先買権を行使することが行われた。一方、都の貴族たちは、唐船来航の情報を得ると、すぐさま使者を大宰府に使わし唐物を買い漁るなど朝廷の上前をはねる行為なども横行したのである（河添 2014）。平安時代末期には平清盛が大輪田泊を改港し、経島を築造、宋との公的な自由貿易が本格化しする一方、北九州沿岸を中心に私貿易も増加し、中国からの多くの文物が各所から将来されることとなった。また、国風文化隆盛のなかで各種の工芸技術が発達したことも先進的な唐文化の刺激あっての事である。この頃から徐々に美を鑑識するという行為があったことを文献は伝える。後白河法皇が蓮華王院に蒐集した唐絵を展覧するため源頼朝を招くも断った逸話などが伝えられている他、鎌倉時代のはじめには刀剣を鑑識するという行為を伝える一文が『増鏡』にみえる（佐々木ほか 1953）。

鎌倉時代に特筆すべきは、禅宗の隆盛と禅僧のもたらした唐物である。京や鎌倉の禅寺は、禅の教義だけでなく陶磁器や宋・元絵画などの輸入を開始しはじめた。宗教的な意味合いの強い仏画だけでなく、禅宗的雰囲気の中で鑑賞する世俗絵画や喫茶の普及に伴って用いられた陶磁器・漆器・金工品・染色品など様々な道具類が蒐集対象であった。仲間が集って茶を喫する茶寄合は、鎌倉時代末期に在京の武士の間に流行し、15世紀に記された『喫茶往来』第一の往状〈二〉には、張思恭の彩色釈迦像と牧溪の墨絵観音像を本尊として普賢・文殊・寒山・拾得・重陽・対月の六幅を配し、卓には金襴を掛け、古銅の花瓶を置き、机には錦繍を敷いて鍮石の香匙、火箸を立て、障子には商山四皓や竹林七賢・龍虎、鷺鴛の図を掛け、香台には堆朱、堆紅の香箱を置くといった室礼が記録される（高橋・神津 2019）。これらの品々は、漢学の素養の深い禅僧が宋代に記された『宣和画譜』や元代の『図画宝鑑』といった中国画史画伝から知識を吸収し、現物を多く見る行為の中から目利きとして唐物の紹介と斡旋を司る重要な役割を担っており、彼らによって広く中国の美術品が国内に浸透していったと言っても過言ではなかろう。

武家による美術の愛好は、室町時代に至って爛熟の時代を迎える。中でも8代将軍義政の枢府什物である東山御物は、唐物を通して武家文化を考える格好の材料であり、御物をめぐる能阿弥など同朋衆による鑑識と鑑賞の体系化は日本美術史上特筆すべきところであろう。足利将軍家が本格的な唐物蒐集に乗り出した背景には、1401年（応永8）、3代義満による日明貿易の開始がある。勘合貿易によってこれまで私貿易によって間接的にもたらされていた舶来の品々が、直接入ることになったのである。1465年（寛正6）の派遣では、幕府船、細川船、大内船が朝貢船として渡明、幕府船には京都、兵庫、博多等の商人や相国寺の達蔵主、元都寺の集安・集因といった禅僧商人、細川船には堺商人、大内船には博多商人が大勢乗り込み、様々な朝貢品と商売品を積み込んでいたことが記録されている（脇田 1993）。北山殿には寝殿造の正殿に加えて天鏡閣という唐物を飾り立てた会所が建てられ舎利殿である金閣と二階の回廊と繋がっていた。絵画やその他の工芸品を飾り立てる座敷が、武家の遊興の場である会所と呼ばれる施設である。これらの会所における唐物荘厳を司ったのが唐物奉行といわれる同朋衆であり、能・芸・相の三阿弥は唐物奉行として、品々の評価や修繕、保管にあたり、会所の座敷飾りなどを担当した（村井 2020）。『君台観左右帳記』は、唐物奉行の鑑識と鑑賞法の集大成といえるもので、原本そのものは伝世していないが、数種の異本や別本が伝わっている。本書は、宋元を中心とする 150 人前後の中国の画家をランク付けした画人録・床飾・書院飾・違棚飾について記された座敷飾の次第・彫物（漆工品）・胡銅物や土之物・葉茶壺・抹茶壺・文房具などの器物の説明の 3 部に大別される（矢野 1999）。ただ、足利将軍家における美術品の蒐集はあくまでも絵画が対象であり、調度品は絵画を掛ける会所の各部屋を調える役割に過ぎないという見方も示されているが、将軍家の調度品や茶具は、蒐集意識が絵画とは明らかに異なる点にも留意しておきたい（赤沼 2014）。室町時代の茶湯の流行は、茶道具そのものにもある種の権威的な希少価値を生み出し、高値での流通を促した。

室町時代にはじまる本格的な美術品の蒐集は、安土桃山、江戸時代に至っても武具や茶道具、絵画などを中心に諸大名や豪商などの間において益々さかんとなった。豪商や諸大名は、それぞれの家格に見合った城備えや諸道具の蒐集を行っており、茶道具や絵画は、主たる蒐集対象であることには変わりなく、利休から続く侘び茶の伝統は後続する茶人達によって大成されてゆく。商家における蒐集は、歴史的には、室町時代の有徳人とよばれる富裕町人層に萌芽する。桃山時代から江戸時代初期に至っては、茶匠が堺の豪商から出現したように、莫大な富と高い教養を有した京阪や江戸の上層商人が、将軍や大名の側近としてではなく、独自の立場で美術品の蒐集を行うようになる。京の後藤家、角倉家、茶屋家、本阿弥家などの豪商である。江戸時代を代表する豪商、三井家では、代々に亙って美術品の蒐集が行われてきた。摂津の豪商吉田家 3 代が当時の学者や貴族たちとの交流を通じ、多くの古文書や古物を収集し編纂された古器物類聚の模写図譜である『聆涛閣集古帖』などからも当時の蒐集と研究の対象が明らかになっている。また、大坂堂島の豪商升屋 4 代平右衛門（山片重芳）の蒐集品記録である『家蔵記』には千点以上にも及ぶ家蔵の蒐集品の入手記録が明らかとなっている（有坂 1966）。

18 世紀には、政権の中枢を担う将軍や老中といった権力者自らも古物への強い関心を示した。もっとも 3 代家光や 11 代家斉も故実家の伊勢家所蔵什物の小鳥丸太刀や家伝書籍を、6 代家宣も本多忠勝の兜や蜻蛉切鎗を上覧した事実が『寛政重修諸家譜』には記される。だが、『同家譜』によると什物上覧の大半は吉宗によって行われ、吉宗の独自的行為と捉えられると岡崎寛徳は指摘する（岡崎 2006）。文化面への関心が強い将軍吉宗であったが、とりわけ古物への関心は歴代将軍の中で特に高かった。老中松平定信が稿本段階で刊行したのが宝物図録である『集古十種稿』で、これには広瀬蒙斎による1800年（寛政12）の序文が付されている。そして、その後もその編集作業は継続され、増補改訂がある程度まとまった時点（時期は不明）で改めて刊行されたのが『集古十種』85冊本である。全85冊本は、碑銘篇13冊・鐘銘篇9冊・兵器篇25冊・銅器篇3冊・楽器篇6冊・文房篇2冊・印章篇7冊・篇額篇10冊・古画法帖篇10冊から成る。美術品の詳細を図解示した『万宝全書』は、1694年（元禄7）に上梓されて以来、版を重ね、1～3巻本朝画印伝、4巻唐絵画印伝、5巻和漢墨蹟印尽、6、7巻故家名器真形之正図、和漢名物茶入肩衝目録、8巻和漢諸道具見知抄、9巻和漢古今宝銭図、10～12巻古今銘尽合類大全が掲載され、古今各地の名刀の特徴や在銘等について詳細に掲載されている。13巻彫物目利彩金抄となっている。

田村藍水（元雄）は、江戸本草学の始祖として広く世に知られる。藍水とその高弟、平賀源内らの活躍によって18世紀前半から中頃にかけての博物学が隆盛したといっても過言ではない。またその頃、各地の諸大名の間においても博物学の流行が認められる。荒俣宏は、これら諸大名の博物趣味をメディア・ネットワークという視点で、多角的に分析している（上野 1994）。1770年（明和7）成立の藍水の『琉球物産志』は、薩摩藩主島津重豪から贈られた奄美大島を中心とした植物標本であり、重豪自身も未完の大著『成形図説』の編纂を行った。重豪は、1827年（文政10）、江戸高輪藩邸の敷地内に「聚珍宝庫」を建て、植物標本の他に陶磁器や古印古瓦などの古器物を保存する施設を設けた（山本 2013）。

18世紀にはじまる博物学の本格的な流行は、全国規模のネットワーク形成によってさらなる盛り上がりをみせ、当時を生きた在野の碩学の一人に「奇石」というものに生涯執着して蒐集と研究を継続した近江の木内石亭があげられる。彼が組織した「弄石会」は、奇石を好む同人の集まりである。天明年間の『石亭石譜』には「海内同好の知己三百余人、国所姓名悉く知己帳に詳なり中にも親友二百余人の書翰の端を剪りて毎巻となし、席上に尊敬す」とあるように、石亭と交友を結んだのは300人にも及んでいることが明らかである。『雲根志』、『天狗爪石奇談』の中にも弄石会同人の名が多く記され、その交友範囲も学者、公卿、大名、神官、僧侶、商人と幅広い。

2 近代文化財保護制度の確立

(1) 明治期

町田久成、田中芳男らは、幕末維新期の廃仏毀釈に代表される文化財危機の時勢にあたって「抑西洋各国ニ於テ集古館ノ設有之候ハ古今時勢ノ沿革ハ勿論往昔ノ制度文物ヲ考証仕候要務ニ有之」と記すように1871年（明治4）4月25日、太政官に対し西洋各国の集古館すなわち博物館の設立をもって古器旧物の保護を献言したのである。ここにはじめて近代博物館の必要性が顕らかにされたのである。献言の要点は、1. 明治維新以来、宝器珍物などが殲滅に及んでおり誠に遺憾であるため集古館を建設。2. 政府が集古館建設不可能のおりには、雑品にいたる物の保護。3. 専任者をもって古器物を模写し記録として集成すること。集古館設立の献言の同年、5月14日から20日にかけて九段坂上御薬園の跡で物産会を開催した。この年文部省が発足、湯島聖堂（旧幕府昌平坂学問所）が文部省所轄となり、文部省博物館として改組された。辛未物産会開催の最も重要な点は、明治政府の最高学府が主導し広く国民に博覧会の持つ有用性を謳い、一般の出品を求め「最寄ノ物品」の品には賞を出すなど物品への注意を喚起したことにある。出品物の売買を認めていることも古物などに金銭的価値が厳然と存在することを知らしめ、ひいては散逸、廃棄などを回避させる意図があったことが推測できる。『明治辛未物産会目録』（東京国立博物館所蔵）には、主催者側の町田久成、田中芳男、町田の片腕として活躍した蜷川式胤、松浦武四郎、柏木貨一郎など当時を代表する数多の好古家達がその出品物と共に名を連ねている。大学南校物産会直後の1871年5月23日、太政官は「古器旧物保存の布告」を発し「集古館設立の献言」に呼応したが、古器旧物の価値観を定め31種の名称一覧が添えられ、品名と所蔵者を記載したものを所管官庁を通じて提出することを命じただけで集古館そのものの建設には触れられなかった。1872年陰暦2月には、翌年開催予定のウィーン万国博覧会参加に向けて太政官正院に博覧会事務局が開局され、3月10日から4月30日にかけて文部省主催の初めての博覧会が湯島聖堂大成殿で開催されることとなった。この博覧会をもって東京国立博物館のはじまりとされる。同年実施された社寺宝物調査（壬申検査）は、1873年に開催されるウィーン万国博覧会に参加、出品するための考証に備えるために具体化した。調査は、文部大丞町田久成、文部省六等出仕内田正雄、文部省八等出仕蜷川式胤らに命じられ、その際の詳細な記録は、蜷川式胤によって残されており、5ヶ月近くに及ぶ調査の内容が記録されている（米崎 2005）。

1872年、社寺事務が大蔵省から教部省へ移管され、「寺院付属ノ仏什物ハ帳簿ニ記載備置クセシム」教部省達第12号（明治5年8月3日）、「社寺ノ什物祠堂ノ類ハ神官僧侶氏子檀家等私檀ニ処分スルヲ許サス」布告第249号（明治6年7月17日）、「官国弊社所蔵ノ古書宝器雛形ニ因テ査核シ教務省ニ差出サシム」教部省達第31号（明治6年10月31日）が発令され、社寺の什器類の私的処分の禁止と寺社宝物の報告を求める布告がなされ、1875年には、正倉院御物をはじめ、その他の寺院の勅封宝物が宮内省から内務省の所轄となった。さらに「勅封ノ神仏并倉庫ヲ取調内務省ニ申出シム」内務省達乙第45号として神仏を調べ内務省への報告を促した。1879年には、町田久成らの発議「社寺什宝永世保存之儀ニ付発議」によって、「社寺ノ宝物古文書等保護ノ為メ其品目ヲ録上セシム」内務省達乙第22号として目録の提出が求められたのである。古社寺に対する保護の具体的施策としては、1876年の「古社寺保存金の交付」があげられる。1879年には、大隈重信・伊藤博文よって「古社寺保存方ニ付府県営繕費増額ノ件」が発せられ、1880年頃～1894年「古社寺保存金」の交付制度は、15ケ年に亘り総額211,000円に及び39府県539社寺に対し保存金を積立て、その利子をもって堂舎の維持管理に充当するよう奨励された。

この時期財政の逼迫する法隆寺では、政府に対し1875・76年の奈良博覧会に出品した宝物を対象に古器物献備御願を提出し、1878年に宮内省が受理した事を受けて帝室御物として正倉院に収納された。1882年東京上野公園にできた博物館に移送され、法隆寺に対し報償金1万円が下賜された。

引き続き古社寺の保護については、1896年九鬼隆一・岡倉天心らによって「古社寺保存会」が設置され、1897年「古社寺保存法」を制定、我が国初の文化財保護に関係する立法措置が誕生したのである。「古社寺保存法」は、第1条に「修理」をあげたことに特質がある。宝物・建造物の保存修理のため古社寺に対して保存金を下付けすること内務大臣が「国宝」又は「特別保護建造物」の資格あるものを定める社寺の管理義務・博物館における公開義務や宮司･住職の監守義務がある。加えて1898年には「日本美術院」結成され、第一部制作部、第二部研究部として、1913年（大正2）（財）美術院として独立彫刻修理がなされ、1936年（昭和11）～1956年妙法院木造千手観音1,001体の修理などが特筆される。

建造物以外では、1910年3月「史蹟及び天然紀念物保存に関する建議」が採択され､同年12月「史蹟及天然紀念物保存会」（会長 徳川頼倫）が設立された。そして、史跡、天然記念物等の保存についての国内世論も高まり、1911年10月「史蹟名勝天然紀年物保存協会」が設立され、1912年には、黒板勝美によって「史蹟遺物保存に関する意見書」が出され（黒板1912）、1. 史跡遺物に「差等区別を附す」ことを排し、2.「現代のものにあらざる」以上、全てを保護の対象とする､3. 保護保存は「破壊廃滅を防止するに止む」べきであり、いたずらに「復旧修繕する如きは実に保存の本旨にあらざる」ことを強調した。

（2）大正期

1919年には「史蹟名勝天然紀念物保存法」が制定され、開発による史跡、天然記念物の保護を目的（現状変更の制限）とし古墳、陵墓以外の遺物・自然物に対して保護の手が向けられたのである。「史蹟名勝天然紀念物保存法」の制定によって1921年から1945年の24年間に史跡として指定された文化遺産の総数は579件に及ぶ。同法による史跡の指定要目は､1. 都城跡、宮跡、行宮其の他皇室に関係深き史跡　2. 社寺の跡及祭祀信仰に関する史跡にして重要なるもの　3. 古墳及著名なる人物の墓並碑　4. 古城跡、城砦、防塁、古戦場、国郡庁跡其の他教育学芸に関係深き史跡　5. 聖廟、郷学、藩学、文庫又は是等の跡其の他教育学芸に関係深き史跡　6. 薬園跡、悲田院跡其の他社会事業に関係ある史跡　7. 古関跡、一里塚、窯跡、市場跡其の他産業交通土木等に関する重要な史跡　8. 由緒ある旧宅、苑池、井泉、樹石の類　9. 貝塚、遺物包含地、神籠石其の他人類学及考古学上重要なる遺跡　10. 外国及外国人に関係ある史跡　11. 重要なる伝説地の11項目であり、これに従って選定されている。指定内容は、それぞれの時代によって偏りが認められるが、供養塔、墓、旧宅、行宮跡、古戦場など顕彰的な要素が強いものがより多く指定される傾向にあった。

戦　前　昭和初期における世界大恐慌の煽りは日本経済を未曾有の大不況に陥れた。旧大名家の「華族世襲財産法」で保護されているはずの表道具までもが売り立てられ、海外への流出美術品も少なくなかった。そこで政府は1929年、「国宝保存法」を制定し、「古社寺保存法」は廃止された。「古社寺保存法」は当時荒廃していた古社寺の所蔵する宝物・建造物に限定していたのに対し、「国宝保存法」では明治維新後、荒廃してゆく城郭や大名家祖封家の宝物類の散逸防止と保護に焦点をあてたものとなり、1. 従来、宝物と特別保護建造物に分けていたものを文部大臣が指定する「国宝」に統一すること。2. 国有・公有・私有の文化財全てを指定対象とし維持修理のための補助金を交付する。3. 国宝の輸出・移出は文部大臣の許可を受けた時以外できない。4. 国宝の現状変更については、文部大臣の許可制を導入した。

1921年、吉備大臣入唐絵詞が米国に流出したことが契機となって、1933年「重要美術品等ノ保存ニ関スル法律」が制定された。製作後50年を経過しないものや輸入後1年を経過しないものもを除いて、歴史上、美術史上、特に重要と認められた未指定物件の輸出・移出は主務大臣許可なく実施できなくし、1950年の「文化財保護法」施行までに重要美術品7,898件・建造物299件が認定された。文化財保護法制定以降、新たな認定は生まれていないが、過去の認定は取り消されていない。

(3) 戦後

戦中戦後の混乱期を経て、1949年には、法隆寺金堂や松山城・福山城などが相次いで焼失したことを契機として、戦前から続く文化財保護制度が見直され、1950年に「文化財保護法」が制定された。従来対象となっていた美術工芸品・建造物・史跡名勝天然記念物に加えて民俗資料・埋蔵文化財・無形文化財（伝統工芸技術・伝統芸能）まで対象を拡大された。1954年には「文化財保護法」が改正され、無形文化財制度の創設、重要民俗資料の指定制度の新設、民俗資料の制度化、重要民俗資料の指定、無形民俗資料、記録選択の制度、埋蔵文化財保護が強化され、周知の埋蔵文化財包蔵地発掘の場合、事前届出制度が導入された。史跡・名勝・天然記念物の無許可現状変更に対する罰則規定や地方公共団体の事務の明確化、地方自治体の文化財について地方自治法に基づく条例、または教育委員会規則について。文化財保護法に根拠を置く条例事項として国指定文化財以外の文化財について指定、保護の措置を講じることができるなどを設けた。

1968年には、文化庁が設置された。1975年の同法の改正では、1. 民俗文化財制度の整備。民俗資料を民俗文化財に改め重要民俗資料を重要有形民俗文化財とみなす。2. 伝統的建造物群保存地区の制度が新設され、城下町、宿場町、門前町など全国各地に残る歴史的な集落、町並みの保存が図られるようになった。市町村は、都市計画または条例により伝統的建造物群保存地区を定め、国はその中から価値の高いものを重要伝統的建造物群保存地区として選定し、市町村の保存事業への財政的援助や技術的指導を行っている。3. 文化財保存技術の保護制度の新設文化財保存のため欠くことの出来ない伝統的な技術・技能で、保存の措置が必要なものを修理資材の確保とともに国が選定する。4. 都道府県教育委員会に、従来の文化財専門委員制度に代えて文化財保護審議会を置けることを規定した。

1996年の改正では、1996年10月1日に施行された文化財保護法の一部を改正する法律によって、保存及び活用についての措置が特に必要とされる50年以上経過した文化財建造物を、文部大臣が文化財登録原簿に登録する文化財登録制度が導入された。この登録制度は、近年の国土開発、都市計画の進展、生活様式の変化等により、社会的評価を受けるまでもなく消滅の危機に晒されている多種多様かつ大量の近代の建造物を中心とする文化財建造物を後世に幅広く継承していくため、届出制と指導・助言・勧告を基本として保護措置を講じるものであり、従来の指定制度（重要なものを厳選し許可制等）より緩やかな制度となった。

2004年の改正では、文化的景観の指定。特に重要なものを重要文化的景観として選定することとする（第134条関係）。

民俗文化財に、風俗慣習及び民俗芸能に加え、地域において伝承されてきた生活や生産に関する鉄・木材等を用いた用具、用品等の製作技術である民俗技術の追加が導入された。

2018年の改正では、以下の4点が改正され文化財の活用への転換が図られている。⑴ 都道府県が策定する文化財の保存及び活用に関する総合的な施策の大綱「文化財保存活用大綱」、市町村が策定する文化財の保存及び活用に関する総合的な計画「文化財保存活用地域計画」の法定化、

⑵ 文化財ごとの「保存活用計画」の法定化、⑶ 民間団体を「文化財保存活用支援団体」(「支援団体」) として指定、⑷ 文化財行政の首長部局への移管。

2021年 (令和3) の改正では、芸能、工芸技術等の無形文化財の登録、風俗習慣、民俗芸能、民俗技術等の無形の民俗文化財の登録制度が新設された。

3　財界人によるコレクション形成

(1) 明治前期〜中期

明治前期の美術鑑賞、蒐集の主導者が山内容堂、木戸孝允、三條実美、町田久成などの武家出身者から、明治中期以降になると松方正義、川崎正蔵、井上馨、大倉喜八郎、安田善次郎、平瀬露香、小室信夫、藤田伝三郎、田中光顕、松本重太郎、馬越恭平、大江卓、益田孝 (鈍翁)、岩崎彌之助といった政府の高級官吏や実業家へと移行し、主に彼らが重きを置いた茶道に基づく芸術観念が復興し、茶道具が優位を占める古美術の世界観が形成された。彼らのコレクションの多くは、日本美術の核となって今日に継承されている (東京美術倶楽部 1979)。川崎造船の創設者である川崎正蔵は、自身の蒐集品をもとに1890年、神戸布引の地に日本で最初の美術館である川崎美術館を開館しているが、昭和初年の世界恐慌による破綻で、そのコレクションは大阪美術倶楽部にて売り立てられた。

美術品蒐集を盛んにした茶会の流行は、1880年頃からであり、特に、表千家の5代蓮心宗順門人に益田克徳・益田孝・馬越恭平・近藤廉平などを擁し多くの数奇者を輩出した。中でも益田孝は、三井財閥の統率者として実業界に君臨し、益田を取り巻く団琢磨や根津嘉一郎、高橋義雄 (箒庵)、原富太郎 (三渓) らによって隆盛を極め、小田原に隠遁してからは太師会を催すなど茶湯三昧の生活に浸った。茶友には松永安左衛門や森川勘一郎 (如春庵) などがおり、この時期に鈍翁が主催した「佐竹本源氏物語絵巻」の裁断が行われている。

(2) 明治後期〜戦前

1907年には、株式会社東京美術倶楽部が1908年には京都美術倶楽部が設立された。京都では東本願寺蔵器入札 (1919)、市田理八家入札、下村正太郎家入札 (1910)、船橋家入札 (1910)、高橋箒庵入札 (1912) など名刹、名家の入札が行われている。大正初期の第1次世界大戦の影響による不況を脱し、

1916年以降美術市場は活況を呈することとなる。東京美術倶楽部では第1回仙台伊達家（1916）、赤星家第1回、2回、佐竹侯爵家（1917）、近衛家、水戸徳川家、旧丸亀藩主京極家、松平子爵家（1917）など大入札が頻発、各家伝来の名品が取引されたのである。ちなみに1917年の稲葉子爵家・平岡家蔵品入札では、国宝「曜変天目」（静嘉堂文庫美術館蔵）が岩崎小彌太によって落札された。1922年の若州酒井家大入札では、240万円以上の売上があり「大名物国司茄子茶入」（藤田美術館蔵）や重要文化財「大名物唐物肩衝茶入」（三井記念美術館蔵）、1924年にボストン美術館日本美術部長の富田幸次郎が買付け、同美術館の所蔵となった春日光長筆「吉備大臣入唐絵巻」など大名物、名物がひしめいていた。この絵巻の流出が、1933年の「重要美術品等ノ保存ニ関スル法律」制定の契機となったことは有名である。

大正から戦前にかけての蒐集家としては、1916年に、日本で最初の財団法人として大倉集古館を開館させた大倉喜八郎（中野2015）、白鶴美術館の嘉納治兵衛、黒川幸七、逸翁美術館の小林逸翁、野村美術館の野村徳七、五島美術館の五島慶太、滴翠美術館の山口吉郎兵衛、ブリヂストン美術館の石橋正二郎、細見美術館の細見亮一などである。西洋美術に開眼した蒐集家としては、松方幸次郎と大原孫三郎が双璧であろう。川造船社長であった松方は、画家フランク・ブラングィンの手ほどきを受け1916年から1918年までのロンドン滞在中に、イギリス絵画を中心とする、1000点以上の作品を蒐集したことを契機に膨大な西洋美術コレクションを築いた。戦後フランス政府から返還される際、1959年に建設されたのが国立西洋美術館である。大原は1906年の倉敷紡績社長就任後、大原奨農会農業研究所や大原社会問題研究所の設置など様々な社会貢献をなす一方、洋画家児島虎次郎に託して収集した西洋美術、エジプト・中近東美術、中国美術などを公開するため、1930年、西洋美術、近代美術を展示する美術館としては日本最初の大原美術館を開館した。この頃、民芸運動の祖である柳宗悦は、大原の援助を得て、1936年、東京・駒場の自邸隣に日本民藝館を開設、実業界では、渋沢敬三による民具コレクションであるアチックミューゼアムの活動が活性化するのも1929年から1939・40年頃の事である。この、コレクションは後に日本民族学会附属民族学博物館、文部省史料館を経て1974年に設立された国立民族学博物館に移管された。宗教界では、1930年、海外事情参考品室（現天理大学参考館）

を設立した天理教2代真性中山正善や1954年、箱根美術館（現MOA美術館）を設立した世界救世教の岡田茂吉によるコレクション形成が特筆される。

(3) 戦後

戦後の財界における蒐集家としては出光美術館の出光佐三、佐野美術館の佐野隆一、山種美術館の山崎種二、松岡美術館の松岡清次郎、正木美術館の正木孝之、頴川美術館の4代頴川徳助、足立美術館の足立全康、サンリツ服部美術館の服部正次、大阪東洋陶磁美術館の基礎コレクションを形成した湯木美術館の湯木貞一、林原美術館の林原一郎、サントリー美術館の佐治敬三、久保惣美術館の3代久保惣太郎、神慈秀明会の創始者でMIHOミュージアムを設立した小山美秀子などがあげられる。

おわりに

以上、わが国における文化財保護思想の底流を成す3つの流れについて述べた。現国宝、重要文化財に指定されている数々の有形文化財の多くは、第一の長い歴史の潮流の中で評価、価値付けされ今日にまで伝世しているものもと言える。そして、近代以降に定着した第二の流れは文化財保護政策によって公的に護られてきた。第二の流れを補完したのが第三の流れであり、美術市場に遺された文化財をコレクションというかたちで保護したのが近代資本主義中で躍進を遂げたビッグコレクター達であった。

現行の文化財保護法に連動する第二の流れは、当初純粋に文化財保護に軸足を据えるものであったが、時代の流れと共にその使命は大きくゆらぎつつある。殊に1990年代には「保存重視・活用重視」の認識が公的に示され、徐々に文化財による観光振興が「文化財財の活用」の全面に出てくることとなったのである（松田2020）。本稿では、長い歴史の中で先人たちによって護り伝えられた文化財をとりまく社会的背景を中心に述べたが、実際に文化財を保護する手立てとして曝涼や防虫薬、保存箱、蔵など近代科学をも凌駕する経験科学とでもいうべき知恵と実践が作用していたことも忘れてはならない。

引用・参考文献

赤沼多佳　2014「『君台観左右帳記』に見る足利将軍家の御道具―足利将軍家の蒐集品目録」

『聚美』13
有坂隆道　1966「豪商升屋平右衛門山片重芳の蔵書・収集品について」（上）『史泉』第33号、関西大学
上野益三　1994「江戸博物学のロマンティズム」『江戸博物学集成』平凡社
岡崎寛徳　2006「第十三章 将軍吉宗の諸家什物上覧」『近世武家社会の儀礼と交際』校倉書房
河添房江　2014『唐物の文化史』岩波新書
黒板勝美　1912「史蹟遺物保存に関する意見書」『史学雑誌』第33巻第5号
佐々木信綱ほか監修・竹下直之他校訂　1953『増鏡』いてふ本刊行会
高橋忠彦・神津朝夫編集　2019『茶書古典集成七 初期の和漢茶書』
東京大学大学院人文社会学系研究科文化資源学研究室　2019「コレクションを手放す―譲渡、売却、廃棄」第18回文化資源学フォーラム報告書
東京美術研究所編　1979『東京美術市場史』東京美術倶楽部
中野　明　2015『幻の五大美術館と明治の実業家たち』祥伝社
松田　陽　2020「『文化財の活用』の曖昧さと柔軟さ」『文化財の活用とは何か』國學院大學研究開発推進機構学術資料センター編
村井康彦　2020『武家文化と同朋衆生活文化史論』ちくま学芸文庫、筑摩書房
矢野　環　1999『君台観左右帳記の総合研究』勉誠出版
山本哲也　2013「聚珍宝庫の博物館学的意義」『博物館学雑誌』第39巻第1号
米崎清実　2005『蜷川式胤「奈良の筋道」』中央公論美術出版
脇田晴子　1993『室町時代』中公新書

松本市立博物館
明治三十七八年戦役紀念館から続く活動から

窪田雅之

はじめに

松本市立博物館は、1906年（明治39）9月21日に松本尋常高等小学校内に開館した明治三十七八年戦役紀念館を前身施設とする。現在、松本市では2023年（令和5）秋の開館を予定し、松本市立博物館を移転、新築する松本市基幹博物館（以下「基幹博物館」と略す。）の整備が進行している。それに伴い現施設は2021年度から休館し、現在は収集、管理してきたコレクションなど約12万点にも及ぶ資料の再整理を行うとともに移転、開館準備に取り組んでいる。

本稿では、明治後期の開館以来の歴史を有する地方公立博物館のコレクションの形成の歩みと公開について述べる。

1　松本市立博物館概史

1906年に開館した明治三十七八年戦役紀念館（以下「紀念館」と略す。）は翌07年に松本紀（記）念館、1947年（昭和22）に松本博物館、翌48年に松本市立博物館（以下「市立博物館」と略す。）と改称して現在に至る。その間、1952年に博物館法による長野県内第1号の登録博物館となり、1967年に現施設が新築された。2000年には市民と博物館の連携をうたい、市域全域を屋根のない博物館ととらえ博物館が市民の生涯学習と地域振興に寄与する松本まるごと博物館構想が策定された。現在、市立博物館を本館とし分館に国宝旧開智学校校舎など15館がある。基幹博物館の整備地は松本城三の丸であり、その所在地は松本城の玄関にあたり三の丸エリア内には2棟の国宝建造物、松本城天守と旧開智学校校舎が所在する。市民・観光客ともアクセスしやすく、中心市街地の回遊にも適した場所である。なお、1966年度から2004年度まで（財）日本民俗資料館、市立博物館として活動した。

2　明治三十七八年戦役紀念館と資料の集積

(1) 明治三十七八年戦役紀念館の開館

紀念館が開館した契機は、明治三十七八年戦役に松本町から出征した軍人が戦利品をはじめ任地の風俗品や草花などを母校の小学校に寄せたことであった。三村寿八郎校長はこの行為に感激し、1点ずつ説明をつけて校舎の一室に陳列し時局室とした。時局室は児童の時局教育に活用され、町民にも公開された。戦後、彼等が帰郷すると寄贈品は益々増えたため、時局室は手狭になった。三村は小学校内に一棟の陳列施設を建設し、三村により「明治三十七八年戦役紀念館」と名付けられた。

このように紀念館は日露戦争の勝利なしには存在しえず、国威発揚に寄与する性格を帯びて開館した。

(2) 資料の集積

①主要な資料は戦役紀念品

開館から3か月を経た1906年12月27日付『官報七〇五〇号』掲載の「明治三十七八年戦役紀念館ノ概況」によれば、資料は紀念品（軍事1,308点、風俗315点、雑73点）、書籍（新版12,250冊、旧藩6,796冊）、標本（動物435点、植物470点、鉱物354点、雑832点）の3分類で、書籍を除く集積された資料数は3,700点超であった。

②集積される様々な資料

開館後1年が経過すると戦役紀念品以外の資料が寄贈され始めた。それは小学校の父兄懇話会（保護者と教員の懇談会）が1907年10月に小学校で開かれた際、同会が旧藩士から武器武具などを譲り受けて教室に陳列したことによる。この催しに父兄や市民から関心が寄せられ、その後市民から武器武具、土器類などが紀念館に寄贈された。このような収集資料の広がりもあり、1907年松本市制施行を機に「松本」紀念館へ館名が改称された。『歴史参考品寄贈簿』（1909）には歴史、考古資料ととともに、「下駄」「雛（押絵雛）」「イボタ蠟燭」「武者人形」なども記される。当時、民俗部門は存在していないが、民俗資料も集積されていたのである（窪田2006）。1912年3月、紀念館の活動に対し長野県から通俗教育奨励金150円が交付された。紀念館は国威発揚に加え、通俗教育施設の性格も帯びたのであった。

図1　紀念館時代に収集された風俗参考品（松本市立博物館提供）

紀念館が通俗教育と関わり始めたことは、収集資料の分野にも影響を与えた。『松本市紀念館概況』（1914）によれば、紀念館は戦役紀念品などを収集して一般に公開され、以後は「地方ニ散在セル歴史資料及内外各地ノ特産風俗参考品ヲ蒐集」した結果、資料は7,000点に達し「毎年ノ参観人壱万数千ヲ算」する状況であった。1936年9月撮影の写真に七夕人形の紙雛形式一対と足長、押絵雛や手まりなどが写る（図1）。これらは「内外各地ノ特産風俗参考品」として扱われたもので、現在も収蔵される。2件の七夕人形は1955年に重要有形民俗文化財（指定時：重要民俗資料）に指定された七夕人形コレクションに含まれた。『松本紀念館』（1937）によれば、資料は戦役紀念品、地歴参考品、博物標本、図書の4分類で、図書を除く資料数は15,000点超（表1）であった。戦役紀念品に比べ歴史参考品（歴史、考古、民俗、民族資料）が大きく増加、収集された。

紀念館は1938年に松本城二の丸へ移転した。資料は戦役紀念品、歴史参考品、地理参考品、科学参考品、芸術参考品、山岳関係品、郷土文化研究参考品の7分類となり、ロックガーデンも築造された。往時、戦役紀念品から松本と周辺の人文系・自然系資料までが集積されていたため、紀念館という館名であるが、実態は市立の郷土博物館であった（窪田2021）。

3　コレクション形成

(1) 収蔵コレクション

明治後期からの紀念館時代、市立博物館として活動を再開してから現在に至るまでに多数の資料が集積されてきた。この集積からコレクションが形成され、さらに新たなコレクションが収集され、現在は10件以上のコレクションが収蔵される（表2）。（仮）紀念館コレクションは紀念館開館と密接に関わることから、筆者が（仮）として一覧に掲げた。

表1　紀念館の資料概要（1937年現在）

No.	分類	内　　容	資料数
1	戦役紀念品	○日本の部　武器、装具及被服、雑 ○支那の部　武器、装具、雑 ○露国の部　武器、装具、雑 ○独逸の部　武器、装具、雑 ○日支事変関係紀念品 ○写真及書画	2,359
2	地歴参考品	日本本土、新領土、満州国、支那、欧米 ○軍事の部　○風俗の部　○書画・写真の部 ○貨幣の部　○土石器の部　○雑	7,913
3	博物標本		4,573
4	図書		1,149
合　　計			15,994

（『松本紀念館』1937により作成）

表2　収蔵コレクション一覧

No.	コレクション名	点数	備　　考
1	住山コレクション	125	郷土玩具
2	七夕人形コレクション	45	重要有形民俗文化財 1955年指定
3	民間信仰資料コレクション	293	重要有形民俗文化財 1959年指定
4	農耕用具コレクション	79	重要有形民俗文化財 1959年指定
5	藤原コレクション	9,900	概数 櫛、古裂など 再整理中
6	松代焼コレクション	116	古松代焼を含む
7	奥村コレクション	682	松本押絵雛、中野土人形
8	胡桃沢コレクション	13,000	概数 民俗及び文学関連資料 受入・整理中
9	山内コレクション	215	縮緬細工、焼印など
10	石曽根コレクション	17,000	概数 川柳関連資料 整理中
11	武井真澂コレクション	1,988	北アルプスを題材とした日本画及び関連資料
12	（仮）紀念館コレクション	—	再整理中 資料説明用木札約700点は再整理済み
—	本田コレクション	342	世界の古時計及び関連資料 2002年に時計博物館に移管

（松本市立博物館 2016ほかにより作成）

(2) コレクション形成の概要

①（仮）紀念館コレクション

（仮）紀念館コレクションは未整理であるが、基本的に日露戦争とそれ以後の戦争に関わる国内及び大陸（諸外国）からもたらされた戦役紀念品、地歴参考品、博物標本で形成されると考える。戦役紀念品に国内の他に「露国の部」(図2)「独逸の部」など、地歴参考品に国内の他には「新領土」「満州国」などの資料が含まれる。また松本出身や縁のある人物の資料もこれらに含まれる。例えば、松本出身で1891年にシベリア単騎横断を行った福島安正陸軍大将関係では本人寄贈による双眼鏡、革製水筒、遠征紀念花集など、夫人寄贈による正装正帽（図3）など、同じく内蒙古カラチン王府の女学堂で女子教育に尽くし、対露諜報活動にも関わった河原操子関係では本人寄贈による内蒙古の民族衣装、装身具など、何度か松本を訪れ紀念館を参観した乃木希典関係

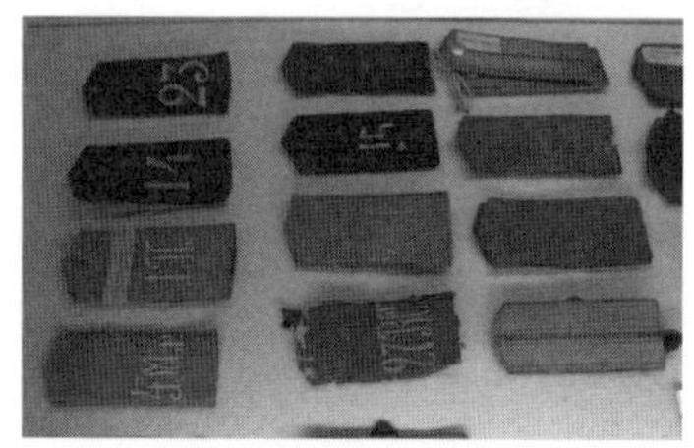
図2　ロシア兵の肩章
（松本市立博物館提供）

図3　福島安正の正装正帽など
（松本市立博物館提供）

図4　紀念館時代の資料説明用木札
（松本市立博物館提供）

では本人寄贈による『中朝事実』、『国基』、乃木の副官寄贈による長靴、乃木の塑像などである。またこれらの説明用木札（図4）も多数保管され、うち約700点は再整理済みである。

再整理でコレクションの全体像が示されれば、近代日本と諸外国との関わりや風俗参考品（民族資料）を知る上で重要な手がかりが得られるコレクションとなる（武井2021）。また出征軍人から寄贈された内外の戦役紀念品類を中核にして紀念館開館に至った、「初めにコレクションありき」という博物館本来の設立の在り方を示すに相応しいコレクションになると考える。

②民俗資料コレクション

民俗資料の収集と信濃講座の開催　紀念館は1945年10月に再開されたが、戦時色払拭のため館名改称や移転準備の休館などで一時期混乱した。この時期に館長に就任したのが郷土史研究者で松本市開智国民学校長を早期退職した一志茂樹であった。一志の尽力で1948年に館名を松本市立博物館と改称し山岳、民俗、考古、歴史、教育の5部門、収蔵資料24,000点余で活動が再開された。民俗資料は既に集積されていたが、本格的な収集はこの時期以降である。これは1950年に文化財保護法が制定されて民俗資料が文化財として位置づけられ、1952年市立博物館が博物館法により登録され社会教育施設として環境が整備された影響もあった。

さらに民俗資料の収集を促したのは、1953年10月に松本市で第4回信濃講座「民俗資料」が開催されたことであった。長野県教育委員会と市立博物館の主催による講座は、後年長野県内の民俗学研究に携わる人物も参加するなど、県内における民俗資料の収集、保存と活用に大きな影響を与えた（窪田 2006）。講師は最上孝敬民俗学研究所員、田原久文部技官、宮本馨太郎立教大学教授、岡正雄東京都立大学教授、長野県文化財専門委員の向山雅重と一志茂樹が務めた。『松本市立博物館 民俗資料陳列目録 昭和 28 年 10 月現在 第四回信濃講座実習用』（1953）には、分類別に信仰具 15 件、年中行事具 20 件、農具 9 件をはじめ多数の民俗資料の資料名、点数、使用地が記される。これらは一部を除き、数年内に収集された資料であった。

文化財指定と民俗資料などの集積　このような営みの結果、1955 年に七夕人形コレクション 45 点（図 5）、1959 年に農耕用具コレクション 79 点と民間信仰資料コレクション 293 点が重要有形民俗文化財に指定され、これは館史上画期的なことであった。これらの国指定文化財を管理する市立博物館は老朽化と狭隘化が進んでいたため、1961 年に国庫補助金を得て耐震耐火仕様の民俗資料コレクション専用収蔵庫が市立博物館に隣接して建設された。これらの多くは 1948 年に市立博物館として活動を始めた以降に収集され、コレクションとして形成されたものである。明治後期から集積された資料に加え、このように市立博物館に民俗をはじめ他分野資料も広く県内各地から収集されてきた。それはどのような理由であったのか。

一志の尽力と、文化財保護法制定及び博物館法による登録の影響は前述した。それに加え、当時の長野県内の博物館数、その性格や収集対象によるものと考える。1948 年 5 月現在、県内の博物館は 7 館（市立 3、村立 1、財団立 1、寺院立 2）であった（長野県 1948）。市立 1 館は歴史資料、もう 1 館は蚕糸資料、村立 1 館は考古資料を収集対象とし、財団立 1 館は美術系、寺院立 2 館は宝物館であった。よって新たにスポットを浴びた民俗をはじめ山岳、考古、歴史、科学の 5 分野もの資料を収集対象としたの

図 5　七夕人形（紙雛形式）
（図 1 の左上に写る七夕人形一対である。松本市立博物館提供）

は市立博物館が代表格であったとみてもよい。当時は身近に博物館は存在せず、文化財への関心も低く、民俗資料などの寄贈先は限られていたのである。しかし、これは市立博物館の収集活動の評価を下げるものではない。

③その他のコレクション

前述したコレクションを除く収蔵コレクションは資料群や所有者が松本と縁があるコレクションか否かに分けられる。受贈時期は住山コレクションが1943年で、他は1948年以降である。前者は長野県の民俗学の草分け的存在の胡桃沢勘内収集の胡桃沢コレクション、川柳作家石曽根民郎収集の石曽根コレクション、奥村コレクションの松本押絵雛、武井真澂コレクションである。コレクション候補として写真家百瀬藤雄が大正末期から昭和初期にかけて撮影した北アルプスと松本市内風景写真のガラス乾板約1,200点、小里頼永初代松本市長関連資料約300点などがある。胡桃沢、石曽根、百瀬、小里は松本生まれである。後者は住山、藤原、松代焼、奥村（中野土人形）、山内、本田コレクションで資料群そのものは松本と縁がなく、各コレクションの所有者は住山と松代焼を除き松本と縁がなかった。前者は市立博物館の収集方針により受贈されたが、後者が受贈されたのはどのような理由であったのか。

先ずはコレクションが有する資料的価値、付随する情報が考慮され受贈されたと考える。仮にコレクションの価値が定まらず廃棄または滅失の恐れがあったとすれば、それだけは避けたいという博物館の収集本能が働いたとも推測できる。しかし、そこには市立博物館のモノへの愛着と所有者の館への信頼があったのではないだろうか。牽強付会を承知で述べれば、明治後期から連綿と続く館の存在と諸活動が広く知られ、所有者や関係者から信頼されていたゆえにこれらのコレクションは寄贈、集積されたと考える。

(3) 館の性格と収集資料・コレクション形成

1世紀以上の館史のなかで資料収集、コレクション形成の歩みを振り返ると、そこには時代状況に拠った館の性格が反映されている。検討不足であるが、時代状況による館の性格をⅠ～Ⅲ期に分けて概観した（表3）。Ⅰ期は日露戦争の勝利、戦役紀念品類の集積により国威発揚という館の性格が先ず定められて活動が始められ、Ⅱ期は国威発揚に加え通俗教育と関わるなど複数の性格を帯びて資料収集対象は他分野に広げられてきた。Ⅲ期は戦後の新た

表3　館の性格として収集資料・コレクション形成

期	年　代	館　　名	館の性格	収集資料 コレクション形成
Ⅰ	1906-1907	明治三十七八年戦役紀念館	国威発揚［時局教育］［学校教育］	戦役紀念品類受贈 後にこの集積から（仮）戦役紀念館コレクション形成（予定）
Ⅱ	1907-1947	松本紀念館	国威発揚 通俗教育［学校教育］	戦役紀念品、他分野資料収集 後にこの集積から民俗資料コレクション形成
Ⅲ	1948-	松本市立博物館（1966-2004 日本民俗資料館）	社会教育 学校教育 生涯学習 地域振興［観光振興］	民俗資料コレクション形成　新たなコレクション及び主に人文系資料収集

（松本市立博物館 2016 ほかにより作成）

な時代を迎え、時間の経過とともに社会要求に応えるべくより多くの性格を帯びるようになったと考える。

4　コレクション公開

博物館資料は地域のたからで、これらが集積された博物館は市民の蔵である。そこに収蔵されるコレクションは市民から負託された公共財産と位置づけられ、どのような形であれ市民に公開、活用されることが前提である（窪田 2017）。適正なコレクション管理の成果が市民に周知される代表的な活動が展示であり、収蔵コレクションは常設展示と特別展示（企画展示）で公開されてきた（表4）。ここでは、直近の 2020 年に開催された特別展示「収蔵資料大公開展」（以下「大公開展」と略す。）の概要と成果について述べる。

大公開展は、近年未公開であったコレクションなどが５テーマで５期に分けて公開された。テーマは１　武士の世界、２　博物館の逸品Ⅰ—農耕用具コレクション—、３　生活と色—暮らしを彩る意匠—、４　博物館の逸品—民間信仰資料コレクション—、５　年中行事であった。

現施設最後の特別展示という追い風もあり、５期の無料観覧者≒市民は 9,010 人に達し、多くの市民が観覧したことがわかる。寄せられた市民の声によれば、未公開コレクション、多彩な資料を見学できた喜びの声が大多数で、基幹博物館への期待もあった。また「遺跡だけでなく現代までの松本の歴史を知ることができました。貴重な資料の保存はとても有難いことです。有難うございました。松本市に感謝です」（男性／60 代）という声も寄せられた。コレクションに市民から大きな関心が寄せられたことは、営々として形成されてきたコレクションの魅力が発信されたゆえであった。加えて資料の保存・管理への感謝の声に注目したい。繰り返すが、コレクションは適切な保存・管理があって公開されるのである。

表4　コレクションを公開した主な特別展示

No.	開催年度	特別展示名	コレクション名	備　考
1	1956	おひな様とおもちゃの展覧会	住山	
2	1957	七夕人形展	七夕人形	以後「七夕人形コレクション」は毎年特別展示で公開
3	1958	七夕人形と髪飾り展	七夕人形、藤原	
4	1966	全国郷土玩具展	住山	
5	1975	信濃の松代焼展	松代焼	受贈記念
6	1980	日本女性の髪形変遷と櫛・かんざし展	藤原	
7	1980	世界の古時計展	本田	常設展示更新記念
8	1981	長野県の民芸展	松代焼	
9	1984	農耕用具コレクション展	農耕用具	
10	1987	松代焼コレクション展	松代焼	
11	1988	日本の郷土玩具展	住山	
12	1989	子どもたちの世界	住山、七夕人形	長野県博物館協議会巡回展
13	1989	明治三十七八年戦役紀念館展	（仮）紀念館	
14	1990	木像道祖神展	民間信仰資料	
15	1995	古き、よき、つらき時代の農具たち	農耕用具	
16	2000	年中行事に息づく押絵雛	奥村	受贈記念　松本押絵雛公開（中野土人形を除く）
17	2003	胡桃沢コレクションⅠ	胡桃沢	受贈記念
18	2005	中野土人形展	奥村	受贈コレクション公開（松本押絵雛を除く）
19	2005	七夕と人形	七夕人形	文化財指定50周年記念 文化庁芸術拠点形成事業
20	2006	博物館100年モノ語り	七夕人形、農耕用具、民間信仰資料、藤原、胡桃沢、（仮）紀念館	開館100周年記念
21	2006	祈りと偶像	七夕人形、民間信仰資料	開館100周年記念 考古博物館開館20周年記念
22	2009	博物館コトハジメ	（仮）紀念館	
23	2010	胡桃沢コレクションⅡ	胡桃沢	2003年度以降の受贈資料を紹介
24	2011	手織りの美—古裂展—	藤原	
25	2011	石曽根コレクションの世界	石曽根	受贈記念
26	2012	七夕人形の風物詩	七夕人形	文化庁文化遺産を活かした地域活性化事業
27	2015	博物館がみつめる松本—収蔵品からよみがえる記憶	農耕用具、民間信仰資料、胡桃沢、（仮）紀念館	開館110周年記念
28	2015	松代焼—北信濃が生んだ至宝	松代焼	松代焼長野県伝統的工芸品指定記念
29	2017	山岳画家武井真澂	武井真澂	受贈記念 市制施行110周年記念
30	2020	収蔵資料大公開展	七夕人形、農耕用具、民間信仰資料、藤原	現施設最後の特別展示

（松本市立博物館2016ほかにより作成）

おわりに

以上雑駁ながら松本市立博物館のコレクション形成の歩みと公開について

概観した。

市立博物館には十指に余るコレクションが収蔵され、なかでも戦役紀念品類には内外の資料が含まれ、結果的に国際色を帯びた特長あるコレクションが形成されると考える。資料群、コレクションは博物館の生命、骨格であると言われ、博物館活動の基盤とされるものである。先人の営みに感謝である。

市立博物館ではコレクション候補が整理されて新たなコレクションが形成され、さらに新たなコレクションも寄贈されるであろう。これらが近い将来基幹博物館という新たなステージで公開され、市民の生涯学習と地域振興に寄与できるとすれば、何よりも収蔵コレクションの適正な管理がなされることが前提となる。

最後に新たなコレクションの受贈についてふれる。2021年12月、旧制松本高等学校を卒業した作家故北杜夫（1927～2011）収集の（仮）北杜夫コレクション約2,000点が市立博物館に寄贈された。現在、職員と市民学芸員が協働して2022年2月開催予定の事前紹介展示の準備中である。2013年に市立博物館主催で松本まるごと博物館連携事業「北杜夫と松本」展が開催され（会場：旧制高等学校記念館、山と自然博物館、窪田空穂記念館）、当時、喜美子夫人は「主人が生涯第二の故郷のように思い、愛した、松本の地で、三つの博物館が連携して、このような企画展が開かれることをうれしく思います」と語っている（松本市立博物館 2013）。寄贈理由に、特別展示開催実績に加え遺族や関係者への職員の対応も関係しているのであろうか。貴重なコレクション1件が新たに松本市民の財産になったのである。

引用・参考文献

窪田雅之　2006「民俗資料の宝庫」『博物館100年モノ語り（初刷）』松本市立博物館、pp.36-37

窪田雅之　2017「『一番のがんは学芸員、一掃しなければだめだ』発言をめぐって」『長野県民俗の会通信』第260号

窪田雅之　2021「教育陳列場から郷土博物館への移行―松本尋常高等小学校明治三十七八年戦役紀念館の事例から―」『國學院大學博物館學紀要』第45輯、pp.13-15

武井成実　2021「松本市立博物館の歴史と収蔵民具―重要有形民俗文化財を中心に―」『民具マンスリー』第54巻第1号、p.19

長野県　1948『長野県社会教育時報』第7号

松本市立博物館　2013『北杜夫と松本』p.89

松本市立博物館　2016『第1回松本市基幹博物館施設構想策定委員会資料』

鎌倉国宝館
社寺からの寄託品を受けて

浪川幹夫

はじめに

鎌倉国宝館は、1928年（昭和3）4月3日、鶴岡八幡宮境内に開館した歴史・美術の公立博物館である。建設の契機は1923年（大正12）9月1日に発生した大正関東地震で、鎌倉の歴史ある社寺が倒壊し、多くの貴重な仏教彫刻や各種宝物類が破壊された。こうした不時の災害から由緒ある品々を保護し、あわせて鎌倉を訪れるひとびとがこれら鎌倉ゆかりの文化財を容易に見学できるよう一堂に展示する施設として建設された。当館は地震後5年で造られた博物館で、設立に際しては計画を全面的に支援した「鎌倉同人会」をはじめ、華族や政財界人等各方面から多額の寄付が贈られたほか、開館直前には各社寺から多くの所蔵品が寄託された（三浦ほか1969）。

現在当館では館蔵品のほか、鎌倉市域ならびに県内所在社寺に伝来する絵画・彫刻・工芸・書跡・古文書・考古資料などのうち、代表的な作品を中心に多数の文化財が寄託され、保管・展示を行っている（遠方からの寄託品としては、秦野市の金剛寺や箱根町の阿弥陀寺などのものがある）。そこで本稿では、開館以来今日までに集められた収蔵品について、当館建設の立役者である「鎌倉同人会」との関係や、当館建設の概要などを示しながら、それらを受け入れたい

図1　開館当初の鎌倉国宝館

図2　開館当初の展示風景

きさつのほか、その種類や特徴、管理等の状況を見て行くこととした。

1 「鎌倉同人会」と鎌倉国宝館建設の経緯について

「鎌倉同人会」は、1915年1月5日に陸奥広吉（1869～1942）・荒川巳次（1858～1949）・黒田清輝（1866～1924・洋画家・政治家）らを発起人として発会した、鎌倉で最も古い社会貢献団体である。1914年12月の「発起趣意書」では、

今日鎌倉ハ、日本ノ鎌倉ニ非ズシテ、世界ノ鎌倉ナリトハ、此地ニ住スル人々ガ、常ニ誇リ云フトコロナリ。而シテ、徐ニ実際ヲ視察セバ誰人モ左ノ疑問ヲ禁ズル能ハザル者アリ。古跡名勝保存ノ方法、已ニ完備セリト云フベキヤ、〔旧漢字は新漢字に改めた〕

と、鎌倉における文化遺産保護の方法はすでに持ち得ていると、意気込みを述べている（澤1965）。さらに、同会理事たちの間では、鎌倉の代表的な遺産を世に示しその保全のためにもしっかりした博物館が必要であると、早期から話し合われていたと伝えられている（三浦ほか1969）。

とくに、同会発起人のうちで、鎌倉国宝館の創建に中心的な役割を果たしたのは陸奥広吉と荒川巳次であった。陸奥は伯爵陸奥宗光（1844～1897・明治時代の外交官）の長男である。ローマ、ロンドン等に駐在した外交官であったが、病を得て1914年に退官し、その後鎌倉に居住した。また、荒川は鹿児島生まれの外交官。駐英総領事やメキシコ特命全権公使等を歴任した。同年から鎌倉に住み、「鎌倉同人会」の設立および運営に貢献し、当館の初代館長となる（河村2002）。彼らのほか、同会の構成員には政財界人が多数含まれており、発会後には当地における博物館建設について行政を動かし、共に進めようとしていた姿がうかがえる（澤1965）。

このように博物館建設の機運が高まりを見せるなか、突如大地震が発生した。この時多くの仏教彫刻や社寺宝物類が被災したため、直ちに国の補助ならびに指導を得てそれらの修復が開始された。そのうち、仏像や神像等彫刻類の修復を実施したのは奈良の美術院で、同院から派遣された明珍恒男（1882～1940）ら当時の仏師・漆工・木工が担当し、古社寺保存会委員新納忠之介（1869～1954）のほか文部省技師が監督した。作業は、鶴岡八幡宮境内に仮設された憲兵隊駐屯用バラックを転用して行われた後、1925年4月には近在の宝戒寺に移転して継続され、1928年5月末日で一応終了したとされている（浪川

2016)。ところが、当館開館ののちも修復事業は継続されており、少なくとも1929年まで実施されたことが記録にみえる（金子2021)。

一方、「鎌倉同人会」の初代理事長陸奥広吉と同二代荒川巳次は政府や中央財界に働きかけ、宝物館建設資金（計画当初は仮称「宝物館」であった）として、三井・岩崎両家など当時鎌倉に在住、あるいは別荘を所有していた華族や政財界人のみならず都市部からも莫大な寄付を得たほか、鎌倉町には国庫補助金の申請について要請した（澤1965)。

当館の建築設計は岡田信一郎（1883〜1932）で、施工は松井組であった。そして、1928年4月3日に開館した。玄関エントランスに設置してある銅板プレートには、鎌倉の歴史や当地の文化遺産を高く評価したうえで、当館建設の計画と目的や経緯等について、次のように記されている。

従来鎌倉の神社仏寺には国宝若しくば其に準ずべき貴重の美術品を蔵せること多きに拘はらず、是が保存の方法確立し居らざりしは識者の夙に憂ふる所にして、鎌倉同人会創立の際発起者は他日是が適当なる方法を得んことを希望せしに、図らずも大正十二年九月の大震災に会し社寺の殿堂等大抵倒壊し且重宝の破損せる者太多きに因り、寺院の懇請を容れ鎌倉町当局は同人会と協力して是等宝物の修理を完了し其の保存の方を定め、且其の散逸を防ぐと同時に、鎌倉時代の文化芸術を鑑賞し又之を討究せんと欲する人の為め国宝館建設を計画したり。幸に宮内省の御下賜国庫及神奈川県の補助を仰ぎ、更に有志の寄附金及町費とを合せ計金拾四万円を得て、八幡宮境内の一部に国宝館の建築竣成を見たり。時に昭和三年四月なり。構造は校倉式にして鉄筋コンクリート造り、内部は鎌倉時代社寺建築の様式に随ひ雄渾素樸の手法を用ひ、特に耐震耐火除湿通風採光防盗に意を致したり。建築設計は工学士岡田信一郎氏にして、松井角平氏其の工事を請負たり。茲に此館創立の由来を録し、以て後の記念に資す。〔旧漢字は新漢字に改めた〕

とある。文中「宮内省の御下賜国庫及神奈川県の補助を仰ぎ」は、陸奥広吉と荒川巳次らの存在が大きいものと思われる。ただ、鎌倉では1925年5月に鎌倉大仏の国庫補助による修理が竣成し、1926年5月に鎌倉町役場庁舎が新築再建されるなど、公共施設・機関の復旧とともに文化遺産の修復など数々の事業が急速に行われており、鎌倉国宝館建設着手当時は、まさに震災からの復興の最盛期であったことがうかがえる（鎌倉歴史文化交流館 2019）。当然首都や近郊都市の復興もあり、材料費のほか工賃などの高騰を招いたことは想像に難くない。総工費は収入以上に膨らみ、町と「鎌倉同人会」は資金調達に苦慮したという。1927 年には、同会が再度募金運動を実施したほか、皇室からも下賜金を得たがまだ及ばなかったので、建築事業の継続は危機的な状況となっていた。

そのような中にあって、建築工事は竣成した。ただし、開館直後は運営資金に窮するなど、依然として危機的な状況は続いていた。ところが、同年 3 月に鎌倉で没した間島弟彦（まじまおとひこ）（1871～1928）の遺族から、氏の遺志に基づいて、当館ほか鎌倉町の教育機関に対して多額の寄付が贈られたことにより、その状態は劇的に改善されたという（金子 2021）。

間島弟彦は、旧尾張国名古屋藩士で、御歌所寄人（おうたどころよりうど）として明治の六歌撰の一人といわれた間島冬道（ふゆみち）（1827～1890）の七男である。1894 年（明治 27）第十五銀行に奉職、のち三井銀行に移り、1918 年（大正 7）同社取締役に就任した。病を得て 1923 年に退職したが、旧尾張徳川家顧問、青山学院理事を勤めるかたわら、歌人として秀歌を遺した。このほか、絵画、謡曲に長じ、建築造園にも造詣が深かったという。鎌倉には早くから海岸通り（現鎌倉市由比ガ浜地区）に住み、当地では鎌倉同人会に属して町の発展に貢献したほか、大地震で倒潰した英勝寺山門を、現鎌倉市小町地区に所在した自らの別荘に移築するなど、文化遺産の復興につとめている（この山門は 2011 年同寺に再建され、その後重要文化財になっている〔青山学院資料センター編 1977、文化庁 1997～2020〕）。

図 3　大正関東地震で被災した英勝寺
（奥左側が山門、手前右側は鐘楼）

図 4　修復・再建された英勝寺山門

ところで、当館の建設予定地を鶴岡八幡宮に選定した理由については、鎌倉町の1925年12月3日付「神社境内地使用許可願」によれば、

①地理的に便利であると共に、観覧料収益を得やすい。

②市街を避けており、火災予防ができる。

③敷地に余裕があり、建物や保管文化財に対する自然からの影響が少ない。

④境内の雰囲気が館の建築美を発揮し、町の偉観となり得る。

が挙げられている（青山学院資料センター編1977、三浦ほか1969）。

当館は博物館史上、比較的早期に建設された公立の地方博物館であった。そのうえ、保養地・別荘地のひとびとが造り上げた、東京と奈良の帝室博物館や恩賜京都博物館と並び得る、当時としては近代的な博物館であった（鎌倉国宝館2015、浪川2016）。

大正時代の鎌倉において、大地震発生以前から鎌倉の貴重な文化財を保護活用するための施設建設に向けた動きは存在した。それが大地震で蒙った文化遺産の甚大な被害によって、その機運は急速に高まった。このことは当館建設の契機として、また、開館後に多くの寄託品を得るきっかけであったとしても過言ではないだろう。そして繰り返しになるが、これが実現できたのは、大地震直後から募金活動を実施し、さらに皇室や華族らにも訴え続けた、当地に別荘を所有しあるいは居住した政財界人の活動や、間島弟彦とその遺族の存在にほかならない。

2　鎌倉国宝館の概要

1950年に文化財保護法が施行されると、鎌倉国宝館は1951年に法に基づく勧告・承認施設となり、同年に博物館法が制定された翌年、登録博物館となった。寄託された鎌倉内外の貴重な文化財および館蔵品を、良好な環境の下で安全に保管するとともに、年数回の特別展と企画展で広く公開している。さらに、1974年には財団法人氏家浮世絵コレクションを館内に設立し、肉筆浮世絵百数十点のコレクションも保管・展示している（2012年〔平成24〕4月に公益財団法人に移行）。

1983年12月には新館（収蔵庫）が竣工し、1991年3月に本館（展示場）が改修され施設の充実がはかられた。そして、1996年公開承認施設となっている（2020年解除）。2000年に本館（展示棟）が国の登録有形文化財（建造物）となっ

た後も施設の整備や改修は実施され、2007年には新館収蔵庫の空調設備の大規模修繕を行い、その翌年同収蔵庫に免震装置を設置し、2009年には本館南側の彫刻・工芸品等の展示場にも免震装置を設置するなど、このあとも整備を継続しながら収蔵資料の安全な保管に努めている。現在の施設の面積や構造は下記のとおりである。

建築面積　1,338.65㎡（本館　798.84㎡　新館　539.81㎡）
延床面積　2,270.54㎡（本館 1,189.84㎡　新館 1,080.69㎡）
構　　造　鉄筋コンクリート造　本館地上2階　新館地上2階、地下1階
内　　容　本館1階（収蔵庫）388.03㎡　2階（展示場）594.92㎡
　　　　　新館1階（館長室、事務室等）344.19㎡　2階（収蔵庫）378.00㎡
　　　　　地階（機械室、修理室、収蔵庫等）358.50㎡　内収蔵庫 50.08㎡

ところで、1950年の文化財保護法施行によって「国宝」の規定が大きく変わったため、「国宝」であったものの多くが「重要文化財」に変更された。鎌倉国宝館の「国宝」は、戦前の古社寺保存法やそれを受け継いだ国宝保存法に基づくものである。こうした古い法律に館の名称が由来していることも、当館の長い歴史を物語る要素となっている（鎌倉市教育委員会 2022）。

3　収蔵品の状況について

1928年の開館以降、寄託品および館蔵品として集まった収蔵品の数は表1のとおりである（2020年度の収蔵品総数は、1,045件　5,302点）。収蔵品の内容については、前述したように中世鎌倉の品々を中心とした様々な時代・分野に亘っている。

表1を見ると、収蔵品のほぼ半数が寄託品である。これは、当館が設立されたいきさつや目的などが如実に反映されたことを物語っている。なお、収蔵品には仏像を中心とした彫刻類のほか梵鐘・須弥壇等大型の工芸品も多数あるため、館全体の収容状況はほぼ限界に達している。

表1　鎌倉国宝館収蔵品総数一覧（2020年度）

種別	国宝	重文	重美	県文	市文	未指定	計
寄託品	5件 43点	74件 870点	1件 1点	20件 79点	78件 521点	560件 1,314点	738件 2,828点
館蔵品		1件 2点	1件 1点	3件 16点	11件 232点	291件 2,223点	307件 2,474点
計	5件 43点	75件 872点	2件 2点	23件 95点	89件 753点	851件 3,537点	1,045件 5,302点

4　鎌倉国宝館の特殊な事業について

当館では重要な事業のひとつとして、「宝物風入」という行事に関連した業務がある。この事業は、鎌倉市山ノ内の建長寺と円覚寺で毎年11月初めの3日間に実施される、国宝・重要文化財を含んだ数百点の寺蔵文化財の一般公開に係わるものである。江戸時代以降「常住虫干」「什物虫干」などの名称で、年中行事のひとつとして行われていたことが記録に見え、明治時代以降は「宝物風入」の名で定着し、特殊な事情を除き今日まで永続的に実施されている（浪川2016）。

建長寺と円覚寺の所蔵品は、当館最多の寄託品である。これらを風入開催の前日に搬出して両寺の方丈や庫裏に陳列し、終了後は直ちに梱包して館へ戻すという作業が毎年繰り返されている。それぞれ建長寺は約150点、円覚寺は約120点で（都合により実数は示せない）、近年建長寺では資料保全の観点から出陳数を約半数に減じたものの、それでも多数の文化財を当館学芸員が中心となり、当市文化財課と鎌倉歴史文化交流館の学芸員の応援を得て搬出・展示・撤収を行っている。そして両寺の寄託資料を館に戻した後は、それらの点検および清掃作業にかなりの時間が費やされている。

この事例は、鎌倉の社寺からの寄託品を中心にして展示運営することから生じた、他には見られない当館独特の事業といえるだろう。

おわりに

冒頭に示したとおり、鎌倉国宝館は大正関東地震発生後5年で開館した、公立の地方博物館である。当館開設の目的は、最初、東京や京都・奈良の博物館に並ぶ施設を建設することにあった。しかし、大正関東地震で当地の貴重な文化遺産が破壊されると、不時の災害から由緒ある品々を保護し一般に公開することに大きく変化した。そのため当館では、鎌倉のほか県内各社寺等からの寄託品が収蔵品の半数以上を占めている。このことは当館の大きな特徴であり、さらに、これら寄託品は中世の歴史や美術史を研究するうえで欠かせないものとなっている。

当館では、寄託品の管理・保全はいうまでもなく、「宝物風入」に代表されるような、所有者の年中行事への対応など多様な業務とともに、展示活動や資料の貸出を長年にわたり実施してきた。当然、収蔵品の保管や他館への貸出は厳重かつ慎重に行われており、これらの業務は長い伝統によってはぐくまれた知識や技術によって裏付けられている。

引用・参考文献

青山学院資料センター編　1977『小伝 間島弟彦』青山学院、pp.51-55
金子智哉　2021「【総論】『鎌倉国宝館庶務日誌』に見る鎌倉国宝館の黎明期」『鎌倉国宝館特別展 生誕150年記念間島弟彦と黎明期の鎌倉国宝館～その知られざる物語～』(図録)、pp.3-5
鎌倉国宝館　2015『特別展 鎌倉震災史―歴史地震と大正関東地震―』(図録)、p95・115
鎌倉市教育委員会　2020『鎌倉市文化財年報』平成30年(2018年)度版、pp.44-54 (https://www.city.kamakura.kanagawa.jp/treasury/documents/2018bunkazainenpou.pdf)
鎌倉市教育委員会　2022『鎌倉市文化財年報』令和2年(2020年)度版、pp.42-54 (http://www.city.kamakura.kanagawa.jp/treasury/documents/02nenpou.pdf)
鎌倉歴史文化交流館　2019「【資料】復興に向けて 町の復興までの主な動き(昭和10年まで)」『写真集 Disaster 鎌倉 災害と復興―土地に刻まれた痕跡―』pp.174-175
河村輝夫　2002「明治の外交官・荒川巳次の生涯 ―『母のサイン帖』に光彩を与えた文化人」河村貞子『母のサイン帖』中央公論事業出版、pp.127-140
澤　壽郎　1965『鎌倉同人会五十年史』鎌倉同人会、pp.12-14、101-113
浪川幹夫　2016「近代鎌倉の文化財保護と宝物館設立事情」『國學院大學博物館學紀要』40、國學院大學博物館学研究室、pp.1-17 (http://www2.kokugakuin.ac.jp/museology/kiyou40.pdf)
文化庁　1997～2020「名称：英勝寺 / 棟名：山門」『国指定文化財等データベース』(https://kunishitei.bunka.go.jp/heritage/detail/102/00004635)
三浦勝男ほか　1969『鎌倉国宝館四十年略史』鎌倉国宝館、pp.3-34

第2章

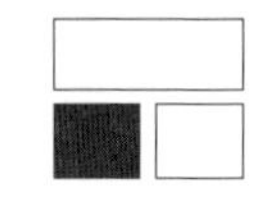

コレクションをめぐる法制度と権利関係

栗原祐司

1　世界的な収蔵庫問題

2021年（令和3）11月17～18日に札幌市で開催された全国博物館大会の全体会議において、「2020年代は、博物館収蔵庫の時代だ」という発言があった。言うまでもなく、収蔵庫の不足は全国各地の博物館で深刻な問題になっており、2021年4月に栃木県立博物館の新収蔵庫が供用を開始し、2022年（令和4）10月には兵庫県立人と自然の博物館が展示機能を備えた新収蔵庫「コレクショナリウム」の運用を開始するなど若干の例はあるものの、多くの自治体にとっては博物館を改修する予算の確保も容易でない中、新たに収蔵庫を建設することは先の見えない長期的課題であるのが実態だろう。

このことは日本だけの問題ではなく、ICOM（国際博物館会議）においても、2019年（令和元）9月に開催されたICOM京都大会で「世界中の収蔵庫のコレクションの保護と活用に向けた方策（Measures to safeguard and enhance collections in storage throughout the world）」(1) が大会決議の一つとして採択された。さらに、ICOMでは、機関誌「Museum International」Volume 73（2021年7月発刊）において、Museum Collection Storageについて特集を組み、同年11月にオンラインで開催された第90回ICOM諮問会議では、ICOM-CC（保存国際委員会）のKate Seymour委員長が収蔵庫に関するワーキング・グループ（ICOM Working Group : Collection in Storage）の設立を提案し、翌2022年（令和4）にWorking Group on Collections in Storage（WGCS）が発足した。

このように、今や収蔵庫問題は、コレクションの保存管理や防災・防犯、アクセシビリティ等の観点からも、世界的に議論されるようになっている。本稿では、こうした背景をもとに、主に博物館コレクションに関する法制度面と権利関係の現状について述べる。

2　博物館法令

我が国では博物館法が制定されており、同法第2条で博物館とは「歴史、芸術、民俗、産業、自然科学等に関する資料を収集し、保管（育成を含む。）し、展示して教育的配慮の下に一般公衆の利用に供し、その教養、調査研究、レクリエーション等に資するために必要な事業を行い、併せてこれらの資料に関する調査研究をすることを目的とする機関」であるとの定義づけがなされており、2022年4月の博物館法改正においても、同条の設置者要件に係る部分は改正されたが、それ以外の規定は1951年（昭和26）の制定以来ほとんど変わっていない(2)。（下線筆者）

ICOM規約（ICOM Statutes）でも、第3条第1項で“A museum is a non-profit, permanent institution in the service of society and its development, open to the public, which acquires, conserves, researches, communicates and exhibits the tangible and intangible heritage of humanity and its environment for the purposes of education, study and enjoyment.（博物館とは、社会とその発展に貢献するため、有形無形の人類の遺産とその環境を、研究、教育、楽しみを目的として収集、保存、調査研究、普及、展示をおこなう公衆に開かれた非営利の常設機関である。）”（ICOM日本委員会訳、下線筆者）と、ほぼ同様の定義づけがなされており、2022年8月のICOMプラハ大会において改正された同項でも、“A museum is a not-for-profit, permanent institution in the service of society that researches, collects, conserves, interprets and exhibits tangible and intangible heritage. Open to the public, accessible and inclusive, museums foster diversity and sustainability. They operate and communicate ethically, professionally and with the participation of communities, offering varied experiences for education, enjoyment, reflection and knowledge sharing.（博物館は、有形及び無形の遺産を研究、収集、保存、解釈、展示する、社会のための非営利の常設機関である。博物館は一般に公開され、誰もが利用でき、包摂的であって、多様性と持続可能性を育む。倫理的かつ専門性をもってコミュニケーションを図り、コミュニティの参加とともに博物館は活動し、教育、愉しみ、省察と知識共有のための様々な経験を提供する。）”（ICOM日本委員会訳、下線筆者）とされ、「acquires」をより公平で博物館学的な用語

である「collects」に改めたが、収集及び保存が博物館活動の重要な要素であることは変わっていない。

2015年（平成27）にユネスコ総会で採択された「ミュージアムとコレクションの保存活用、その多様性と社会における役割に関する勧告（Recommendation on the Protection and Promotion of Museums and Collections, their Diversity and their Role in Society）」では、博物館の主要機能である「保存（preservation）」に関して、「博物館における収蔵品管理の主要な構成要素は、専門的な収蔵品目録作成・維持と定期的な収蔵品点検である。収蔵品目録は、博物館を保護し、不法取引を防止及びそれと闘い、社会的な役割を果たす援助をする不可欠な手段である。収蔵品目録はまた、コレクションの移動の確実な管理を容易にするものである。」と述べている。また、「電子化が、コレクションの保全に取って代わるものと見なされることがあってはならない。」と述べていることも注目される（林菜央訳）。

さて、日本の博物館法に話を戻すと、同法の下位法令である「博物館の設置及び運営上の望ましい基準」（平成23年文部科学省告示第165号）では、資料の収集、保管、展示等に関して次のように規定している。

第5条　博物館は、実物、標本、文献、図表、フィルム、レコード等の資料（以下「実物等資料」という。）について、その所在等の調査研究を行い、当該実物等資料に係る学術研究の状況、地域における当該実物等資料の所在状況及び当該実物等資料の展示上の効果等を考慮して、基本的運営方針に基づき、必要な数を体系的に収集し、保管（育成及び現地保存を含む。以下同じ。）し、及び展示するものとする。

2　博物館は、実物等資料について、その収集若しくは保管が困難な場合、その展示のために教育的配慮が必要な場合又はその館外への貸出し若しくは持出しが困難な場合には、必要に応じて、実物等資料を複製、模造若しくは模写した資料又は実物等資料に係る模型（以下「複製等資料」という。）を収集し、又は製作し、当該博物館の内外で活用するものとする。その際、著作権法（昭和45年法律第48号）その他の法令に規定する権利を侵害することのないよう留意するものとする。

3　博物館は、実物等資料及び複製等資料（以下「博物館資料」という。）に関する図書、文献、調査資料その他必要な資料（以下「図書等」という。）

の収集、保管及び活用に努めるものとする。

4　博物館は、その所蔵する博物館資料の補修及び更新等に努めるものとする。

5　博物館は、当該博物館の適切な管理及び運営のため、その所蔵する博物館資料及び図書等に関する情報の体系的な整理に努めるものとする。

6　博物館は、当該博物館が休止又は廃止となる場合には、その所蔵する博物館資料及び図書等を他の博物館に譲渡すること等により、当該博物館資料及び図書等が適切に保管、活用されるよう努めるものとする。

この基準は、もともと博物館法第8条に基づき1973年（昭和48）に「公立博物館の設置及び運営上の望ましい基準（昭和48年文部省告示第164号）」として制定されたもので、当初は「実物又は現象に関する資料」を「一次資料」、「一次資料に関する図書、文献、調査資料その他必要な資料」を「二次資料」として規定していた。また、動物園、植物園、水族館の扱う資料数や、開館日数、開館時間、施設及び設備の具体的な施設・設備名をあげ、自治体の規模による施設の面積や学芸員数を示していた。しかしながら、地方分権及び規制緩和の観点から、1998年（平成10）及び2003年（平成15）に、いわゆる一括法によって「大綱化・弾力化」が図られ、定量的な表現はすべて削除された。さらに、2008年の博物館法改正を踏まえ、2011年（平成23）に現行の基準に全部改正された。その際、「一次資料」と「二次資料」という表現を削除し、上記の通り「実物、標本、文献、図表、フィルム、レコード等の資料」を「実物等資料」とし、「実物等資料を複製、模造若しくは模写した資料又は実物等資料に係る模型」を「複製等資料」として改めて規定したのである。その上で、両者をあわせて「博物館資料」と言い換えており、法令上「博物館資料」には複製、模造、模写等の資料も含まれることを明文化している。また、注目すべきは、新たに第6項で休止又は廃止となった博物館資料及び図書等を適切に保管、活用することを努力義務として規定したことで、今後はこの規定について、より具体的な方針を作成する必要も求められるのではないだろうか。2023年4月の改正博物館法及び博物館施行規則の施行に伴い、今後「博物館の設置及び運営上の望ましい基準」の見直しも行われることになるが、休止又は廃止となった博物館を含む博物館資料の保管及び活用に関する方針がより一層明確なものになることを期待したい。

3　コレクションに関わる規制

次に、博物館のコレクションに関わる国内の規制について、いくつか事例を紹介する。わかりやすく言えば、所有または展示することに法的な制約があるもので、これに反すれば違法行為となるため、注意が必要である。

(1) 文化財保護法

重要文化財の所有者及び管理団体以外の者（以下「所有者等」という。)、すなわち主に博物館等の展示施設が、その主催する展覧会その他の催しにおいて重要文化財を展示しようとするときは、文化財保護法第53条に基づき、文化庁長官の許可を受けなければならない。ただし、文化財の公開に適した施設として、あらかじめ文化庁長官の承認を受けた場合、公開後の届出で足りることとされており、この承認を受けた施設を「公開承認施設」と呼んでいる。公開承認施設となるためには、その組織や施設設備、実績等が「重要文化財の所有者及び管理団体以外の者による公開に係る博物館その他の施設の承認に関する規定（平成8年文化庁告示第9号)」に基づく基準を満たす必要があり、5年後には改めて承認を受ける必要がある。例年、約120施設程度が承認されているが、博物館法との連携はなく、いくつかの施設は博物館類似施設のままとなっている。

また、同じく文化財保護法第53条に基づき、所有者等が移動を伴い、重要文化財等が通常保管されている施設以外の施設において公開を行う（寄託品や貸与品などを除く）際の指針として「国宝・重要文化財の公開に関する取扱要項（平成8年7月12日文化庁長官裁定)」が定められており、実質的にこれが博物館等での展示制限となっている。同要項は、2018年(平成30)1月により明快・丁寧な理由・説明を含めた指針として見直しが行われた。

さらに、文化庁による行政指導として、1995年（平成7）8月に「文化財公開施設の計画に関する指針（文化庁文化財保護部）が定められているほか、1974年2月1日以降文化財の公開を本来の目的としないデパート等臨時施設における国宝・重要文化財の公開は許可しないこととされている（昭和49年1月14日文化庁次長通知)。

なお、国宝、重要文化財、重要有形民俗文化財、特別天然記念物、天然記念物及び重要美術品[3]については、文化財保護法に基づき、原則として輸出禁止とされているが、国宝等のうち、ワシントン条約[4]附属書Ⅰ及びⅡ掲載種に係る物及び種の保存法に規定する希少野生動植物種に係る物を輸出する場合には、文化財保護法に基づく文化庁長官の輸出許可の他に、外国為替及び外国貿易法（外為法）に基づく経済産業大臣の輸出承認証及びCITES輸出許可書が必要となる。

(2) 銃砲刀剣類

我が国では、基本的に銃砲刀剣類所持等取締法に基づき、銃砲刀剣類の所持が禁止されている。ただし、いくつかの例外があり、「国又は地方公共団体の職員が試験若しくは研究のため、（略）公衆の観覧に供するため所持する場合」や、そのために「必要な銃砲又は刀剣類の管理に係る職務を行う国又は地方公共団体の職員が当該銃砲又は刀剣類を当該職務のため所持する場合」（第3条）、そして「博物館その他これに類する施設において展示物として公衆の観覧に供するため、銃砲又は刀剣類を所持しようとする者」（第4条）は認められている。

博物館において所有・展示する銃砲刀剣類は、基本的に「美術品若しくは骨とう品として価値のある火縄式銃砲等の古式銃砲又は美術品として価値のある刀剣類」（第14条）であり、これらは都道府県教育委員会への登録が必要となる。都道府県教育委員会は、申請のあった銃砲刀剣類の審査を行い、問題がなければ「銃砲刀剣類登録証」が発行される。一般的には、所持する銃砲又は刀剣類ごとに、住所地を管轄する都道府県公安委員会の許可を受けなければならないが、この登録証が発行されれば、都道府県教育委員会が所有者の住所地を管轄する都道府県公安委員会に通知するため、所有者自らが公安委員会に許可を申請する必要はない。ただし、美術刀剣としての基準を満たさない銃砲刀剣類であった場合には、公安委員会の銃砲刀剣類所持許可申請に切り替え、審査を受けることになる。

具体的には、古式銃砲の場合は、概ね1867年（慶応3）以前に製造された日本製銃砲または日本に伝来した外国製銃砲であることが客観的に証明されなければならない。なお、国立博物館の独立行政法人化後は、職員が非公務員型とされたため、独立行政法人国立文化財機構法第16条で「機構は、銃砲刀剣類所持等取締法（昭和33年法律第6号）第3条第1項（第2号及び第2号の

2に係る部分に限る。）の規定の適用については、国とみなす。」と規定することによって対応している。同様に、地方独立行政法人大阪市博物館機構が発足した際、2018年に地方独立行政法人法施行令を改正し、銃刀法に関する地方公務員のみなし規定を追加した（第40条）。

刀剣に関しては、遺品整理等に際して発見されることも少なくない。この場合、まず警察署で「刀剣類発見届出済証」を取得することが必要となる。2018年に秋保温泉（宮城県仙台市）の旅館・岩沼屋の蔵から400年以上前の刀剣が発見され、「刀剣類発見届出済証」を取得し、「銃砲刀剣類登録証」の発行を受けた上で、同旅館のギャラリーで展示しているような例もある。

(3) 遺体

つやま自然の不思議館（岡山県津山市）には、創設者の森本慶三氏の遺言により、本人の主要な臓器（脳、心臓、肺、肝臓）が実物展示されている。また、主に医系大学において遺体の一部が標本展示されている例もいくつかある。我が国では、治療目的以外に人体を解剖し、その一部を保存・展示しようとする場合、死体解剖保存法によって厳密な規制がなされている。ただし、同法第17条には「医学に関する大学又は医療法（昭和23年法律第205号）の規定による地域医療支援病院若しくは特定機能病院の長は、医学の教育又は研究のため特に必要があるときは、遺族の承諾を得て、死体の全部又は一部を標本として保存することができる。」とされており、医学に関する大学以外でも、「死体の全部又は一部を保存しようとする者は、遺族の承諾を得、かつ、保存しようとする地の都道府県知事（地域保健法（昭和22年法律第101号）第5条第1項の政令で定める市又は特別区にあつては、市長又は区長。）の許可を受けなければならない。」（第19条）とされており、つやま自然の不思議館の例は、岡山県知事の許可を受けている旨の説明がなされている。ただし、同法第20条では、「死体の解剖を行い、又はその全部若しくは一部を保存する者は、死体の取扱に当つては、特に礼意を失わないように注意しなければならない」と規定しており、医系大学の標本室等の公開は基本的に医学関係者等に限定されている。

一方で、生物プラスチック保存技術「プラスティネーション」の活用による『人体の不思議展』が1990年代以降我が国で巡回展示され、話題となった。しかし、「故人の意思による献体」という説明がされているものの、エンターテインメント的な展示手法であることのみならず、本物の死体を標本として展示することに対する倫理的・宗教的な見地から疑問の声が上がるようになり、2011年1月に厚生労働省が「標本は遺体」との見解を示し、死体解剖保存法に抵触する可能性があることから警察も捜査を行うに至り、ついに同展の開催を終了した。アメリカでも、やはり開催地各地で倫理的・宗教的な見地からその都度社会的問題になり、ハワイ州では2009年に実質的な人体展禁止法を制定した。

遺跡などから発掘された人骨については、死体解剖保存法の適用外であり、考古学又は人類学系の博物館で展示されている例も多いが、人骨は研究対象の資料である以前に「遺体」であり、尊厳を持って保管され、展示されなければならない。いくつかの歴史系博物館では、展示はレプリカとし、本物は研究者のみとしているが、博物館職員の倫理としてはそのような細心の注意を払うことも求められよう。

4　出土品の所有権

出土物の扱いについては、埋蔵文化財（出土品）が発見された場合は、拾得物（落とし物）として取り扱われ、遺失物法に基づいて警察署に届け出なければならない（第4条）。通常は、「埋蔵物発見届」を提出することで、拾ったものを届け出たという便宜上の取り扱いをすることができるが（文化財保護法第100条）、届け出なかった場合は、占有離脱物横領罪（または遺失物等横領罪）に問われることになる。

警察署へ届け出を行なった遺物は、学術上の整理や分類をする必要があるために、博物館や埋蔵文化財センター等に一時保管することが認められている。この際、保管者（施設の長）は、「出土文化財保管証」を都道府県教育委員会あてに提出する。警察署は、教育委員会に対して埋蔵文化財であるかどうかを尋ね、教育委員会はその価値を判断する（文化財保護法第102条第1項）。そして、鑑査の結果、その物件が文化財と認められたときは警察署長へ通知され、文化財でないと認められた場合、当該物件は警察署長に差し戻されることになる（文化財保護法第102条第2項）。

1899年（明治32）の遺失物法制定以来、これらの所有者が判明しない出土文化財の所有権は国庫に帰属するとされてきたが、地方分権一括法による法改正によって、2000年（平成12）4月以降都道府県に帰属することになり、その学術的又は芸術的価値、適切な保存・活用の必要性等にかんがみ国において保有することとされたものを除き、地方公共団体へ譲与することを原則とすることとされた。近年は、国で保有したものの多くは出土した地元の地方公共団体に長期貸与を行い、活用がなされているが、一方で、いわゆる「優品」以外の膨大な出土文化財の保管・管理に苦慮している都道府県が多いのが実態であり、博物館行政同様に埋蔵文化財行政上の課題となっている。博物館資料同様、これらの出土文化財は、廃校校舎等で保管されている例が多いが、近年いわゆる「収蔵展示」と呼ばれる外から見学できる収蔵庫を整備したり、学校教育で活用する例も増加傾向にあり、活用に向けたさらなる検討が求められよう。

なお、本稿は増補改訂版刊行に伴い、2022年8月にICOMの博物館定義が改正されたり、2023年4月に改正博物館法が施行されたことにより、関連する事項などを加筆した。

註

(1) ICOM-CC（保存国際委員会）、ICAMT（建築・博物館技術国際委員会）、COMCOL（コレクション活動に関する国際員会）、ICMS（博物館セキュリティ国際委員会）、ICOMイタリア国内委員会による提案。
https://icom.museum/wp-content/uploads/2019/09/Resolutions_2019_EN.pdf

(2) 2022年4月の博物館法改正で、「あわせて」が「併せて」に改正された。2023年（令和5）4月1日施行。

(3) 旧「重要美術品等ノ保存ニ関スル法律（昭和8年法律第43号）」に基づき、文部大臣が、日本国外への古美術品の流出防止を主目的として認定した有形文化財。認定物件については、当分の間、なお効力を有するとされている。

(4) 絶滅のおそれのある野生動植物の種の国際取引に関する条約（Convention on International Trade in Endangered Species of Wild Fauna and Flora;CITES）

第3章 海外の博物館とコレクション管理

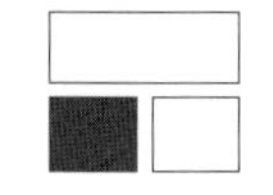

イギリスのコレクション管理制度

松田　陽

はじめに

2022年（令和4）4月、日本の博物館法が改正され、博物館の登録制度が大きく変わることになった。博物館のコレクション管理をテーマとする本書との関連で注視すべきは、新たな制度下で博物館として登録されるための要件に適切なコレクション管理が含まれるかどうかである。法改正を受けて2023年（令和5）4月から施行される新たな博物館法施行規則は、その第19条において、都道府県の教育委員会が登録基準を策定する上で参酌すべき基準—いわば登録基準の基準—として、博物館資料の収集と管理などに関する方針を定めることを求めている。つまり、博物館登録の要件にコレクション管理が含まれることは確実になったわけだが、各都道府県が実際にどのようなコレクション管理を要件とするかはいまだ不明である。この要件が具体的で実効性あるものになるかどうかを、注視していく必要がある。

注視する理由は、5,738館にのぼる日本の博物館の多くでは、コレクション管理が適切になされていないのが現実だからである。公益財団法人日本博物館協会が2020年9月に公表した『令和元年度日本の博物館総合調査報告書』は、日本の多数の博物館がコレクション管理に関して深刻な問題を抱えていることを如実に示す。2,314の博物館施設から集めた回答データ（4,178施設に調査依頼し、有効回答率55.4％）によると、全体の33.9％の館では収蔵庫が「9割以上（ほぼ、満杯の状態）」であり、収蔵庫に「入りきらない資料がある」

という館も23.3％にのぼる。

そしてさらに驚くべきは、コレクション管理のために必須となる「資料台帳」に資料の「ほとんどすべて」を記載している館が全体の44.8％にとどまり、資料台帳記載の所蔵資料の割合が「半分程度」の館が8.9％、「4分の1程度」の館が3.9％、「ほんの少し」の館が6.4％となっている点である（公益財団法人日本博物館協会2020：57-58）。

同報告書には「博物館における資料の収集保存活動の出発点は『資料台帳』への記載である」と書かれていることから（公益財団法人日本博物館協会2020：9）、ここで言う「資料台帳」はコレクション管理のための最も基礎的な文書、英語で言うところの「inventory」であることが読み取れる[(1)]。その「資料台帳」がほぼ完全に揃っている館が全体の半分以下なのだから、台帳記載以外の事柄も含めてコレクション管理が満足になされていない館が多数に及ぶことは想像に難くない。博物館の歴史や博物館学の議論、また日本の博物館法や国際博物館会議（ICOM）の博物館定義を思い返すまでもなく、コレクションはあらゆる博物館活動の基礎となるのだから、その管理が十全に行われていない状況は明らかに問題である。

この深刻な問題を解決するためには相当の労力を要すると思われるが、博物館法改正の結果、コレクション管理が博物館登録の基準の一つになれば、状況改善の機運が高まるだろう。少なくとも、コレクション管理という地味ながらも須要な博物館の機能に対する意識が高まることは間違いない。

本章でイギリスのコレクション管理制度を紹介する理由は、まさにここにある。イギリスの博物館認証制度では、博物館の公的な認証要件に適切なコレクション管理が含まれており、その基準は具体的かつ明瞭に示されている。この制度がいかに機能しているかを示すことによって、日本の博物館登録制度の審査基準に適正なコレクション管理を組み込むための一助としたい。

1　イギリスの博物館コレクション管理の基準：スペクトラム

イギリスの博物館コレクション管理制度の鍵となるのは、スペクトラム（Spectrum）と呼ばれるコレクション管理の基準である。スペクトラムは公益法人（charity）であるコレクション・トラスト（Collections Trust）が作成したもので、無料でオンライン公開されている。コレクション・トラストの前身である博物館ドキュメンテーション協会（Museum Documentation Association）が1994年にスペクトラム初版を公表して以来、改定を重ね、2017年に出た第5版（Spectrum 5.0）が最新のものである。表1にスペクトラムの成立過程をまとめた。

スペクトラム第5版は、博物館が行うべきコレクション管理を21の手続き（procedures）に区分している。

1. 資料の受け入れ（Object entry）
2. 購入と取得手続き（Acquisition and accessioning）
3. 所在と移動の管理（Location and movement control）
4. 台帳（Inventory）
5. カタログ作成（Cataloguing）
6. 資料の退出（Object exit）
7. 借り入れ（Loans in [borrowing objects]）
8. 貸し出し（Loans out [lending objects]）
9. ドキュメンテーション計画（Documentation planning）
10. 状態チェックと技術的評価（Condition checking and technical assessment）
11. コレクションのケアと保存（Collections care and conservation）
12. 評価（Valuation）
13. 保険と損害補償（Insurance and indemnity）
14. コレクションの緊急時対応計画（Emergency planning for collections）

表1　スペクトラムの成立過程

1977	コレクション・トラストの前身たる博物館ドキュメンテーション協会（Museum Documentation Association）が公益法人（charity）として設立
1991	博物館ドキュメンテーション協会がコレクションのドキュメンテーションの「データ基準（MDA Data Standard）」を公開。同基準はスペクトラムの前身となる
1994	博物館ドキュメンテーション協会がスペクトラム（Spectrum）を公開
1997	博物館ドキュメンテーション協会がスペクトラム第2版（Spectrum 2.0）を公開
2005	博物館ドキュメンテーション協会がスペクトラム第3版（Spectrum 3.0）を公開
2007	博物館ドキュメンテーション協会がスペクトラム第3版の更新版（Spectrum 3.1）を公開
2008	博物館ドキュメンテーション協会がコレクション・トラスト（Collections Trust）に改称
2009	コレクション・トラストがスペクトラム第3版の第二次更新版（Spectrum 3.2）を公開
2011	コレクション・トラストがスペクトラム第4版（Spectrum 4.0）を公開
2017	コレクション・トラストがスペクトラム第5版（Spectrum 5.0）を公開

15. 損傷と損失（Damage and loss）
16. 除籍と処分（Deaccessioning and disposal）
17. 権利管理（Rights management）
18. 複製（Reproduction）
19. コレクション活用（Use of collections）
20. コレクションの再精査（Collections review）
21. 監査（Audit）

上に示した21の手続きのうち、下線を付した1から9までは「主要手続き（primary procedures）」であり、後述する博物館認証制度に関連づけられている。

各手続きの構成は統一されていて、当該手続きの定義（Definition）、範囲（Scope）、スペクトラム基準（The Spectrum standard）、推奨手続き（Suggested procedure）の四項目から成る。

例として、主要手続きの一つでもある「台帳（Inventory）」がどのようなものかを述べると、まず「定義」が、「管理する資料に関する説明責任を果たせるための基本情報を確実に揃えること、また基本情報が揃っていない場合には、揃えるように対処すること[(2)]」と示される。本来、資料台帳には博物館の管理下にあるすべての資料に関する基本情報が記載されているはずだが、そうなっていない場合も想定し、台帳完備のための対応策がとられていることが本定義に含まれる点は興味深い。これはつまり、台帳記載が済んでいない未登録資料を抱え込む博物館が現実には少なからず存在していることを考慮した定義である。資料台帳のあるべき姿を示す一方で、それを教条的に掲げるのではなく、現実対応が可能なように調整しながら実用性を担保しているのである。資料台帳が完備できていない博物館が多く存在する日本にとっても、参考になる考え方と言えるだろう。

次の「範囲」の項目では、「台帳（Inventory）」の手続きが適用される状況と範囲を説明した上で、各資料について記録すべき最低限の情報として以下の条目を示す。

・各資料に付ける固有の番号（Object number）
・資料名（Object name）
・単体の資料でない場合には、当該グループに含まれる資料数（Number of objects）

・短い説明文（ないしは画像）(Brief description)
・現在の所在情報（Current location）
・当該博物館が資料を所有していない場合には、現所有者が誰であるかの記録（Current owner)。当該博物館が資料を所有している場合は、前所有者の記録。
・台帳記載を行った者と日付の記録（Recorder と Recording date）

続く「スペクトラム基準」の項目は、全資料に関する台帳情報を最新の状態に維持するための方針を策定すること、そして、その方針を実行するための具体的な手続き、ないしは台帳記載が済んでいない資料に関する情報をどうやって記載していくかの計画を文書にまとめることが必須だと述べた上で、9つの「最低限の要件（minimum requirements)」と「各要件がなぜ重要であるかの説明（Why this is important)」を表にまとめている。「最低限の要件」のいくつかを以下に例示する。
・各資料の記録と現物との紐付けのために、各資料に固有の資料番号が確実につけられていること
・すべての資料の所在が判明していること。またその所在場所が確認されたのがいつであるかが判明していること
・管理下にある各資料の所有者が判明していること。また各資料がなぜ当該館の管理下に入ったかの理由が判明していること（購入や寄託など）
・現時点で上記の「最低限の要件」群を満たしていない場合には、合意済みの期日までにそれらを達成するための適切な計画が定められていること（筆者註：これは最後に示される「最低限の要件」である）

そして「推奨する手続き」の項目は、「スペクトラム基準」を達成するために実施すべき事柄を具体的に説明している。

このような21の手続きから成るスペクトラムの特徴は、その現実的、実用的、包摂的な性格にある。博物館が資料を取り扱う上で最低限必要となる諸手続きを可能なかぎり簡潔かつ具体的に説明することによって、現実性と実用性を担保し、また同時に、あらゆる博物館で採用できるような包摂性を生み出している。実際にスペクトラムは世界の様々な国と地域の博物館で採用されており、最新第5版のアラビア語、スペイン語、フランス語、オラン

ダ語、ノルウェー語、スウェーデン語での完訳がコレクション・トラストのウェブサイトで公開されている。

2　スペクトラムと博物館認証制度との接続

スペクトラムはコレクション管理の教科書的な基準と言えるが、ただ規範を示すにとどまらず、実際にイギリス内の大半の博物館がスペクトラムを採用している点が極めて重要である。その採用を導く重要な仕掛けが、イギリスの博物館認証制度（Museum Accreditation Scheme）との接続である。具体的に言うと、イギリスの公的な博物館認証を受けるための要件として、スペクトラムの9つの主要手続きをすべて満たしている、あるいは満たす計画があることを示す必要がある。この認証制度との接続があるがゆえに、イギリス内の博物館はスペクトラムの基準を必然的に参照・採用するようになっているのである。

こうした制度設計の意義を理解するために、イギリスの博物館認証制度を概観しておこう。同制度は1988年に始まった博物館登録制度（Museum Registration Scheme）に端を発し、以来、制度の運営主体変更や改称を経ながら今日に至っている（表2）。現行の博物館認証制度[3]は、イングランド芸術評議会、ウェールズ政府、スコットランド博物館美術館評議会、北アイルランド博物館評議会という4つの機関が提携しながら運営している。

博物館認証を受けるためには、運営、コレクション管理、利用者対応の三領域において「最低基準（baseline quality standard）」を満たしていることが求められる。コレクション管理が重要な位置づけを占めている点に注目されたい。

表2　イギリスの博物館認証制度の成立過程

1988	1981年設立の公益法人（charity）である博物館・美術館委員会（Museums and Galleries Commission）が運営する博物館登録制度が開始
2000	博物館・美術館委員会と図書館・情報委員会（Library and Information Commission）の統合に伴い、博物館登録制度の運営主体が政府外公的機関の公益法人である博物館・図書館・文書館評議会（Re:source、2004年に改称して Museums, Libraries and Archives Council）に移る
2004	博物館登録制度から博物館認証制度に改称
2011	博物館・図書館・文書館評議会の解体に伴い、博物館認証制度の運営主体がイングランド芸術評議会（Arts Council England）、ウェールズ政府（Welsh Government）、スコットランド博物館美術館評議会（Museums Galleries Scotland）、北アイルランド博物館評議会（Northern Ireland Museums Council）の提携体に移行。また同認証制度の認証基準（Accreditation Standard）が策定される。
2018	博物館認証制度の認証基準が刷新（最新版）

認証申請を行った館は審査を受け、「完全認証（Full Accreditation）」、「暫定認証（Provisional Accreditation）」、閉館、資格喪失、被災、他館との統合、基準に満たない、撤退などによる「認証取消し（Remove）」、「故意の非遵守による排除（Exclude due to deliberate non-compliance）」のいずれかの結果が通知される。2022年2月の時点では、1,574館が完全認証を、155館が暫定認証を受けている[4]。

イギリスの博物館認証制度の重要な特徴として、質保証のための定期的な再審査（Accreditation return）が制度化されている点が挙げられる。原則、完全認証を受けたすべての館は、5年置きに再審査を受ける。参考までに述べると、2015年11月から2016年11月の間に再審査を受けた博物館のうちの69.8％に完全認証が認められ、残り30.2％の館は、指摘された課題を解決した後に完全認証を認められるという暫定認証を受けた（Arts Council England 2016）。一度完全認証を受けても、その資格が自動的に維持されるわけではなく、常に認証基準を満たすように各館に継続的な努力を促す制度設計がされていることが読み取れる。当然のことながら、コレクション管理についても持続的な努力が求められていることになる。

博物館認証制度とコレクション管理との接続に話を戻すと、現行の認証制度の出発点である博物館登録制度の時点で、すでに「コレクション管理（collection management）」が登録基準に含まれていた（International Journal of Museum Management and Curatorship 1988：398、Keene 1990：5、竹内1988：4）。まっとうな博物館はコレクション管理を適切に行うものだ、という認識が30年以上前から根づいていたことがうかがい知れる。

しかし決定的だったのは、2011年の認証制度の運営主体の移行に伴い、認証基準内にスペクトラムの主要手続きとの接続が明記されたことである。具体的には、当時の認証基準の2.7の項目「ドキュメンテーション手続き（Documentation procedures）に、「博物館のドキュメンテーション手続きのマニュアルにスペクトラムの主要手続きが組み込まれており、点検の要請に応じてそのマニュアルを示すことができること」と明記された。

そして2018年に認証基準が現行のものに刷新された際には、認証制度とスペクトラムとの接続がさらに具体的になった。今日の認証基準の5.2の項目は「スペクトラムが示すドキュメンテーションの主要手続きに従っていること」というタイトルを掲げており、同項目内では、9つの主要手続きおよびその遵守の根拠を示すための手順が簡潔に説明されている。

このように2011年以降、スペクトラムが博物館認証制度と明示的に接続することにより、イギリス内の博物館の大半がスペクトラムのコレクション管理基準を必然的に参照・採用することになったのである。

3　認証を受ける利点とコレクション管理への影響

いかに「正しい」博物館認証制度を構築したとしても、実際に多くの館が認証を得たいと望まなければ、制度としては機能しない。現実に1,700館を超えるイギリス内の博物館が認証申請を行う動機になっている認証の利点と、そのことが各館のコレクション管理に及ぼす影響についても理解しておく必要がある。

イギリスの博物館認証を受ける利点は、当該館が適正に運営されていることが公的に示されることによって、博物館スタッフと地方自治体、利用者との間に信頼関係が生まれ、幅広い社会的支援が得やすくなる点に尽きる[5]。この利点を強調したかったからこそ、「登録制度」という当初の制度名は2004年に「認証制度」に変更された。「公的に登録されている」と言うよりも、「公的な認証を獲得している」と言った方が適正性は強調され、社会的支援も獲得しやすい。

実際、認証の有無は、博物館が助成金を獲得できるかどうかにも大きな影響を与える。例えば、毎年総額約400~500万ポンド（約6~8億円超）の芸術作品購入の助成金交付を博物館・美術館に対して行っているイギリス芸術基金（Art Fund）は、助成対象を認証館に原則限っている。また、コロナ禍で打撃を受けた多数の博物館を支援すべく、2021年にイングランド芸術評議会が約1880万ポンド（約30億円）の金銭的支援を行った際にも、やはり支援対象は認証館に限定されていた。さらに、文化遺産の関連活動に毎年総額2~4.5億ポンド程度（約300~700億円）という多額の助成金を交付している文化遺産宝くじ基金（Heritage Lottery Fund）は、2018年にイングランド芸術評議会と覚書を締結し、以降は認証の有無がイングランド内の博物館に対する同基金からの助成判断により強く考慮されることになった。こうした実利があることも手伝って、博物館は認証を得たいと願い、実際に認証基準を満たし続けるための努力を行うのである。

表3　財務的動機でのコレクション売却による認証取消しの例

2006	バリー美術館博物館（Bury Art Gallery and Museum）が財務的動機からローレンス・スティーヴン・ラウリー（Laurence Stephen Lowry）の絵画「川岸（A Riverbank）」をオークションにて125万ポンド（約2.7億円）で売却したことにより、認証取消し。
2013	クロイドン博物館（Croydon Museum）が財務的動機から中国陶磁器17点をオークションにて総額820万ポンド（約13億円）で売却したことにより、認証取消し。
2014	ノーサンプトン博物館美術館（Northampton Museum and Art Gallery）が財務的動機から古代エジプトの彫像（通称「セケムカ（Sekhemka）」）をオークションにて約1576万ポンド（約27億円）で売却したことにより、認証取消し。

逆に言えば、認証を失うと博物館は社会的ステータスを失い、実利を得る機会も喪失する。そして、コレクション管理を適切に行わないがゆえにそうした苦境に陥る館が現実に存在する。その最も典型的な例が、コレクション管理の基準に反し、財務的動機から収蔵品を売却した館に対しての認証取消しである[(6)]。近年話題になった例を表3にまとめたが、いずれの館も認証剝奪に伴って社会的信用ならびに実利獲得の機会を長期間失うことになった。

イギリスの博物館認証を得るメリットと、認証を失うデメリットは表裏一体の関係にあり、その両者が組み合わさることによって、認証制度が実効性あるものとして機能すると同時に、コレクション管理を含めた認証基準を遵守し続けねばならないという意識が博物館に植え付けられる契機になっている。

おわりに

イギリスの博物館コレクション管理制度を見てきたが、スペクトラムのコレクション管理基準にせよ、博物館認証制度にせよ、適正な規範を示すにとどまらず、実効性が生まれるように工夫されている点が際立っている。

本章の冒頭で述べたように、これから日本の各都道府県教育委員会が博物館登録基準を策定していくことになるが、コレクション管理が登録要件になることは間違いない。その要件が求めるコレクション管理が、形式的ではなく、実効性あるものになることを是非期待したい。イギリスのコレクション管理制度が正解を示しているとは思わないが、参考になる点が多々あることは間違いない。

なお、本稿は増補改訂版刊行に伴い、2023年4月に改正博物館法が施行されたことにより、関連する事項などを加筆した。

註

(1) 調査では各館の「資料台帳」と「資料目録」の整備状況について尋ねているが（Q11-9、11-

10、11-11)、両者の違いは明確に説明されていない。調査報告書の9頁に『博物館における資料の収集保存活動の出発点は「資料台帳」への記載である』、また『「資料台帳」への記載・収録に加えて、「資料目録」を作成したり「目録情報」を公開したりすることも館の収集保存活動である』と記されていることから、「資料台帳」があらゆる資料を記録する文書であり、「資料目録」は資料の一部ないしは全体に関する限定的な情報を一覧にした文書だと区分されていたことが推察できるが、自明ではない。次回以降の調査では、質問票内で各語を説明すべきだろう。

(2) 原文は「Making sure you have the basic information to be accountable for the objects in your care, and tackling the backlog if you do not.」。

(3) 2020年8月27日に日本学術会議の史学委員会「博物館・美術館等の組織運営に関する分科会」が発出した「博物館法改正へ向けての更なる提言～2017年提言を踏まえて～」の「参考資料3欧米の博物館認定（認証）制度」に、イギリスの博物館認証制度の概要が日本語でまとめられている。

(4) イングランド芸術評議会（Arts Council England）のウェブサイト（https：//www.artscouncil.org.uk/accreditation-scheme/about-accreditation#section-4）にてダウンロード可能な「Accredited museums in the UK, Channel Islands and Isle of Man」のExcel表（2022年2月1日閲覧）を分析して得た数字。

(5) 認証制度を説明するイングランド芸術評議会のウェブサイト（https：//www.artscouncil.org.uk/accreditation-scheme/about-accreditation#section-3）は、認証を受ける利点を「博物館職員およびボランティアにとっての利点」、「地方自治体にとっての利点」、「来館者にとっての利点」という三側面からまとめていて参考になる（2022年2月1日閲覧）。

(6) スペクトラムの21の手続きには「除籍・処分」が含まれるが、「主要手続き」ではないため、その遵守は博物館認証制度における認証要件になっていない。しかし、認証制度にはコレクション処分に関しての基準が別途設けられており、それに違反した場合には認証取消しに至る可能性がある。とりわけ財務的動機からコレクション処分（financially-motivated disposal）を行う博物館には、きわめて慎重な手続きを踏むことが求められている。博物館がコレクションを除籍・処分する上での適切な手続きとは何かについては、本書の「資料の処分」の部を参照されたい。また（金山2021）と（東京大学大学院人文社会系研究科文化資源学研究室2019）の文献も参考になる。

引用・参考文献

金山喜昭　2021「博物館の収蔵資料の処分について」『日本の博物館のこれからⅣ（科学研究費報告書）』（大阪市立自然史博物館）

公益財団法人日本博物館協会　2020『令和元年度日本の博物館総合調査報告書』

竹内有理　1988「イギリスの事例：資料論と情報論から見た収蔵品管理について」『アート・コム・ニュース』第19号、pp.2-7

東京大学大学院人文社会系研究科文化資源学研究室　2019『第18回文化資源学フォーラム報告書：コレクションを手放す―譲渡、売却、廃棄』

Arts Council England. 2016. *Statistical report : Accreditation (November 2016 meeting update)*

International Journal of Museum Management and Curatorship. 1988. 'Notes and Comments: Museum Registration in the UK', *International Journal of Museum Management and Curatorship* 7 (4), pp.397-398

Keene, S. (ed.) 1990. *Managing Conservation*. London: The United Kingdom Institution for Conservation

イギリスのドキュメンテーション
資料の受付から受入まで

田中裕二

はじめに―ドキュメンテーションへの道のり―

英語のドキュメンテーションは翻訳が難しい。直訳すると文書化・記録化となる。それを日本の博物館業務の中に位置づけると、おそらく資料管理という範疇に入るだろう。しかし、据わりが悪い。しかも、日本では資料管理、資料情報、コレクション管理といったように、その用語や使用法は館によって異なり、全国的な統一基準や体系化がなされていない。意訳すると、博物館情報の記録・管理となるが、日本では一般的ではない。現在、適訳が存在せず、ドキュメンテーションという用語が訳されずにそのまま使用されている。以下、本稿でもそれに従い、そのまま使用する。また、歴史系博物館では資料（史料）、美術館系では作品、自然史系では標本など、博物館に収蔵されている「モノ」の呼称も異なる。博物館に収蔵される「モノ」だけではなく、それに付随する情報も含めて記録・保存するという意味も込めて、以下表記は「資料」に統一する。

イギリスでは、博物館活動の基幹となるドキュメンテーションの重要性を鑑み、組織化と体系化を進めた。その中心となったのがMDA（Museum Documentation Association）という博物館の管理運営とコレクションの活用を目的として設立された組織だ。このドキュメンテーションの専門組織は1977年に立ち上がり、2008年にコレクション・トラストに名称変更された。

一方、日本では1980年代後半から1990年代にかけて、パソコンが普及し始め汎用データベースソフト（File Maker や Access）を使い、各館にいるパソコンに詳しい学芸員が見よう見まねで独自に情報管理システムの構築を始めた。しかし、システム化の基本となる、コレクション・データの記録が、紙媒体でも体系的に蓄積されていなかったため、なかなかシステム化が進まなかった。進んだとしても、各館のデータベースの独自色が強く出過ぎてしまい、その館でしか使えない、いわゆる「ガラパゴス化」が発生していった。現在では、オンラインでの公開が進まない一因となっている。

博物館の資料からどのような情報を抽出して、それを体系化し、データベースの構築をしたらよいのか、途方に暮れていた日本の学芸員の救世主となるべく、先進的な英国MDAのドキュメンテーションに関する教則本が、1997年（平成9）に日本で翻訳された（田窪1997）。博物館ドキュメンテーションの入門書がなかった当時、実践的かつその指針を示す上で、重要な刊行であった。ところが、本書の出版後、日本の博物館において、広くドキュメンテーションの重要性が認識され、データベースの整備と情報システムの構築が順調に進んだとは言い難い。

イギリスのコレクション・トラストが扱うドキュメンテーションの分類では、資料の受付（Object entry）、取得・受入（Acquisition and accessioning）、借用と貸出（Borrowing and lending）、目録化（Cataloguing）、収蔵場所と入出庫管理（Location and movement control）、館外出庫（Object exit）、ドキュメンテーション・システムの運用（Managing a documentation system）、ドキュメンテーションの見直し（Retrospective documentation）、ドキュメンテーション計画の策定（Writing a documentation plan）、コレクション支援（Support collection）、と多岐にわたる。本稿ではその中でも、特に資料が博物館に入ってくる入り口の部分、つまり博物館に「モノ」が到着して最初に記録する資料の受付（object entry）と受入（accessioning）について紹介することを目的としている。

博物館に入ってくる「モノ」が、その後の手続きで正式に受入られ、博物館の収蔵資料になる上で、最初の記録は極めて重要な手順となる。この最初の記録が疎かになっていると、その後の受入、ひいてはデータベース化や資料情報のシステム化も覚束ない。ましてやオンライン全件公開においては当然である。千里の道も一歩からである。

1　博物館のドキュメンテーションとは何か

S. A ホルムはドキュメンテーションとは何かについて、その著書の中で端的に説明している。「博物館の管理下にあるアイテムについての、すべての記録された情報を指す。また、その情報を集め、蓄え、操作したり検索したりする作業をも指す。それ自体が目的ではなく、館のスタッフと館を訪れる人々とのどちらもが必要な情報を引き出せるようにするための手段である」(田窪1997：2)。記録し蓄積した情報は、館で働く職員と利用者の双方にとって有益なものとなるのである。

次にイギリスコレクション・トラストが実用的なテキストとしてまとめたドキュメンテーションにおける実務の手順書（Documentation a practical guide）以下、『実務の手順書（a practical guide)』から翻訳しながら紹介する。

情報を集めることは博物館の資料収集にとって不可欠な要素である。新しい資料が博物館に到着したとき、非常に重要で価値ある情報が大量に存在している。それが何であるのか、何からできているのか、どんな状態か、という説明書のような「モノ」にまつわる情報。また、その資料が誰の所蔵で、どういった経緯で伝わってきたのか、誰が使っていたのか、といった来歴の情報も極めて重要である[(1)]。

そして、その博物館資料が博物館のコレクションになったとき、次のような情報を記録することになる。①その資料は何か、②どこから来たのか(由来)、③どのように収蔵するのか（収蔵方法)、④どこに収蔵して、どこで展示するのか。ドキュメンテーションとは、ミュージアムの管理下にある資料にまつわるすべての記録された情報のことである。もっと平易に説明すると、ドキュメンテーションとは、その情報を集め、書き留め、保管することを意味する。博物館資料をドキュメンテーションすることによって初めて、今現在、そして未来に渡って、そのコレクションを運用し、理解し、解釈し、そして活用することができるのである。

次に、ドキュメンテーションの重要性が理解されても、それを運用できなければ意味がない。『実務の手順書（A practical guide)』にはドキュメンテーション・システムの運用（Managing a documentation system）という項目がある。具体的な手続きもさることながら、ドキュメンテーション方針の作成と責任者の選定、そしてマニュアルの整備は欠かせない。本書の該当箇所から以下、翻訳する。

博物館の運営には複数の職員が携わっており、その多くがドキュメンテーションに係わる可能性がある。このドキュメンテーション・システムは、博物館職員の全員がその目的を良く理解し、役割を担うために整備されねばならない。その具体的な行動として、次の4点を掲げる[(2)]。

①ドキュメンテーション・ポリシーの策定　先ず始めに、ドキュメンテーション・システムについて、いくつかの根幹となるべき決め事を作り、博物館の理事会（日本では設置者）の合意の下、ドキュメンテーション・ポリシーに落とし込む。コレクション・トラストが基準を定めた『スペクトラム（SPECTRUM）』は、コレクション・ポリシー策定に必要な項目を決めるための、道しるべとなる。

②ドキュメンテーションの責任者を任命　博物館のコレクションについて、日常的にドキュンテーションするには、多くの職員が携わると思うが、このシステムを効果的に運用するためには、誰か一人、統括責任者を任命することが望ましい。大規模な博物館の場合、一般的にドキュメンテーション・オフィサー、またはレジストラーと呼ばれる役職を特別に設けなることになるかもしれない。小規模な博物館の場合、ドキュメンテーションだけではなく、他の業務と兼務することになる可能性がある。ボランティアが博物館の運営を担っている場合、実際にボランティアはグループで業務を担っているかもしれないが、誰かひとり理事かボランティアが、そのドキュメンテーションについて責任者になるのが好ましい。博物館の中で､誰がドキュメンテーションの責任者になるにせよ、経営層や理事会の全面的な支援を得る必要がある。これら経営トップ層からの全面的な支援によって、合意されたドキュメンテーションの基準が博物館内で効果的に運用されるようになるのである。

③マニュアルの作成　博物館のドキュメンテーション・システムの詳細を書き記した手順書（マニュアル）は、博物館の職員誰もが参照して利用可能な状態すべきである。博物館のドキュメンテーションに関する手順書は館によって異なるが、そのマニュアルには、博物館内部の手続き書類のサンプルや関連する諸手続についての情報についての記載も含まれる。マニュアルはドキュメンテーション・システムを絶え間なく運用するためものであるとともに、新しい職員が博物館に入ってきたとき、導入教育のためにも必要不可欠なものである。

④従事する全職員のトレーニング　どんなにマニュアルが整備されていても、全ての職員に対して特別なドキュメンテーションの訓練が必要となる。それは博物館内で適切にドキュメンテーションに係わっていくために大切なことである。訓練には専門性の高い講習会に参加することから、博物館内部

の簡単な報告会までもが含まれる。

2　資料の受付（Object entry）

博物館の所蔵資料になる前の段階、つまり初めて資料が情報とともに入ってきたことを意味するが、最も重要な手順となるので、以下紙幅を割いて紹介したい。

資料の受付とは、博物館の管理下において、博物館内に入ってきた全ての資料についてのマネジメントであり記録を取ることである[(3)]。資料受付の定義は、他館からの借用、問合せ、そして博物館資料として登録される可能性がある資料といったように、どんな理由であれ、博物館に入ってくる全ての資料について、記録しなければならない[(4)]。

なぜ博物館に入ってきた資料の記録を取る必要があるのか。それは博物館が所蔵する資料であるか否かに係わらず、博物館内にある全ての資料について、管理責任があるからである。資料の受付段階で記録を取ることは、まだ博物館の所蔵になっていない資料に対する損害が生じた際、その対策のためにも極めて重要な手続きとなる[(5)]。

それでは、いつその記録を取るのか。2017年の『スペクトラム（SPECTRUM）』では、博物館にその資料が入ってきたときに直ぐに記録をつけるべきとある。『実務の手順書（A Practical guide）』によると、資料受付の書式を作り、博物館に入ってきた全ての資料について、所有者または所有者の代理である預託者が、博物館を去る前に、その書式に必要な情報を記載しなければならないとある。もし、博物館の代表が、資料の所有者のところへ出向いて、収集しなければならない場合、書式を持参して、博物館に戻る前に必要事項を記入しなければならない。

再び『スペクトラム（SPECTRUM）』における資料受付の範囲を確認してみよう。博物館に資料が残され、その受領に関する責任を明示して、その資料に識別番号を付し、直ぐに必要な情報を書き留めるという手続きに関することをいう。問合せを受け、博物館の受付で収蔵資料になる可能性のある資料を受け取ったとき、後で館の誰かが連絡を入れる際に極めて重要な手続きとある。誰が資料を受け付けても、何をすべきで、どのような情報を記録しておく必要があるのかということが肝要である。

その資料が博物館の所蔵資料であるか否かではなく、全ての資料に対して同じように管理しなければならない。例えば、期せずして博物館に郵送されてきた資料といったように、博物館が望んだ訳ではないが、館に残された資料について紛失または毀損した場合でも、罪に問われるかもしれない。博物館に入ってきた資料について、どう処置するか判断する前に、入ってきた状態を記録しなければならない。

この手続き上、資料を博物館に預けた人を所有者（owner）と呼ぶ。ただし、全てに当てはまる訳ではない。資料を預けた人（預託者）がその資料の所有者ではない場合、所有者の代理として権限を有するかどうかを確認する必要がある。

当該書に掲げられている『スペクトラム（SPECTRUM)』の基本手続きについて、イギリスの博物館は、以下に掲げる博物館認定スキームの必要事項を満たし、その基準への合致を謳う。『スペクトラム（SPECTRUM)』の基準では、資料またはアーカイブズに関連する資料を、なぜ、どのように受入れるのかという方針が博物館では必要とされる。この方針は単独の収集方針か、より包括的なコレクション管理方針のどちらかがあれば良い。そのどちらの方針を採用するにせよ、以下の項目に考慮したものになる。

①どのような状況下（状態）でその資料を受領したのか

②資料の受領について責任者は誰か

③預けられた資料を博物館の資料として受領する条件は何か

④どのような書式で、受付票に情報を書き留めるか

次に実用ガイド（A practical guide）では、博物館が資料を受入れる方針について、その条件は幅広に設定しつつ、以下の項目を含んでおくべきだと提案している。

・資料管理と資料の取得に関する責任についての声明

・賠償責任の拒否

・博物館に資料を預けた日付で、収蔵されなかった場合、廃棄する権利を宣言

・博物館が資料に対して付与する評価（意見）について、預託者は意見を差し控える。

・資料に対する評価（鑑定）は拒否する。

・取得候補となる資料の、所有権の現状に関する声明

表１　資料受付についての最低基準

最低基準	なぜこの基準が必要なのか
博物館の管理下において、入ってきた資料の数を数える。	調書を取っている短い期間に、博物館に入ってきた資料を紛失しないため。
博物館の管理下において、受領の諸条件を明確にする。	望まない資料の受入れについて責任を負わないため。
なぜその資料が博物館に入ってきたのか記録を取る。	借りた資料を誤って登録（収蔵）資料として処理しないため。
その資料を取得または借用しないと決まったら、その資料の所有者に返却する日程を組む。	状態が不明確な資料の管理を終わらせ、資料の返却を計画することができる。
博物館に入ってきた資料は法的にだれの所有かを記録する。	その資料を取得したいと考えたとき、その法的な所有権を有する人と交渉することができる。
資料を査定（検査）して、博物館に入ってくる人または資料に対する潜在的なリスクの低減をはかる。	資料を検疫することで、潜在的に潜む文化財害虫から、収蔵コレクションを守ることができる。
博物館に入ってきた資料はできる限り多くの重要な情報を記録して、未来のために、その資料に情報を付与する。	その資料の著作権者の可能性がある所有者が博物館にいて話を始めるときに、その資料の由来について、聞き取る機会を失わないため。
その資料の所有者と博物館職員の双方で、館内に資料がある内に、資料の損傷について責任の所在を確認する。	その資料の所有者は資料に何か起こったときに、主張できる権利に制限があることを気づかせることができる。博物館は損害賠償などの経済的なリスクが発生した際、責任を回避することができる。
博物館は所有者の署名を得て、所有者は博物館側の諸条件を承諾したことを示す受領書を発行する。	所有者が博物館に資料の管理を委ねたことを明確にする。その資料の所有者が博物館の諸条件を承諾していないと、後になって主張できないようにするため。
博物館に新たに入ってきた資料であることを明確に区別する。	類似する資料と混同しないようにするため。

（The UK Museum Collections Management Standard. 2017）

・博物館への貸出しについて、資料返却に係る手順
・寄贈、貸出、売却など何れの場合においても、そのタイム・スケジュール
・寄託資料に係る費用、例えば輸送費など誰が負担するのかという取決め

博物館が資料を受付したときの手順を説明するため、文章化されたマニュアルも必要となる。『スペクトラム（SPECTRUM）』が提案する手続きマニュアルは、どのように活用するにせよ、基準として役立つ。博物館毎に手順を作成するにせよ、最低基準を満たすことが求められる（表1参照）。それでは、次に具体的な記載の方法についてみていきたい。

3　資料の受付についての具体的な手順

『実務の手順書（A Practical guide）』には具体的な資料受付票のサンプルが掲載されている。筆者が日本語に翻訳した書式を添付する（図1）。イギリスでは多くの博物館で三重になった複写式の資料受付票を使っている。コレクション・トラストは、この三重の複写式になっている資料受付票を販売しており、博物館の館名や住所、また要望があればナンバリングも付したものを印刷してくれる。あるいは、資料受付票は博物館で独自にデザインし、それを印刷してもよい。

イギリスにおいて多くの博物館では、何も書いていない資料受付票をフロントに常備している。学芸員が在籍しているときだけ、資料の受付をする館もあるが、多くの資料は学芸員が不在にしているときにやってくる。したがって、多くの博物館では学芸員以外のスタッフに、博物館に新しくやってきた資料の記録を取る権限が与えられている。博物館の接客（受付）スタッフに、博物館資料受付の手順に従って、記入方法などの訓練をしておく必要がある。資料受付の手順を理解することなしに、何人たりとも博物館の職員として勤務させるべきではない。

博物館にとって望まない資料がやってきて、その資料を持参した預託者が書式に記入せずに立ち去った場合でも、定められた書式に記録を取っておかなければならない。重要なのは、博物館に入ってきた資料の数を数えて記録することにある。それは、たとえ望まない資料がやってきて、預託者の名前

図1　資料受付票

No.

博物館名：　　受付No.

受取：
住所：

電話番号

所有者（もし違う場合）：
住所：

電話番号

資料/コレクションの概要（注：明らかな損傷、関連情報、例えば、いつ、どこで、どのように発見されたのか、名前、年代、制作者は誰で、誰が所蔵していたかなど。必要とあらば、別紙に続ける）

数量：

受付の種類（適切な□にチェックし、署名する）。
□寄贈　私は上記記載の資料を博物館の理事会に対して寄贈いたします。
□売却　私は上記記載の資料を博物館の理事会に対して売却いたします。（売却価格￡　　　　　）
□貸出　私は上記記載の資料を博物館の理事会に対して（　　　　　）ヶ月の期間、貸出します。
□同定　私は上記記載の資料を同定するため博物館に預け、4週間以内に引き取ります。

私が提供し、ここに記載した情報は、私の知り得る限り正確なものであることを確認し、裏面に記載された条件を承諾します。

署名　　日付

追加合意（寄贈/売却の場合のみ）（適切な□にチェックし、署名する）。
□所有者である私は、上記に記載された資料の権利、処分に関する全権を含む、を間違いなく所持しており、その権利を博物館の理事会に移譲いたします。
□預託者である私は、所有者の代理として、上記に記載された資料の権利、処分に関する全権を含む、について異議申し立てをせず、権利を博物館の理事会に移譲いたします。私は所有者の代理として、その権利を行使することを委任されています。

上記に記載された資料の権利及び裏面に記載された諸条件に従い、ここに博物館の理事会に、移譲いたします。

署名　　日付

博物館の署名人
上記記載の資料を確かに受領いたしました。
署名
　　博物館の理事会の代理として　　日付

所有者へ資料の返却（適切な□にチェックし、署名する）。
私（預託者/所有者）は上記記載の資料について、以下の条件を十分に満たし、返却されたことを確認しました。

□同定　　□貸与期間の満了
□博物館の理事会が資料の寄贈、貸与、または購入を否決

署名　　副署（博物館の職員）　　日付

白　　博物館（ファイリング保管）
ピンク　預託者/所有者（受領）
青　　博物館（資料添付）

(Harrison Margaret & Mackenna Gordon. 2008)

表2　資料受入についての最低基準

最低基準	なぜこの基準が必要なのか
収集方針、準拠法令、条約、取扱規定に則った資料のみ、取得することができる。	収集する行為は倫理的かつ、博物館の使命に従うものでなければならない。資料は個人の恣意的な考えで取得してはならない。
資料の所有者の権利が明確で、博物館にそれが移譲されたという証拠書類	コレクションの法的な所有権を証明するため。所有権を巡って親族の間で、係争になっている家宝は取得しないため。
博物館が受領した寄贈や遺贈の条件を、寄贈者に理解してもらう。	寄贈された資料が常に展示される訳ではなく、また将来的に処分される可能性があることを寄贈者に理解してもらう。寄贈者やその相続人が後々不愉快になり、博物館の評判が悪くなるリスクを軽減するため。
取得した資料に固有の資料番号を付与し、その番号を安全にラベル付け、またはマーキングする。	博物館が持っている情報と資料を物理的にリンクさせるため。
取得した資料の全ての適切な情報を、固有の資料番号を通じて、アクセス可能にする。	コレクションの由来を、可能な限りドキュメンテーション化するため。例えば、寄贈者の相続人が寄贈ではなく貸与だといったように、将来的に問題が発生した場合、資料受付の原簿を参照することができるようにするため。
固有番号を付けることにより、取得した全ての資料に対する改竄防止の記録とする。	固有番号を付すことにより、取得したコレクションの正式な記録となる。博物館内部に窃盗犯がいた場合でも資料が存在したことに関する全ての記録を消し去ることは困難になる。
バックアップとして、全ての取得資料の最新情報に関するセキュリティー・コピーを作成する。	火事や同様の災害で、この重要な情報を失わないため。最初の取得記録を改竄されないための、より一層のセキュリティー対策のため。

（The UK Museum Collections Management Standard. 2017）

も住所もわからないとしてもである。

それでは、資料受付票に記載するのは、どんな情報か。大きく分けて以下の3つの項目は必ず記録されなければならない。詳細は図1を参照していただきたい。

①所有権の詳細、そこには権利関係の情報も含まれる。

②資料の概要、歴史的背景、著作権に関連する諸権利も含む。

③博物館に入ってきた資料の理由（寄贈、貸与、売却等）

図1の資料受付票に記入が終わったら次に何をなすべきか。

3重の複写式になっている1番上の紙（白）　直ちに受入ファイルに綴る。それが博物館の原簿（マスター・レコード）となる。高品質のルーズ・リーフ・バインダーにこの原簿を綴っていく。この原簿は連番で数字の抜けがなく、綴られていることが、極めて重要である。そうすることで、博物館に入ってきた全ての資料の完全な記録となる。その中の原簿が、何らかの理由でファイルから抜かれる場合、例えば、遡及的に預託者へ送られるなど、その旨を記載した紙または写真の複写を、ファイルに綴っておく。このやり方は、資料が博物館資料として登録された時、他館へ移管された時、または処分された時などに有効である。

2番目の紙(ピンク)　資料の預託者に受領書として渡す。受領書を渡すとき、書式の裏に印刷された預託品の受取りに関する諸条件に注意しなければならない。この裏面の条件は、資料を所有者またはその代理人に返却するときに、明示しなければならない。預託者に資料が返却されたときには、この紙は1番上のコピーとして綴られることになる。

3番目の紙（青）　手続きの途中の間は、資料に括り付けて保管する。もし資料を後になって登録することになった場合、この3番目の紙は、保険として資料履歴ファイルに綴る。もし資料が持ち主に返却された場合、返却ファイルに綴るか、または廃棄してもよい。

資料受付票の保管　受付票のファイルは極めて重要なアーカイブであり、安全に保管されなければならない。複写式の利便性と、その複写の寿命の不確実性については、論争がある。紙もカーボンの複写紙の両方ともアーカイブの品質としては保証されていない。複写紙は長い間、光に晒されると、劣化して薄くなっていく可能性があることが、実証されている。紙の使用による長期保存の見込みは、今のところ不確実性が高い。

資料受付票を参照する必要性は、3・4世代の後には急激に減少するように思われる。この受付票を明かりから遠ざけて保管すれば、十分に長持ちし、その有効性は発揮されるだろう。

受付票に記入するペンで最も便利なものはボールペンである。しかし、このボールペン用のインクは、急速に薄れていくことが知られている。可能であれば、一般に高品質のアーカイブ用として利用されるボールペンを使用することをお薦めする。アーカイブ用の保存器材であり、博物館の専門店で入手できる。

4　資料の受入れ（Accessioning）

前節では、とにかく博物館に入ってきた全ての資料の記録を取る手順について、紹介した。受付と受入の違いは、博物館の資料になっているか、そうでないかの点にある。あくまでも、寄贈の申し出があった、または売却の意向があり、その資料が博物館に持ち込まれた、に過ぎない。博物館に入ってきた状況について記録されているが、登録されて正式に博物館の資料になっていないのである。法的には所有権が所有者から博物館に移転していないということになる。

『実務の手順書（A practical guide）』によると、ここでいう受入れとは、寄贈、購入、遺贈、何れの方法においても、博物館の恒久的な収蔵コレクションとして、正式に取得が承認されることをいう。『スペクトラム（SPECTRUM）』において、その定義は、法律上の権利を得ることをいう。特に（必ずとは言えないが）受入れの手順を経ることによって、長期的なコレクションになるのである。理事会の正式な承認を経て、長期的にその資料を管理することになる。以下、『実務の手順書（A practical guide）』と『スペクトラム（SPECTRUM）』に従って、受け入れに必要な手順を追っていきたい。

なぜ、受入れという正式な手順を踏まなければならないのか。

①資料の説明責任を明確にする　この受入れには、特別な意味がある。長い期間に渡り、その資料を保存していくという倫理的な責任を伴うからである。よって、博物館で制定された収集方針に照らし合わせて、慎重に検討しなければならない。

②資料を同定する　受入れをすることで、その資料だけに固有の資料番号を割り当て、資料と博物館が持つ情報をリンクさせる。

③資料の所有権を確定する　法律用語で、取得には前の所有者から博物館に所有権が移譲するという意味が含まれる。この手続きを経ることによって、所有権の移転が明確になる。

明文化された方針に基づいて受入れの判断をすることになるが、少なくとも以下３つの要件の設定が必要となる。

①収集方針に則って博物館が収集する資料を決める

②同意された資料の取得に対する承認の方針

図2　権利移譲書

No.

機関名　移譲する権利番号

博物館は貴殿より、以下の資料をコレクションに加えることができますことを深く感謝申し上げます。

取得方法：　日付：

資料受付番号　受入番号

受入番号　概要

貴殿から博物館へ完全に権利を移譲するため、裏面の関連する注意事項をご一読いただき、上記記載の詳細が正しく、裏面の諸条件を承諾したことを証するため、ここに署名いたします。
2枚目の黄色い紙を貴殿の控えとしてお持ちいただき、1枚目の白い紙を博物館へお戻しください。

博物館職員：　日付

寄贈者：　日付

取得または資料に係わる質問が生じた場合に、博物館からの問合せに迅速にご対応いただくためにも、2枚目の紙は安全な場所で保管することをお勧めいたします。

白　博物館の権利移譲ファイル
黄色　寄贈者
青　博物館履歴ファイル

(Harrison Margaret & Mackenna Gordon. 2008)

③通常の取得に係る諸条件の声明

次に、明文化されたガイドラインが必要である。

- ・不正取引、略奪、保護対象の天然資源などの理由で結果として取得に至らなかった収蔵候補資料のチェック体制
- ・取得によって考えられる追加の収蔵庫、輸送及び保存に係る費用の負担
- ・資料の獲得とともに、博物館がどういった複製の権利を希望するのか、誰がその権利を持っているのか確証を得る
- ・資料の受付から受入までに許容される期間は最大どれくらいか
- ・博物館で使用する資料に資料番号を付与する標準仕様
- ・博物館で使用する資料へのマーキング及びラベル付けの方法

受入は大きく分けて以下の３つの手順からなる。①権利の移譲、②受入記録の記入、③受入のナンバリング。それぞれの項目について、もう少し詳しい解説を付けながら見ていきたい。

①権利の移譲　法的には、資料が個人または法人組織から、所有権の変更という正式な手続きをいう。権利の移譲に関する書式を別に作る必要はないが、書式を作っている博物館は多い。書式を作るかどうかは各博物館の判断で決めれば良い。例えば、図１の資料受付票には権利の移譲という項目があるので、これを代用できる。

だが、以下の理由から、資料受付票とは別に所有権の移譲に関する書式を作成した方が利便性は高いかもしれない。

- ・取得した資料の詳細についてリスト化するため。資料受付票のみの場合、時として取得した資料だけのリスト化が困難である
- ・資料の履歴ファイルへ綴り、参照が容易にできる
- ・とりわけ高価、または重要な取得資料について、寄贈者に対してその権利が移譲したことを明確に提示できる
- ・資料受付票に署名した預託者が、所有者でなかった場合

コレクション・トラストは三重の複写式になった権利の移譲に関する書式を販売している。資料受付票と同じように、博物館の名前や住所を印字してくれる。一方、博物館で独自の書式を作り、別途印刷しても良い。

②受入記録の記入　確実で恒久的な受入記録として、資料の典拠、同定そして由来に関する詳細が基本となる。この受入の記録が、全ての資料の恒久

的な記録となる。博物館の恒久的なコレクションの一部となり、形作られる。ドキュメンテーション・システムの中で、この記録が最も重要であり、資料のことを詳しく説明できる、コレクションの公式なリストの役割を担う。受入記録は、アーカイブ保存用紙を使用して、長期保存用の装丁をする。

以下の理由から、装丁された受入記録が最も確実に情報を保管する方法である。

・改訂の表示が容易

・装丁されたページを簡単に切り離すことができない

・長期保存に適している

・電子的またはパソコンによる情報へのアクセスの必要がない

パソコンのデータ・ベースを使っている場合、受入記録は耐久性インク媒体を使ってアーカイブ保存用紙にプリント・アウトし、定期的に装丁する。印刷された各ページに署名と日付をつけることが望ましい。コレクション・トラストは受入記録簿の表紙や背表紙に刻印し、博物館名を印字するサービスと販売をしている。

③受入番号のナンバリング　最も一般的な受入番号は、例えば14603、14604、14605、14606、14607といったように、単純な連番をつけることだが、これは相当少ないコレクションを有する博物館で有効な方法だ。もっとも汎用性の高いナンバリングは、2008.2、2008.3、2008.4といったように受入年を使った連番である。

やってはいけない受入番号の付与方法は3つある。1つ目は、年を省略して2桁で表示すること。多くの博物館が望むべく1世紀以上存続したとして、混乱が生じるだろう。つまり64.68は1964年なのか1968年のことなのかわからなくなる可能性がある。2つ目は、資料番号の最期に年を表記した場合、コンピューターでソートするときに問題を生じる。例えば、5.2008よりも2008.5が適切にソートできる数列である。最後に、情報処理が可能な数字を使うこと。受入番号は同定や相互参照のための記号である。分類記号や収蔵場所といった目録情報を組み入れるべきではない。分類体系や収蔵場所が変わると混乱が生じてしまう。分類や収蔵場所といった情報は、目録システムに記録するべきで、資料番号に入れない方が良い。

受入番号で使うのは、次の3つがあげられる。先ずは、「1」と混同することがあるので、「/」（スラッシュ）ではなく「.」（ドット）を使うこと。例えば、2008.1/1は2008111と読み間違える可能性がある。次に、資料群は一括受入とすること。同様の資料が多数ある場合、物理的に同じグループとして一つの資料番号にすることができる。例えば、安全なひとつの収納箱に陶器の破片が多数入っている場合、その収納箱に番号をつけ、中の破片を数えて、総数を記録する。20個のボタンがついた紙には、受入番号を20個つけるのではなく、ひとつの受入番号を付す。最後に、MDA記号を使うことが推奨されている。多くの博物館が似たような採番システムを使っているように、コレクション・トラストは、イギリス国内の博物館が資料を同定することができる固有の5文字の記号を発行している。例えば、CAMCD1991.24.1、1991.24.2、1991.24.3のように。これは情報を共有するのに特に有効である。

おわりに

本稿では、イギリスのドキュメンテーションの事例の中でも、とりわけ資料の受付から受入までの手順と具体例を、2008年の『実務の手順書（A practical guide)』を中心に、2017年の『スペクトラム（SPECTRUM)』の該当箇所を翻訳する形で紹介した。イギリスの事例を見直していて、改めて3つの点に気づいた。

第1に、入口が大事ということである。博物館の資料となる、つまり登録され正式な資料となる前段階から、いかにその情報を体系的に記録し、残しておくかが極めて重要である。それを怠ると、後々苦労することになる。博物館で働く学芸員が苦労するばかりでなく、使えない資料が死蔵されることになり、結果的に公開もできず、利用者に不利益が生じる。博物館の職員と利用者の双方にとって両損なのである。

第2に、入口の段階で、既に出口のことも考慮に入れているところである。収蔵庫満杯問題は国内外どこの博物館においても、共通の課題となっている。そのため、寄贈、遺贈、または購入した資料でも処分する可能性があるということを入口、つまり受入の段階で、宣言しておくことは、傾聴すべき点だろう。後々係争化しないように、権利を移譲し処分を博物館の判断に委ねるという、その言質を取っているところは日本では少ないだろう。だが、その旨、釘を刺しておくことは検討しても良いかもしれない。

第3に、愚直なまでの原簿主義を貫いている点である。とにかく記録し、保存のことを考慮しながら、紙媒体でファイルを作り、冊子媒体で原簿を保存。複写も保存する徹底的な指針は恐れ入る。日本では近年、博物館資料のシステム化が進み、データをパソコンに直接入力して、紙媒体で資料情報を保存しない館もあるのとは対照的だ。イギリスの事例は、デジタル化と逆行しているようにみえるが、保存の観点から、より確実な方法としてアナログ方式を提案しているのである。

翻って日本の博物館の現状を見るとどうだろうか。文化財保護法改正に伴う保存から活用へのシフト、デジタル庁の創設に象徴されるように、デジタルで全てが公開され、誰もが、どこにいても利用できるような環境の整備が進むことは決して悪いことではないだろう。むしろ歓迎すべきである。しかし、既に収蔵されている資料でも、経緯がわからず収蔵されているもの、記録がほとんどないもの、未整理資料のまま放置されているものなど、デジタル化以前の問題が横たわる。つまり資料情報の体系的な整理ができていない状況を改善しないと前に進まないのである。

人材の課題もある。レジストラーといった職種も国立国際美術館や金沢21世紀美術館など、日本ではまだごく一部の美術館に限られている。しかも、本稿で紹介した収集の業務ではなく、主に展示作品の貸借に伴う入出庫管理や調書の作成など、展覧会業務に偏っているようである。

コレクション・マネージャー、レジストラーなど、収集業務を統括する専門人材の雇用と、その組織の構築、そしてこの分野への予算の配分が不可欠だと考える。言うは易く行うは難し。多くの博物館が予算と人材不足に悩んでおり、無い袖は振れないという現実的には厳しい状況であることは重々承知している。しかし、博物館の中でも特に重要な役割を担う仕事であり、イギリスの事例から見ても、ひとりの学芸員が展示や教育普及を担当しながら務まるものではない。そのことを発信し続けないと、いつまで経っても現状は変わらない。

博物館に資料が入ってくる最初の段階である受付から受入は、ひたすら地道に記録を取る作業であり、地を這うような仕事だ。だが、その体系的な記録と保管によって、なぜそのコレクションが保管されているのか、どうして未来へ継承しなければならないのかということを博物館は説明することができる。いや博物館は社会に説明しなければならない。

受付と受入はコレクション形成の第一歩だ。展示やWeb公開といった活用も、全てはここから始まる。博物館業務の中で、資料の整理や管理に光が当たり、より多くの方に、その仕事の重要性が認識される日が来ることを願って止まない。最後に、月並みだが「ローマは1日にして成らず」である。

註

(1) Harrison, Margaret & Mackenna Gordon. 2008, p.2（日本語は筆者の翻訳。以下、特に断りがない場合、本書を意訳した。）
(2) 前掲註1に同じ、p.46
(3) 前掲註1に同じ、p.12
(4) Object entry 1, Spectrum 5.0, collections trust 2017
(5) 前掲註1に同じ、p.12

引用・参考文献

田窪直規監訳・監修　1997『博物館ドキュメンテーション入門』勁草書房（原題：Stuart A.Holm, *Facts & Artefacts how to documentation a museum collection*）

Harrison, Margaret & Mackenna Gordon. 2008. *Documentation a practical guide*. London：Collections Trust.

The UK Museum Collections Management Standard. 2017. *Spectrum5.0*. London：Collections Trust.

イギリスにおける収蔵資料のアクセス・活用

金山喜昭

はじめに

イギリス博物館協会(Museums Association)(以下、MAとする)は、2005年に『未来のためのコレクション(Collections for the Future)』と題する報告書を公表した。公立博物館では大部分の収蔵コレクションが使われていない問題を直視することで、博物館を「パブリックレルム(public realm)」(本書17頁参照)の中心に捉えて、その活用の促進をはかるとしている。同報告書には、「コレクションは博物館の中核であり、もし人々が博物館にアクセスする権利があるならば、博物館のコレクションに深く関与する権利も与えられていなければならない」[1]というように、コレクションにアクセスすることは市民の権利であることが述べられている。

1　コレクションへのアクセス

博物館にとっての「アクセス」とは、施設やコンテンツ、専門知識などに関わる機会を意味する。ところが、全ての利用者が同じ機会をもっているとは限らない。身体や能力、年齢、性別、文化的または社会的背景、性的指向、信仰、言語、場所、経済力などが障壁となって、博物館の利用が妨げられる可能性がある。博物館に関心を持つことができない、または認識していない人や、学習障害のある人、その国の共通言語を理解できない人もいる。他にも博物館が扱う文化が、自分たちのそれとは異なるために興味を持てない人や、経済的な問題、地理的に離れているために来訪することが困難な人、身体的な障害のため博物館のサービスを受けにくい人など様々である。博物館のアクセス対策は、そのような障壁を最小限に抑える措置をいう。イギリスでは、社会的な差別をなくすための法律である「性差別禁止法(Sex Discrimination Act)」(1975年)、「人種関係法(Race Relations Act)」(1976年)、「障害者差別禁止法（Disability Discrimination Act）」（1995年）などを包括して、2010年に平等法（Equality Act）が制定されたことなどにより、人権保護の思想や、社会的な格差の是正や対策が、博物館でも推進されている。

コレクションへのアクセスは、そうした考え方の延長線上にあるものである[(2)]。誰でも博物館のコレクションを利用することができるように、展示に限らず多様な利用形態を創出し、コレクションを市民の財産として共有化するために、収蔵庫の公開やツアー、資料閲覧、デジタルアーカイブ、移動博物館、ボランティア活動などが行われている。

2　倫理規程とアクセス

ICOMの『職業倫理規程』[(3)]には収蔵コレクションのアクセスに関して次のように規定されている。

1.4　アクセス

管理機関は、博物館とその収蔵品が適切な時間帯に一定の期間すべての人に公開されることを保証すべきである。特殊なニーズを持った人々には特別の配慮がされなければならない。

また、MAの『ミュージアム倫理規程』（Code of Ethics: Additional Guidance, 2015）では、博物館のアクセスについて次のように規定されている[(4)]。

1：公的関与と公共の利益

博物館とそこで働く人たちは、以下のことを行うべきである。

・既存の利用者と積極的に関わり、パートナーシップを築き、新しい利用者や多様な利用者に手を差し伸べる。

・誠実さと尊敬の念を持って、すべての人に平等に接する。

・社会のために、社会とともに正確な情報を提供し、発信する。

・言論・討論の自由を尊重する。

・学習、インスピレーション、楽しみといった公共の利益のためにコレクションを活用する。

博物館全般に関するアクセスの中に、コレクションへのアクセスも位置づけられていることが理解できる。さらに、コレクションへのアクセスについては、次のよう規定されている。

1.2　情報とコレクションへのアクセス

・サービスの利用可能性（Availability of the service）

利用者や潜在的利用者のニーズを反映したサービスを定期的かつ随時利用できるようにすることで、アクセスを向上させる。展示されていないものも含め、コレクションにアクセスできるレベルについて明示し、かつ透明性を持って示す。

・情報提供の要望（Requests for information）

一般市民による情報、専門知識、および資料へのアクセスの要望があれば、可能な範囲で対応する。博物館が情報公開に関する方針を定めている場合、これは一般に公開されるべきである。

・情報への制限の管理（Managing restrictions to information）

情報が非公開で提供されたものである場合、[特定の寄贈者の希望による] 場合、知的財産権に関する法律に触れる場合、あるいは、より広い公共の利益からアクセスを制限することが求められる場合（例えば、コレクションの保護、文化的感性の尊重、歴史的または科学的に重要な場所の乱用を防ぐ）など、アクセスを常に許可できるわけではない。アクセスを制限する必要がある場合は、その基準を明確にする。

・慎重に扱うべき資料、苦痛を与える資料（Sensitive or distressing material）

コレクションの中には、扇動的、論争的、または動揺させる性質のものとみなされるものや、文化的な子孫に不快感や苦痛を与える可能性のあるものがあることを認識すること。その場合は、資料の由来するコミュニティを含む主要な利害関係者の代表者と協議し、利用者に事前に通知する。

以上のように、倫理規程には利用者とコレクションをつなぐために、コレクションへのアクセスをはかることや、そのための管理上の枠組みが規定されている。

3　アクセス・ポリシー（方針）

次に、アクセス・ポリシー（方針）を具体的に見ていこう。ロンドン博物館（Museum of London）がウェブサイト上に公開しているアクセス・ポリシー（方針）[(5)] は、次のようにMAの倫理規定の前半部にあたるものである。

・物理的アクセス（Physical access）

障害者が博物館を利用できるようにする補助的な援助とサービスを提供することなど。

- 感覚的アクセス（Sensory access）
  視覚障害または聴覚障害のある人々とのコミュニケーションを円滑にするため、点字や視聴覚展示、音声ガイドなどを提供する。
- 知的アクセス（Intellectual access）
  ギャラリー、展示会、教育資源、出版物、ウェブサイトなどを利用者のニーズに合わせることや、英語を第一言語としない人々への多言語対応をする。
- 態度へのアクセス（Attitudinal access）
  利用者が来館時に歓迎されていると感じられ、安心できるようにする。人々が快適で、自分のペースとレベルで学ぶことができるような環境をつくる。
- 文化的アクセス（Cultural access）
  博物館とそのプログラムをロンドンの文化的および社会的に多様な社会とできるだけ関連させる。
- 経済的アクセス（Economic access）
  入場料の無料を維持し、年中無休で開館する。有料となる場合、柔軟な料金設定にするなど。
- 地理的アクセス（Geographic access）
  オンラインによる情報提供や、国内外の博物館への資料の貸し出し、公共スペースの巡回展などを実施する。

次いで、スコットランド国立博物館（National Museums Scotland）のポリシー（Collections Information and Access, 2015）[6] を見ると、コレクションに対する説明責任を果たすために、ドキュメンテーションと情報について一定の基準を満たすことを定めている。その基準となるのはイングランド芸術評議会（Arts Council England）の博物館認証制度（Museums Accreditation Scheme）や、ドキュメンテーションの標準になっている『スペクトラム（SPECTRUM)』という手順書に従うことである。コレクションへのアクセスについては、博物館は常設展や企画展示、巡回展を含む幅広い展示活動のほか、デジタルウェブサイトやSNSなど様々な学習プログラムやコンテンツを提供するほか、展示されないコレクションも閲覧できるように明示されている。スタッフは法的規制に従い、機密性の高いコレクション情報を保護する注意義務を負っていることや、一般からの情報請求はすべて、国内法に遵守して判断することも加えられている。

4　博物館認証制度とアクセス

イギリスでは、1988年に博物館・美術館委員会（Museums and Galleries Commission）によって博物館の「登録制度（Registration Scheme）」が開始された[7]。1995年の登録基準（全9項目）の1項目である「7 博物館の公共的側面（The public face of the museum）」には、「開館時間とアクセス」、「公共サービス」、「来館者用施設・設備」という3つの登録要件があり、コレクションのアクセスについては、「公共サービス」の中で、常設展示や企画展示、解説業務と並んで、「研究用施設・設備または収蔵庫の公開」が利用者サービスとして位置付けられた（博物館基準研究会編1999）。その後、MAや博物館関係者による収蔵コレクションへのアクセスや活用を推進する動向を反映して基準の改訂が行われた。

2018年のイングランド芸術評議会による博物館認証制度（最新版）の基準によれば、9項目の審査基準のうち1項目を「7 公衆への公開」（Be accessible to the public）として、コレクションへのアクセスを独立させている[8・9]。本項目は、コレクションを一般に公開しその活用をはかるものである。イギリスの政府や博物館界などにとって重要な政策的課題であることを、そこから読み取ることができる。

本項目は、「7-1 正式に承認されたアクセス・ポリシー（An approved access policy）」と「7-2 アクセス計画（An access plan）」からなる。前者では、博物館がアクセス・ポリシーまたは声明（Statement）を持つことは、利用者にサービスを提供する上で不可欠のものであり、倫理的に配慮し、法律に抵触するものでないことが必要な要件となる。利用者と協議しながら作ることが望ましく、多くの場合は内部文書になるため、利用者に公開するものと区別して扱われる。配慮すべき点は、コレクションの展示において多様な説明手法を用いること、コレクションや施設等、その関連情報を人々が利用できるようにすること、英語以外の他言語への対応、コレクションの保存と公開・活用のバランスをどのようにとるか、などとなっており、少なくとも5年ごとに見直し、組織の正式な承認をとることが求められている。

後者は、コレクションへのアクセスを維持する計画や、できれば改善するための計画を持つことが規定されている。それらは、コレクションへの物理的、感覚的、知的アクセスや、コレクションに関する情報、収蔵施設へのアクセスに関することである。それらは個別のアクセス計画であるかもしれないし、将来計画や事業計画の一部、観客育成計画などのように、形式的に定められているわけではない。

計画では、コレクションへのアクセスの手順（procedures）を概説する。一般に公開されるものとそうでないものに関する情報の提供方法や、展示・収蔵資料へのアクセス方法、研究上の問い合わせの対応手順、組織のための専門的アドバイスへのサポートなどを定めるとなっている。

さらに、変化する利用者のニーズや期待に応え続けるために、アクセスの優先順位や期間、リソースを明らかにして改善するための計画を立てることが求められる。そのための評価する留意点は、館内や外部の専門家や関係する団体と共同で行うことや、アクセス監査またはアクセスチェックリスト、施設チェックリストの運用、解説とコレクション利用を見直すことなどである。評価は過去5年以内に行われる必要があるが、施設や展示に大きな変更があった場合は、それより短期間に行われる。

アクセスの改善には、施設のアクセシビリティを向上させるための改修工事、標識、収蔵庫のコレクションへのアクセス向上、オンライン資料の開発、ハンズオン資料、企画展、学習教材、アウトリーチ、貸出サービス、コレクション・ツアーなどが挙げられている。

5　収蔵施設へのアクセス

筆者によるイギリス国内の博物館調査（2008・09年）は、収蔵資料を公開する上で有益な情報を与えてくれる。そこで得られた知見によれば、収蔵施設へのアクセスは次の4つのタイプに分けられる。

①収蔵展示

ヨークの国立鉄道博物館（National Railway Museum）では、1999年に開設した「ウェアハウス（Warehouse）」と呼ばれる収蔵庫を常時公開している（表紙カバー写真）（図1）。約5,000㎡のスペースには約10,000点の資料が収蔵公開されている。ここでは、映画「ハリーポッター」の撮影に使用されたロンドンのキングス・クロス駅のプラットホーム No. 9 3/4の表示板や、同駅にあったブリタニカ像などを見ることができる。収蔵資料や収蔵棚に付されたB5サイズほどのラベルには登録番号と由来が記されている。キュレーターによれば、盗難を防止するための対策や点検に神経を使うことがあるが、来館者の反応は良いという(10)。

②収蔵庫を公開する

ヨークのヨークシャー博物館（Yorkshire Museum）は、考古学・地質・古生物を専門にする市立博物館である。主任キュレーターによれば、全ての収蔵コレクションを一般公開する方針となっている。公開の形態は、約1時間の収蔵庫ツアーのほかに、市民の資料調査、ハンズオン・コーナーの設置などである。ツアーはキュレーターの案内によるもので、15人までの人数制限を設けている。資料調査は、これまで研究者に限られてきたが、現在では一般市民にも開放している。コレクションの公開が博物館にもたらす効果については、市民がコレクションに興味をもつことでボランティアを希望する人が増えており、考古学ボランティアに50人が登録しているという。

③収蔵資料を館内で閲覧する

マンチェスター博物館（Manchester Museum）は、博物館が所蔵するコレクションをリソースセンター（Resource Centre）で閲覧することができる。コレクション総数は442万点、そのうち展示品は5,520点なので、99.9%が収蔵されていることになる。利用者は端末で検索して、希望する資料の閲覧を申し込むことができる(11)。

国立鉄道博物館では、アーカイブ資料の閲覧利用がウェブサイト上で公開されている(12)。アーカイブは、約100万枚のエンジニアリング図面、11,000枚のポスター、2,300枚の版画とドローイング、1,000枚の絵画、175万枚の写真を含むコレクションの他に、25万冊以上の書籍や雑誌を閲覧できる。利用者は、ユーザーとして登録するために身分証明書を持参することと、資料閲覧室の席を確保するために7日前までに予約すること、実物資料の閲覧は、1日に9点を上限に申し込みができることが明示されている。そうした措置は、利用者の身元の確認や、混雑の回避、資料の保存に配慮したものである。また、閲覧室は周囲をガラス張りにしており、受付のスタッフが、いつでも中の様子を監視することができるようになっている（図2）。

図1　国立鉄道博物館の「ウェアハウス（収蔵展示）」（2008年8月撮影）

図2　国立鉄道博物館の資料閲覧室（2008年8月撮影）

④外部の収蔵公開施設

この他に「コレクションセンター（collections centre）」や「リソースセンター（resource centre）」などと呼ばれる外部の収蔵施設を持つ博物館では、コレクションを管理するスタッフが配属されており、コレクションを公開することにも積極的なところが多い。その方法は、一般市民を対象に定期的に行う収蔵庫ツアー（予約制）や、研究者などに公開している。

図3　バーミンガム博物館のコレクションセンター（2009年1月撮影）

図4　バーミンガム博物館のコレクションセンター（2009年1月撮影）

ロンドン博物館の「ロンドン考古学アーカイブ調査センター（The London Archeological Archive and Research Centre）」(13)は、1907年以来の発掘調査によるロンドン市内の遺跡から出土した5,500件以上にのぼる考古資料や記録・文書類が所蔵されている。7人のスタッフはコレクションの管理や調査以外にも、市民、博物館関係者、専門家などへの資料公開や、学校や地域へのアウトリーチ活動などを担当している。キュレーターによれば、利用者は7,968

人に達しているが、その大部分はアウトリーチによる利用者であり、収蔵庫の利用者は1年間に大人33人、子ども12人、専門家61人である。同館のウェブサイトで利用を呼びかけている。またセンターでは、幅広い年齢層のボランティアが参加して考古学コレクションの修復や整理を行っており、市民がコレクションにアクセスする機会になっている。

バーミンガム博物館の「コレクションセンター（Birmingham Museum and Art Gallery Study Collection Centre）」は、郊外の工業団地の倉庫を転用した施設である。ここには約50万点のコレクションが収蔵されている。運営はバーミンガム市によるもので、運営費は年間約100万ポンドである。同館のウェブサイトから申し込んで収蔵庫ツアーに参加したところ、参加者は5名であった。収蔵庫は、収蔵品のサイズごとに大中小の3種類に分かれており、それぞれの中でさらに分野ごとに資料が区分されている。中でも大型品の収蔵庫には多数の大型資料が収蔵されており、その様子に圧倒された（図3）。見学コース沿いの配架棚や資料には見やすいように大形の解説パネルが付けられており、見学コースの床面には資料との間に境界を明示するなど安全面にも配慮されている（図4）。また、参加者からの感想や質問とともにスタッフからの回答が掲示板に張られるなど、収蔵庫内は見学者に対する配慮が行き届いている。

6　収蔵資料のアクセス・活用と今後の展開

博物館が収蔵資料を活用する方法を開拓する余地は、まだ多く残されている。MAは、2018年に「コレクション2030（Collections 2030）」プロジェクトを立ち上げた。今後10年間に博物館がコレクションを活用する取り組みを推進するためのプログラム開発を推奨するものである。具体的には、健康と福祉（ウェルビーイング）を促進することや、地域課題を解決すること、地域社会とアイデンティティの問題を探求すること、現代の諸問題に関連する事実と理解を人々に提供することを目的に、コレクションの活かし方を考案し、実施することを目的にしている[14]。

その事例として、博物館と市民との共同制作による展示を挙げることができる。ロンドン博物館では、イギリス系白人以外のロンドン市民により、収蔵資料が整理、解釈されて新たな展示を生み出している。複数の住民グループが、地元について自分たちの視点で調査し展示したものが、同館のドックランズ分館の常設展の一部となっている。つまり、多様な人々の視点や意見を採り入れて、収蔵資料を活用した共同成果物づくりが行われている。コレクションについて地域コミュニティの解釈や意見を加えることにより、従来のようにキュレーターが単独で行うよりも、展示の解釈に多様性や深みが生まれるばかりでなく、社会的包摂の機会ともなっている（田尻 2016）。

博物館にとって市民などの他者との共同制作は、多様な見方からコレクションを再評価する良い機会になり、それによって常設展示を更新する取り組みも行われていることが分かる。先述したように、博物館認証基準の「7-1 正式に承認されたアクセス・ポリシー」で配慮すべき要件の一つになっている、「コレクションの展示において多様な説明手法を用いること」とも整合している。

このような共同制作は他にもある。サセックス大学の主導により、ブライトンのブライトン博物館（Brighton Museum & Art Gallery）、バーチントンオンシーのパウエル・コットン博物館（Powell-Cotton Museum）、ギリンガムのロイヤル・エンジニア・ミュージアム（Royal Engineers Museum）が所蔵するアフリカのコレクションを、アフリカの研究者や博物館スタッフ、市民らと共同して調査し、600点の歴史資料にアクセスできるデジタル・リソースが制作された[(15)]。アフリカの歴史を旧植民地であった当事者（他者）の視点から再評価し、彼らの主張に耳を傾ける機会をつくることに博物館のコレクションが活用される、博物館の「脱植民地化」活動の試みである。

以上のような取り組みは、これまで博物館が自館の視点からコレクションを利用してきた枠組みの一部を放棄することを意味する[(16)]。コレクションへのアクセスや活用は、博物館がもってきたある種の「権威」に対する自己批判を含むとともに、博物館のコレクションと市民の関係性に新たな地平を切り開く可能性をもっている。

なお、本稿は増補改訂版刊行に伴い、2023年4月に改正博物館法が施行されたことにより、関連する事項などを加筆した。

註

(1) Museums Association, 2005, *Collections for the future*, p.10, https://archive-media.museumsassociation.org/policy_collections.pdf（2022年1月10日閲覧）

(2) コレクション管理の立場からいう「アクセス」（access）とは、収蔵資料を一般に公開することを意味する。そして、「活用する」（to engage, to use）とは、人々が収蔵資料を生かして用いること、あるいは博物館がそれらを生かして用いることを意味する。

(3) 国際博物館会議『イコム職業倫理規程（2004年10月改訂）』https://www.icomjapan.org/wp/wp-content/uploads/2020/03/ICOM_code_of-ethics_JP.pdf（2022年1月10日閲覧）

(4) Museums Association, 2015, *Code of Ethics: Additional Guidance*, https://archive-media.museumsassociation.org/16052016-code-of-ethics-additional-guidance.pdf（2022年1月10日閲覧）

(5) Museum of London, HP, https://www.museumoflondon.org.uk/application/files/7115/8022/0032/Access_Policy.pdf（2022年1月25日閲覧）

(6) National Museums Scotland, 2015, *Collections Information and Access*, https://www.nms.ac.uk/about-us/our-organisation/policies-and-reports/collections-policies/policy_2021.pdf（2022年1月25日閲覧）

(7) 博物館登録制度の変遷については本書78頁（松田論考）を参照。

(8) Arts Council England, 2018, *Accreditation Standard*, https://www.artscouncil.org.uk/sites/default/files/download-file/Accreditation_Standard_Nov2018_0.pdf（2022年1月25日閲覧）

(9) Arts Council England, 2019, *Accreditation Guidance*, https://www.artscouncil.org.uk/sites/default/files/download-file/Accreditation_Guidance_Mar_2019_0.pdf（2022年1月25日閲覧）

(10) キュレーターのJohn Mcgoldrick氏，アシスタント・キュレーターのJohn Clarke氏のご教示による。2008年8月調査。

(11) コレクション・マネジャーのMalcolm Chapman氏のご教示。2009年3月調査。

(12) Railway Museum, HP, https://www.railwaymuseum.org.uk/research-and-archive/plan-research-visit（2021年12月10日閲覧）

(13) Museum of London, HP, https://www.museumoflondon.org.uk/collections/access-and-enquiries/archaeological-archive-access（2021年12月10日閲覧）

(14) Museums Association, *Empowering Collections*, pp.3-6, https://ma-production.ams3.digitaloceanspaces.com/app/uploads/2020/06/18145331/MS1681-Empowering-collections__v8.pdf（2021年12月10日閲覧）

(15) The Making African Connections Digital Archive, HP, https://makingafricanconnections.org/s/archive/page/about（2021年1月10日閲覧）

(16) Museums Association, *Empowering Collections*, p.12, https://ma-production.ams3.digitaloceanspaces.com/app/uploads/2020/06/18145331/MS1681-Empowering-collections__v8.pdf（2021年1月10日閲覧）

引用・参考文献

田尻美和子　2016「ロンドンのミュージアムにおけるソーシャルインクルージョンと野田市郷土博物館の活動」『野田市郷土博物館 市民会館 年報・紀要』第8号、pp.109-115

博物館基準研究会編　1999『博物館基準に関する基礎研究　イギリスにおける博物館登録制度』pp.41-43

イギリスにおける収蔵資料の処分

金山喜昭

はじめに

博物館関係者にとって、収蔵資料を処分することは、これまでタブー視されてきた傾向がある。2004年に日本博物館協会が発行した『資料取り扱いの手引き』(日本博物館協会2004)には、「資料の再評価」という表現を用いて収蔵資料の処分についての原則や手順の概要が示されている。しかしながら、実際のところは統一した基準やルールなどが曖昧であるため、ほとんど実施されることがないようである。そのため、ここでは国際博物館会議(ICOM)やイギリス博物館協会(Museums Association)(以下、MAとする)によるコレクションの処分に関する基準やガイドライン、倫理規程などにあたり、「処分」に関する国際的な考え方や基準などについて見ることにする。

なお、誤解を招くことのないようにいえば、処分について考えることは、博物館が将来の世代に対する責任を果たすために、コレクションを適正に管理し、その持続可能性を保証することを意味している。

1 処分と除籍

資料の処分と除籍とは、登録されている資料を、運営する組織の正式な決定により除去することである。イギリスでは、コレクション・トラスト(Collections Trust)が公表しているドキュメンテーションの実務的な標準書である『スペクトラム(SPECTRUM)』[(1)]には、資料の処分と除籍についての基本的な考え方や、具体的な手順が示されている。同書によれば、処分は、資料の移管(寄贈、売却、交換など)、または廃棄を管理することをいう。また除籍とは、正式な譲渡や処分過程の文書化の管理をいう(Museum Documentation Association 2007)。つまり処分と除籍とは、実際に登録資料から除去する実務行為と、除去の文書上の手続き行為ということになる。

2　処分する理由

本来、博物館のコレクションは、永久的に収蔵され次世代に引き継がれるものである。しかし、博物館の運営上、持続的かつ長期的展望に立ち、コレクションのさらなる充実をはかるためには、必要に応じてやむを得ない場合に資料を処分することができる。

MA は、イングランド芸術評議会（Arts Council England）、ウェールズ博物館文書館図書館評議会（Museums Archives and Libraries Wales, CyMAL）、スコットランド博物館美術館評議会（Museums Galleries Scotland）、北アイルランド博物館評議会（Northern Ireland Museums Council）と連携して、2008 年に『処分のための手順書（Disposal Toolkit）』という処分に関するガイドラインを公表した[(2)]。

その内容は、「なぜ処分するのか」、「処分する資料を選んだ後のこと」、「処分の方法」、「プロセスの記録」、「諸問題の取り扱い」、「プロセスの伝達」という 6 項目からなる。そのうち、「なぜ処分するのか」は処分の理由を問うものであるが、処分には公的な成果（アウトカム）が求められることが記されている。具体的には次の通りである。

コレクションから資料を処分する成果

資料の処分に着手する前に、期待される成果を検討し、明確にすることが必要である。その成果を明確にすることは、意思決定のプロセスと適切な処分方法の選定に役立つ。しかし、望ましい成果が得られない場合は、決定を再確認する方がよい。

処分により期待される成果

これらの成果がどのように公的利益を向上させるのかを明らかにすることが必要である。処分は二次的な成果をもたらすこともあるが、基本的に以下にあげる一次的成果のできるだけ多くを達成するように行われることが推奨される。

学芸的に動機付けられた処分の一次的成果

・資料保管の改善。

・資料へのアクセスの改善。一般の人々による資料の楽しみと資料への関与の向上。

・資料のコンテキストの改善

・公で管理する博物館のコレクションまたは公共財としての資料の継続的な保持。
・資料によって引き起こされる危険性の除去（汚染などによる）。

学芸的に動機付けられた処分の二次的成果

・資源（人、モノ、金）に余裕が生まれ、他のコレクションをより適切に管理および活用することができるようになる。
・スペースが確保され適正化がはかられる（コレクション管理の改善や収集の継続性をはかるために）。

以上のように、成果とは公的利益を指し、処分によってなるべく多くの成果が期待されることが望ましい。また、その成果について、一次的な成果の結果として二次的な成果をもたらすことがあるという指摘は留意すべきことである。例えば、収蔵庫の空きスペースを確保するために処分を計画するような、逆の関係性は否定されることを意味するからである。

そして、実際にそれは学芸系の専門職スタッフが発議するものである。設置者など上位の立場から処分が要請されるものではない。但し、処分を最終的に判断、決定するのは設置者や理事会などの最高意思決定者である。専門職スタッフは処分の責任を個人的に負うものではなく、その責任は最高意思決定者に帰する。処分に関連する考え方や根拠は、運営組織や設置者によって文書化して正式に承認されたものでなければならず、その要件は定期的に見直される。また、処分を検討するにあたり、当該分野の専門家の意見や助言、さらに必要に応じて市民からの意見を聴取することも公共性の観点から求められる。

3　処分する対象

『スペクトラム 5.0』（2017年）には、処分する資料の対象物を、「資料がこれ以上の利用に堪えないほど損傷しているもの」、「遺骸や聖遺物で返還の必要があるもの」、「学芸主導の合理化の一環として、重複する資料を別の博物館へ移管するもの」としている。同じ博物館内で移動する場合、例えば学習教材（ハンズオン・コレクション）に移動させる場合には登録を抹消する（Collections Trust 2017）。

また、ICOMは、関係法令で博物館が資料を除籍することを禁じていない場合、博物館は、次のいずれかの理由で、コレクションから資料の除籍を検討する場合があるとしている[3]。

1. 資料の状態が非常に悪く、復元が現実的ではない、もしくは復元したとしても完全な状態に戻らない場合。合理的な修復が不可能なほどに損傷しており、研究または教育目的に使用できない資料は廃棄となる可能性がある。
2. 資料が、スタッフと一般の人々の健康と安全に脅威をもたらす場合。
3. 収蔵または保存に特別な条件を要するゆえに、博物館が資料を適切に保管することができない場合。
4. 資料が複製品であり、その一連の資料の一部として付加価値がない場合。
5. 資料の品質が悪く、展示や研究のための美的、歴史的、科学的価値に欠ける場合。
6. 資料の真正性や帰属が虚偽または不正であると判断され、さらにその不正な資料が、保持に見合うだけの十分な美的、歴史的、科学的価値をもたない場合。偽造品と推定されるものを処分する際には、博物館は関連する全ての法的、学芸的、倫理的影響を考慮する必要がある。また、資料が再度美術市場に戻ってしまうことを避ける必要がある。
7. 他の博物館が、資料をより適切に管理、展示、利用でき、資料を所有する博物館の側にも所有権をその館に譲渡する意思がある場合。
8. 博物館による資料の所有が、関係法令や倫理原則と矛盾する場合。例えば、資料が過去に窃盗などの経緯を経ている、違法に輸出入されたものである、その他返却や返還について法的に請求されている、などがあたる。
9. 資料が博物館のミッションや資料収集の目的と一致しなくなった場合。
10. 博物館の設置者や理事会（governing body）によって承認された収集目的に沿って、コレクションの更新や改善の一環として資料が売却される場合。

このように処分の対象となりえるものが列記されるが、必ずしも処分を推奨するものではないとしている。危険物や倫理や法律に抵触するものを除外すると、中には即座に判断しにくいものもある。最終的には各々の博物館の事情に応じて処分の対象を検討するものである。該当するものがなければ最良であるが、もし処分によって公的な成果を求める必要があるとすれば、そのための手がかりになると捉えることができる。

4　倫理上の配慮

処分の対象になる資料がある場合、倫理上の問題をはじめ国内外の法律や条約などに抵触しないことや、寄贈された資料を処分する際には、寄贈者との信頼関係を損ねることのないように連絡を取り承諾を得ることも必要である。ここでは職業倫理規程について確認しておきたい。

『ICOM 職業倫理規程』(2004年改訂)には、コレクションの管理に関して、「2. コレクションを負託を受けて有する博物館は、社会の利益と発展のためにそれらを保管するものである」という項目があり、そこには次のような原則が規定されている[(4)]。

> 基本原則：博物館は、自然、文化、学術遺産の保護への貢献として、その収蔵品の収集、保存、向上をおこなう義務がある。彼らの収蔵品は有意義な公的遺産であり、法において特別な地位を占め、国際的な規約によって保護されている。この公的負託には、正当な所有権、永続性、文書化、アクセシビリティーおよび信頼できる処分を含む管理の観念が内包されている。

この原則のもとに「収蔵品の取得」、「収蔵品の除去」[(5)]、「収蔵品の管理」についてそれぞれ詳細に規定されている。「収蔵品の除去」の内容は、「2.12 処分に関する法的もしくはその他の権限」、「2.13 博物館の収蔵品からの除去」、「2.14 放出に対する責任」、「2.15 収蔵品から除去された資料の処分」、「2.16 収蔵品の処分からの収入」、「2.17 放出された収蔵品の購入」となっており、それぞれに具体的に明記されている。

MAの『ミュージアムの倫理規程(Code of Ethics for Museums)』(2015年)は、「1 社会への関与と公益」、「2 コレクションの管理」、「3 個々人と機関の誠実性」の3つの柱で構成されており、処分については、「2 コレクションの管理」において、次のように規定されている(博物館倫理研究会 2018)。

> 2.7　イギリスの国内外を問わず、現地返還要求がなされた際は細心の

注意を払いつつ迅速に対処する。

2.8　コレクションの処分は、ミュージアムがとる長期的な「コレクション拡充方針（Collections development）」の一環として、最初に学芸的な審議を行ってから着手すべき、責任を伴うものであると認識する。透明性を確保し、いかなる処分も隠し立てをせず、疑いの余地のない、誰にでも容認される手続きに従って執り行う。

2.9　通常はコレクションを売買可能な金融資産と見なすべきではないということ、また資金繰りのための処分はミュージアムに対する信頼を危うくするということを、原理原則として明白に理解する。処分によって生かされるコレクションのもたらす公益が、長期的に見て大幅に増大する場合を除いて、財政的理由を第一とする処分を行うことを拒否する。

以下、処分を行う場合の補足説明として

・検討中の資料が、ミュージアムの「コレクション拡充の方針」で規定されるゆるぎない中心的コレクションから外れている。

・関連組織と一般市民とが徹底した事前協議を行い、熟慮している。

・（例えば予算不足に対処するためといった）短期収入を生み出すことを目的としない。

・他の財源を入念に探した末の最終手段である。

倫理規程は法的な拘束力があるものではないが、それに準じることが博物館の良識であるとともに、遵守すべき社会的規範として認識されている。特に、財政的な動機に基づく処分について強い警告が発せられている点に留意すべきである。経済不況下にコレクションが放出されることを危惧したMAは、2015年にイングランド芸術評議会、スコットランド博物館美術館評議会、アート基金（Art Fund）、国立博物館長協議会（National Museum Directors' Council）、ヘリテージ・ロッタリー・ファンド（Heritage lottery fund）など10団体とともに共同声明を発出した。経営母体が財政難を理由にコレクションを売却することがあれば、MAをはじめ、博物館に関係する団体によって制裁措置を講じることが取り決められている。例えば、MAは会員資格を剥奪し、会員資格を喪失している期間、MAからの資金援助を申請できないことを、イングランド芸術評議会は博物館認証資格を取り消し、助成金の対象から外すことを表明している。また、ヘリテージ・ロッタリー・ファンドやアート基金などは、博物館認証資格を条件にしている助成プログラムの応募資格を停止するとし、また、国立博物館長協議会のメンバーは展示品の貸し出しを含む提携関係などを見直すとしている[(6)]。

5　処分の手順

『スペクトラム 5.0』(2017年)には、「除籍の手順」→「処分の実行」→「処分の記録」がフローチャートで概要が示されている(図1)。処分の手順の各内容は、『スペクトラム 3.1』(2007年)とほぼ同じ内容となっている。『スペクトラム 3.1』では、処分を検討するにあたり、MAの倫理規程を参照することが最初に記されおり、次いで、処分対象に関する法令や権利関係に問題がないことや、運営母体の組織によって正式に承認された処分に関するポリシー(方針)を持ち、それに従うことが必要であるとされる。

『スペクトラム 5.0』によれば、除籍の手順の最初には資料の所有者や権利関係を確認することや、収集時に付随した特別な条件がないことを明らかにするために、精査することが求められる。資料がどのような経緯で博物館に受け入れられたのか記録がない場合や、元の所有者を確認できない場合には、次の点を考慮する。

- ・組織内の全ての情報源を確認したかどうか。
- ・高い固有の価値あるいは金銭的価値のある資料かどうか
- ・その資料を含むコレクションについて、ドキュメンテーションされていない領域があるかどうか。
- ・今までにその資料が組織の収集ポリシーに適合していたことはあったかどうか。

以上の4項目のうち「はい」が一つでもある場合、処分に対する疑義があり、資料はさらに徹底的に調査されることになる。つまり、受入れの経緯や由来などが明らかでないものを早計に処分することはできないという判断である。未解明のまま処分したとして、その後に不都合な事実が判明した場合、相手から訴訟を起こされることなどが懸念されるからである。逆に、答えが全ての質問に対して「いいえ」である場合、組織はその資料を処分できる可能性があることになる。処分をする場合には、資料に関する全ての情報と処分の決定について、閲覧可能にする必要がある。

次に、処分を実行するにあたり、個別組織との取り決めが行われていない場合は、公的な複数の機関（博物館、遺産センター、動物園、科学センター、考古学トラストなど）に、寄贈や交換、売却[7]により処分する意思があることを伝えたり、博物館専門誌に告知を掲載する。資料の引き受け先は、認証博物館を最優先する。引き受け先が見つかれば、資料の運搬のために手配をする保険、費用などを取り決めておき、先方には、資料の最新の説明およびその履歴に関する情報を提供するとともに、所有権を移管する。

但し、次のようなケースの場合には、やむを得ず廃棄することが可能とされる。

・資料が他のコレクション内の資料に深刻な保護上の脅威をもたらし、処理や隔離によって対応できない場合。
・深刻な安全衛生上の危険をスタッフ、ボランティア、一般利用者に対してもたらし、 許容されている方法、認められている方法で克服できそうにない場合。
・資料が合理的な修繕ができないほど劣化または破損しており、資料として特定の用途または価値がない場合。
・告知したが、他の組織や個人が興味を示さず、売却もできない場合。
・その資料が十分に分析され公表され、全ての関連記録がサイト・アーカイブに保存されている場合は、考古学的または自然史に関する野外調査からの多量の資料は廃棄する場合がある（但し、適切かつ代表的な一部分の資料を、将来の調査および参照のために永続的に保存する必要がある）。

そして、処分の記録について、『スペクトラム 5.0』では、同書を基準に各館が独自の手順書をつくることを指示しつつ、そのために最低限必要な要件を、次のようにあげている。

・資料の処分は書面を作成すること。
・書面には、自館が当該資料を所蔵していることを証明する（またはそう仮定する根拠をもつ）文書を提示すること。
・書面には具体的なリスク、経費あるいは関連する制約について調査し、書き留めること（危険物を不適切または違法に処分しないようにするための措置）。
・登録資料を処分する前に、設置者から明確な承認を得ること。また非登

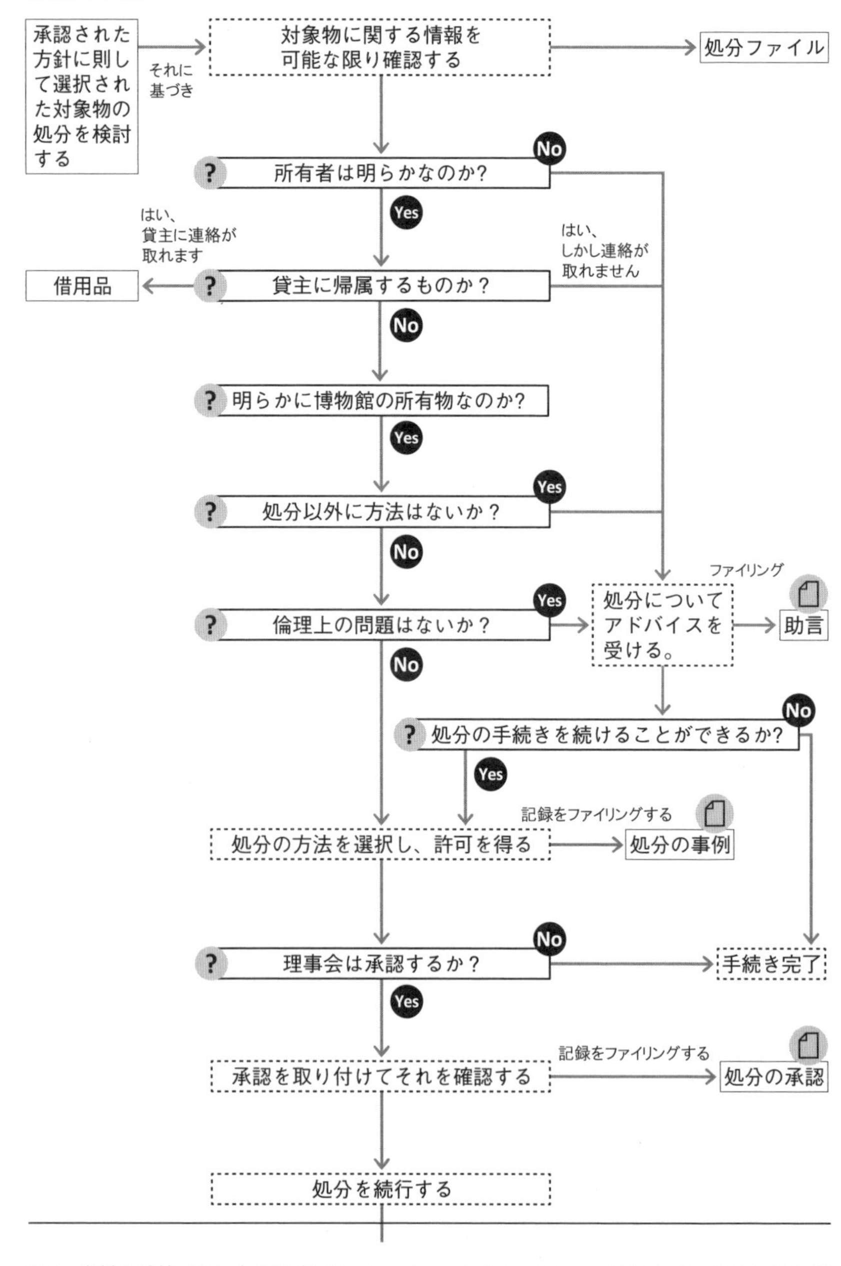

図１　資料の除籍・処分・処分記録のフローチャート（『スペクトラム（SPECTRUM）5.0』より作成）

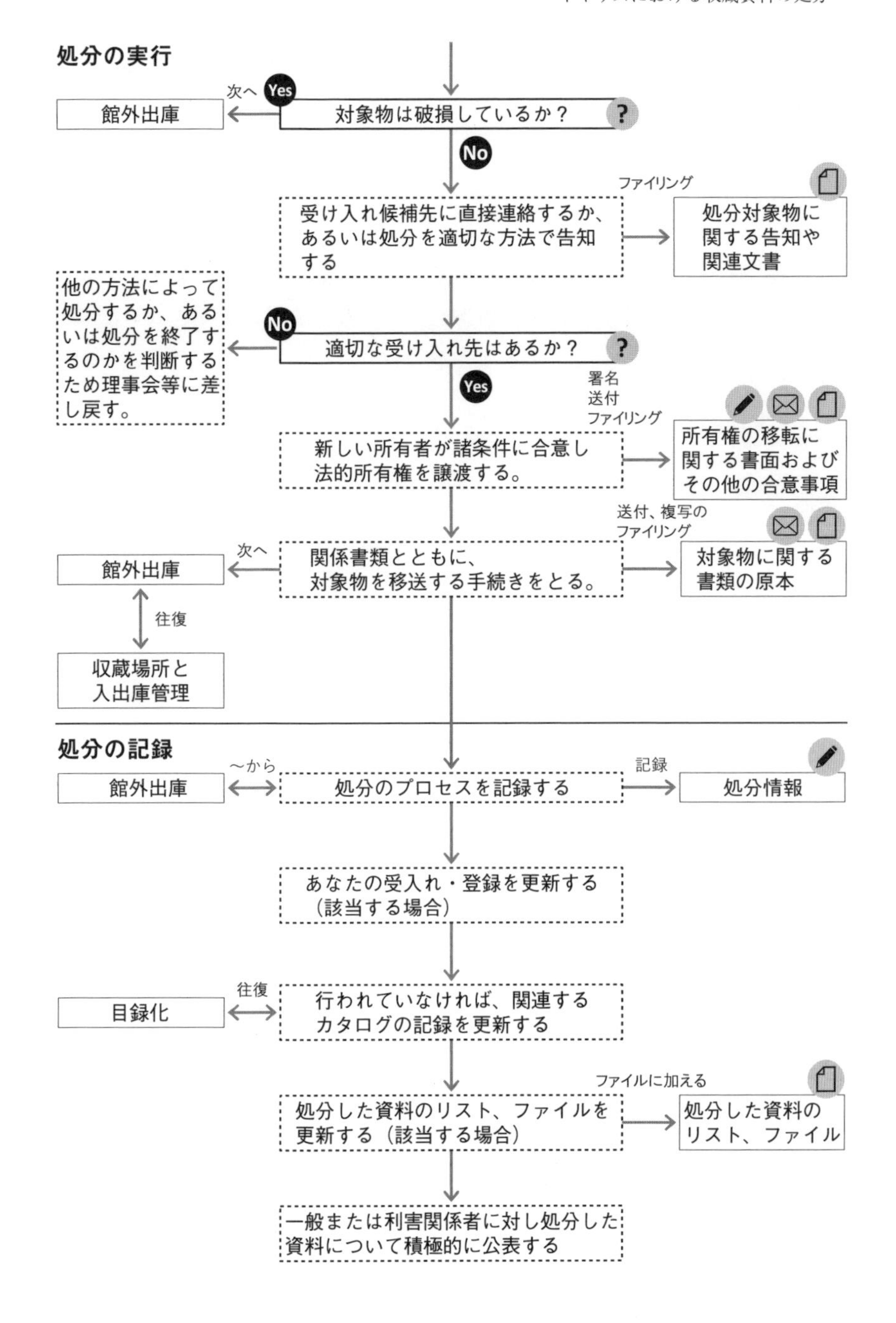
処分の実行
次へ
Yes
館外出庫
対象物は破損しているか？
No
ファイリング
受け入れ候補先に直接連絡するか、あるいは処分を適切な方法で告知する
処分対象物に関する告知や関連文書
他の方法によって処分するか、あるいは処分を終了するのかを判断するため理事会等に差し戻す。
No
適切な受け入れ先はあるか？
Yes
署名
送付
ファイリング
新しい所有者が諸条件に合意し法的所有権を譲渡する。
所有権の移転に関する書面およびその他の合意事項
送付、複写の
ファイリング
次へ
館外出庫
関係書類とともに、対象物を移送する手続きをとる。
対象物に関する書類の原本
往復
収蔵場所と入出庫管理
処分の記録
～から
館外出庫
処分のプロセスを記録する
記録
処分情報
あなたの受入れ・登録を更新する（該当する場合）
往復
目録化
行われていなければ、関連するカタログの記録を更新する
ファイルに加える
処分した資料のリスト、ファイルを更新する（該当する場合）
処分した資料のリスト、ファイル
一般または利害関係者に対し処分した資料について積極的に公表する

録資料の処分にあたっては、権限を持つ複数の人から承認を得ること。
・資料は博物館に適用される倫理規程に沿って処分すること。
・承認されれば、資料の除籍について自館の登録台帳に正式に入力し、他の関連する記録を更新すること。
・処分に関連する全ての文書を保管すること。

このような要件を設ける理由は、組織として処分することを明確化するとともに、必要に応じて事後に第三者が点検、監査することができるようにするためである。

6　処分の透明性

資料の処分は、博物館によって秘密裡に行われるものであってはならない。『処分のための手順書』(2014年) の「プロセスの伝達」の項目には、処分する過程を市民やステークホルダーに対して透明性を確保して公開することが必要であるとしている。その中には、「資料の処分に関連する方針を報道機関やメディアを通じて公的に情報提供する」、「市民に対して適切に事前連絡することは、博物館の資料処分に関して市民の理解や認知を促すことになる」、「博物館は処分のガイドラインや潜在的な利益を一般に説明するために公開する」、「博物館の処分に関するポリシーを公式に定め、それに照らしあわせて、個々の処分の事例を説明しておく」とあるように、人々に対して事前に情報を提供し、協議したり意見を聞いたりすることになっている。

つまり、公共の財産である資料を処分するにあたり、市民やステークホルダーなどに事前に公表することを処分のポリシーに定める。処分することを公にすることは、市民などとの信頼関係を築くばかりでなく、支援を得ることにもつながるのである。

7　博物館認証制度との連関

イングランド芸術評議会による「博物館認証制度 (Museum Accreditation Scheme)」(2018年) では、「コレクション拡充方針 (Collections development policy)」をもつことが認証基準の一つになっている[8]。「コレクション拡充方針」とは、博物館の使命に照らし合わせて、コレクションを計画的、戦略的な方向性をもって積極的に充実させてゆくための考え方である。

「コレクション拡充方針」の中で「処分」は、コレクションの持続化をはかるための重要事項となっている。博物館認証基準は9項目からなるが、「4 コレクションを保有し、拡充させる（Hold and develop collections）」の項目の2番目に、「4-2 運営組織により承認された取得と処分を含むコレクション拡充の方針」が位置づけられている。「コレクション拡充方針」の具体的な内容は、「博物館の目的声明」、「現在のコレクションの概要」、「今後の収集のテーマと優先順位」、「合理化・処分のテーマと優先順位」、「品物の取得と処分のための法的・倫理的枠組みに関する情報」、「次に方針を見直す日」となっている。

従前の多くのコレクションは、十分に吟味することなく寄贈や寄託品を受け入れてきた経緯がある。そのことが収蔵庫問題を引き起こす一因となっている。そのため、コレクションの持続可能な充実化をはかるためには、博物館に必要なコレクションを詳述することや、収集にあたり優先順位をつけて対処すること、必要に応じて処分することも視野に含まれている。例えば、認証博物館であるロンドン博物館（Museum of London）の「コレクション拡充方針」には、2018年～2023年の5年間の戦略目標を立て、処分については運営組織が資料の取得と処分の双方を確実に行うとともに、透明性をもって実施することや、経済的な理由による処分を行わないことなどが明記されている[9]。

おわりに

収蔵資料の処分は、コレクションを持続可能にするための措置の一つである。現状のままコレクションを維持するばかりでなく、将来にわたり収集活動を続けて、その充実をはかるために、コレクションの管理を適正な状態に維持することが必要である。そのために、「コレクション拡充方針」に示される、資料の取得と処分を最適に管理することや、収蔵庫の増設なども必要になる。

イギリスでは、イングランド芸術評議会が博物館認証制度（Museum Accreditation Scheme）を運用しており、MAは『ミュージアム倫理規程（Code of Ethics for Museums）』を制定し、『処分のための手順書』を公表し、「コレクション拡充方針」に関連してスタッフ研修や各種のプログラム事業を展開している。また、コレクション・トラスト（Collections Trust）は『スペクトラム』を発行するなど、三者が緊密に連関しながら、人々のニーズや時代の変化に適応する博物館のコレクション形成をめざしている。

なお、本稿は増補改訂版刊行に伴い、2023年4月に改正博物館法が施行されたことにより、関連する事項などを加筆した。

註

(1) Museum Documentation Association（MDA）（現 Collections Trust）により1994年に初めて公表され、それ以後、実務上の変化に対応するために定期的に見直されている。最新版は2017年に更新されたバージョン5.0となっている。

(2) Museums Association, 2014, *Disposal Toolkit*. https://ma-production.ams3.digitaloceanspaces.com/app/uploads/2020/06/18145446/31032014-disposal-toolkit-9.pdf（2021年12月10日閲覧）なお、同書を補足するために、「学芸的動機による処分に関する手順書（追加）」などがある。Museums Association, *Additional guidance on curatorially motivated disposal*. https://ma-production.ams3.digitaloceanspaces.com/app/uploads/2020/06/18145446/19102015-curatorially-motivated-disposal-12.pdf

(3) ICOM, *Guidelines on Deaccessioning of the International Council of Museums*. https://icom.museum/wp-content/uploads/2019/08/20170503_ICOM_standards_deaccessioning_final_EN-v2.pdf（2022年1月15日閲覧）

(4) 国際博物館会議『イコム職業倫理規程（2004年10月改訂）』https://www.icomjapan.org/wp/wp-content/uploads/2020/03/ICOM_code_of-ethics_JP.pdf（2021年11月10日閲覧）

(5)「除去」は「除籍」と同義であるが、翻訳のまま「除去」とする。

(6) *Joint Statement – Unethical Sale from Museum Collections*, 2014. https://cdn.nationalarchives.gov.uk/documents/archives/museums-association-statement-march-2015.pdf（2022年2月15日閲覧）

(7)『処分のための手順書（Disposal Toolkit）』を補足する、MAが公表している『経済的動機による処分のための手順書（Additional guidance on financially motivated disposal）』を参照。Museums Association, *Additional guidance on financially motivated disposal*. https://ma-production.ams3.digitaloceanspaces.com/app/uploads/2020/06/18145448/31032014-disposal-toolkit-appendix-7.pdf（2021年12月5日閲覧）

(8) Arts Council England, 2018, Accreditation Standard. https://www.artscouncil.org.uk/sites/default/files/download-file/Accreditation_Standard_Nov2018_0.pdf（2021年12月7日閲覧）

(9) Museum of London HP, *Collections development Policy*. https://www.museumoflondon.org.uk/application/files/7115/5240/9439/Collections_Development_Policy_2018_final_formatted_v1.0_EXTERNAL.pdf（2021年12月5日閲覧）

引用・参考文献

日本博物館協会　2004『資料取り扱いの手引き』pp.22-23

博物館倫理研究会　2018「イギリス・ミュージアム協会　ミュージアムの倫理規程（2015年）の翻訳」『博物館研究』第53巻第5号、pp.26-27

Collections Trust, 2017, *SPECTRUM*, p.164

Museum Documentation Association, 2007, *SPECTRUM: The UK Museum Documentation Standard*, p.199

イギリスの事例から見た博物館のコレクションとデジタルアーカイブ

竹内有理

知識・情報社会といわれる現代、博物館を含む文化教育分野におけるデジタルアーカイブの取組は、これからの日本における知識・情報社会の基盤構築において欠かせないものとなることは確かである。いうまでもなく、デジタルアーカイブの取組により人類が残した知や情報が保存、継承、共有、発信され、それにより次の新たな価値創造が生み出されていくことが期待される。

本稿ではイギリスの博物館の取組を通して、コレクションを社会に開いていくためにデジタルアーカイブがどのような役割を果たすことができるのか、そして日本の博物館における課題について考えてみたい。

1　日本の博物館を取り巻くデジタルアーカイブの状況

イギリスに目を向ける前に、日本におけるデジタルアーカイブの取組について見ていきたい。デジタルアーカイブという言葉は1994年（平成6）頃から語られ始め、主に美術館・博物館、地方公共団体を対象にデジタルアーカイブによる文化財の保存と公開をめざし、1996年にデジタルアーカイブ協議会が発足した。2001年に内閣官房にIT戦略本部がつくられ、2005年までに世界最先端のIT国家をめざす「e-japan戦略」が打ち出された（笠羽2004・2011、谷口2014）。

それらの政策の一環として博物館・美術館の分野では、文化庁によって文化遺産オンラインが2008年に運用開始された(1)。2022年（令和4）1月現在で全国の博物館・美術館195館が参加し、26万9,120件のコレクション情報が横断検索できる。

その他に、4つの国立美術館の作品を検索できる所蔵作品総合目録検索システム（2006年公開）(2)や人間文化研究機構の博物館を含む国立機関のコレクション情報を横断検索できるnifuINT（2008年公開）(3)などがある。2017年には国立文化財機構の4つの国立博物館のコレクション情報を横断検索できるColBase（国立博物館所蔵品統合検索システム）が公開された(4)。自然史系博物館の分野では、標本及び研究員・学芸員に関する情報を検索できるS-net（サイエンスミュージアムネット）が2005年に公開され国立科学博物館によって運営されている[(5)]。

図書館分野では、国立国会図書館が運営する国立国会図書館サーチ（2012年公開）[(6)]や国立公文書館と自治体の公文書館の資料を横断検索できる国立公文書館デジタルアーカイブ（2005年公開）[(7)]などがある。

以上見てきたように、複数機関の情報が横断検索できるデジタルアーカイブは主に国立の機関や図書館を中心にその取組みが進められている。地方自治体においてもデジタルアーカイブの取組が徐々に広がりを見せているが、博物館に限ってみてみると、国立や県立の館では進んでいるが小規模館では低い状況となっている。

2019年度に日本博物館協会が行った博物館総合調査（日本博物館協会2020）によると、電子メディアにデータベース化された資料台帳があると答えた館は全体の51％であった。さらに、デジタル化された資料の目録情報をホームページで公開している館はわずか12％にとどまっている。設置者別では、国立が47.6％、県立が25.4％、市立が8.9％と規模によって偏りがある。館内の端末や館のホームページ等を使って資料の画像情報を公開している館は24.8％で、設置者別では国立で60.3％、県立で42.6％、市立で19.8％と規模が小さくなるにつれて低くなっている。

日本の博物館におけるデジタルアーカイブの取組は、欧米諸国や中国・韓国に比べて大きく遅れを取っていることが指摘されている（福井・吉見2014）。そのような中で、2015年に内閣府に「デジタルアーカイブの連携に関する関係省庁等連絡会」が設置され、デジタルアーカイブの構築とその利活用を促進するための推進計画が示された（デジタルアーカイブの連携に関する関係省庁等連絡会2017）。

その具体的成果の一つとして、2020年8月にジャパンサーチが公開された。国立国会図書館によって運営されているもので、「我が国が保有する様々な分野のコンテンツのメタデータを検索・閲覧・活用できるプラットフォーム」として、「文化の保存・継承・発信だけでなく、観光や地方創生、教育研究、ビジネスへの利用など、新たな価値創出、イノベーション推進にも貢献」することを目的としている[(8)]。2022年1月現在で登録されている連携データベースは146、連携機関は71となっている。まだ公開されたばかりだが、書籍や文化財、映画など文化遺産関係機関のコレクション情報を網羅し横断的に検索できる日本で最大規模のデジタルアーカイブとなることが期待されている。

2　イギリスの博物館におけるコレクションのデジタル化の取組

(1) コレクションの意味を捉え直す

博物館によってアーカイブされ発信される情報はコレクションにまつわる情報が中心となる。そもそも博物館にとってコレクションとは何なのか、コレクションの位置づけや意味を問い直す動きが近年イギリスの博物館で高まっている。それらについてイギリス博物館協会が推進している取組を見ていきたい。以下は『Empowering Collections』に記された内容の抄訳である[(9)]（Museums Association）。

●人々に活力を与えるコレクション（Empowering Collections）

博物館の役割は人々の健康と福祉（ウェルビーイング）、学習・能力開発、居場所づくり、積極的な市民性（シチズンシップ）の形成に寄与することである。社会的・政治的分断や気候変動、環境汚染、人口の変化など社会経済的課題に対してコレクションは人々に力を与える大きな可能性を秘めている。コレクションを通じてそれらの課題に関係する情報や事実を伝え理解を深めてもらうことができる。コレクションは社会の問題解決のために人々に積極的な社会参加を促す力を与える。一方で、その背景にある植民地主義という歴史的事実とそれらに対する批判に向き合い、コレクションの民主化と脱植民地化に取り組んでいかなくてはならない。

提言1　社会の変化とともにコレクションのあり方も変化する

提言2　コレクションの民主化と脱植民地化のために積極的に取組む

提言3　時代遅れになった展示を見直し新たな解釈を行う

●人々と関係性のあるコレクション（Relevant Collections）

博物館は多様な利用者の声に耳を傾け、コレクションを通じてそれらの人々とどのように関係を築くことができるのか考えなければならない。地域社会や多様な人々との協働により学芸員には思いもつかないコレクションに対する新たな解釈が生まれるかもしれない。コレクションを人々にとって意味のあるものにしていくために資料の収集においても地域社会と協働し、コレクションに対する人々の期待を知ることが重要である。

提言4　コレクションに対する社会の期待について理解する

提言５　地域社会と協働して戦略的に資料の収集を行う
提言６　コレクションのオンライン化に向けて戦略的に取組む
提言７　コレクションを使って社会的インパクトを与え知識とレガシーの形成を行う

●将来の力となるコレクション（Dynamic Collections）

前述の２つの課題を実現するためにはコレクションの現状を把握する必要がある。長い歴史の中で収集された資料で収蔵庫が溢れかえっている博物館も多い。現在のコレクションがデジタル社会や自館のコレクション方針に合致しているかどうか、重複資料はないかなどを見直しコレクションを有用なものに蘇らせなければならない。そのためには技術革新と学芸活動、地域社会との協働を通じてコレクション管理に取り組む必要がある。

提言８　パートナーシップの構築と知識の共有を行う
提言９　コレクションの整理統合のための研修と財政支援を行う
提言 10　コレクションのオンライン化により透明性の確保とアクセシビリティの改善をはかる
提言 11　収蔵庫問題の解決に向けて情報の共有と検討を行う

イギリス博物館協会が推進する以上の取組からコレクションの社会的有用性について捉え直し、コレクションを社会に開いていこうとする強い姿勢が感じられる。コレクションが社会を変え、人々の生活を豊かにする原動力になり得ることが強調され、それを実現する手段としてデジタル技術を用いてコレクションのオンライン化を推進していくことを提言している。

(2) イギリスの博物館におけるデジタル戦略と取組

現在、博物館はデジタル・文化・メディア・スポーツ省の管轄となっている。それまでの文化・メディア・スポーツ省の頭に「デジタル」という文字が加えられ、2017 年より現在の名称に変わった。そこにもイギリス政府のデジタル化を推進する考えが反映されている。

同省によって 2019 年に発表された報告書『Culture is Digital』では、博物館を含むあらゆる文化産業においてデジタル技術が文化と人々の体験をつなぐこれからの重要な鍵になること、そして両者の連携の重要性を強調している（DCMS 2019）。デジタル技術と文化の融合により、マイノリティーや障がい者など多様な利用者がアクセスの機会を増やすことができるとしている。博物館については、イギリスの61%の博物館がコレクションの50%までをデジタル化しており、半数の博物館がそれらをオンラインで公開していると報告している。イギリスの博物館のコレクションは世界的に見ても優れたものであり、デジタル化により世界中からアクセスの機会を増やすことができるとしている。

また、イングランド芸術評議会（Arts Council England）を通じてデジタル化の技術支援や文化セクターが実施するプロジェクト等に対して2年間で110万ポンドの投資を行うことを宣言している。その一つにオンライン上でサービスを提供するデジタル・カルチャー・コンパスなどがある(10)（Culture24 2020）。

次にイギリスの博物館のデジタル化を専門的な立場から支援する団体や取組について見ていきたい。

Collections Trust

コレクション情報を公開するためにはコレクションが適切に管理され、それらの情報のデジタル化とアーカイブが適切に行われていることが前提となる。1977年に発足したMDA（Museum Documentation Association）は博物館におけるコレクション管理業務について助言や技術指導を行ってきた。2008年からコレクション・トラストと名称を変え、イングランド芸術評議会の支援を受けて運営されている(11)。コレクション・トラストによって作成された『SPECTRUM』は、コレクション管理の手順を定めたもので、コレクション管理の標準化の実現に大きく貢献している。

MDAの名称にも含まれているドキュメンテーションとは博物館のコレクション管理にとって必要不可欠な作業であり、資料の受入れや登録情報、保管場所や移動の管理に係る情報、展示や修復、貸出等の履歴情報、来歴や制作年・制作者の情報など目録情報から調査研究によって得られた情報にいたるまで、あらゆる情報を記述する作業をいう。以前は手書きで書かれていた台帳類が現在はデジタルに置き換わり、データベース化されたことにより利活用のしやすさは格段に高くなったといえる。

デジタルアーカイブとして情報公開する前に、このようなドキュメンテーション業務がデジタルアーカイブ構築の鍵となる。コレクション・トラストの存在はコレクション管理に対する意識の向上と技術面における支援、その結果としてのデジタルアーカイブの構築に大きく貢献している。

TOWARDS A NATIONAL COLLECTION

コレクションのデジタル化とオンライン化の取組に対して、2020年から2025年の5年間にわたり1,890万ポンドを投じて行われている国家プロジェクトTOWARDS A NATIONAL COLLECTIONがある。イギリス国内の機関が所蔵するデジタルコレクションを新しい視点で公開する研究プロジェクトで、UKRI[(12)]の支援によりAHRC[(13)]が運営している。本プロジェクトの目的には、1）分野の異なるコレクション間の障壁を無くす、2）学際的かつ横断的な手法によりコレクションを社会に開いていく、3）利用者が居住地による物理的な障壁を超えてコレクションにアクセスできるようにする、とある。文化資源や歴史資料を新しい視点でつなぐ市民主体のアーカイブ活動への支援も含まれている。

Art UK

博物館等が所蔵する美術作品をオンラインで紹介するArt UKが2016年より公開された[(14)]。現在3,400機関が所蔵する22万点を超える美術作品が登録されている。本サイトを運営するArt UKは、非営利の文化教育団体で、国内の公共機関が所蔵する美術作品をすべての人々が楽しみ、学習し、研究できるようにすることを目的に活動を行っている。経営理念には次のように謳われている。

- アートは重要であり人々のくらしを豊かにする。
- オンラインによって無料でアートへのアクセスができるようにする。
- 収入や教育、人種、障がい、ジェンダーがアートを楽しむための障壁になってはならない。
- デジタル技術はアートとそれに関連する学習機会へのアクセスを民主化する強力な武器になる。

また、Art UKはコレクションの撮影などデジタル化の作業や作品解説の作成なども行っている。人々が興味を持つような物語性に留意した編集や学校の学習指導要領に沿ったプログラムを作成するなど教育にも力を入れている。

Culture 24

Culture 24は博物館や文化遺産に関る情報のポータルサイトとして2001年に発足した24hour museumを前身としている[(15)]。2007年より現在の名称に変わり、イギリスの博物館や史跡など文化遺産関係機関のイベント情報や展覧会情報の発信をはじめ、それらの機関の活動支援や調査研究活動を行っている。近年急速に需要が高まっている博物館活動におけるデジタル化についても研修会の開催や出版物等を通して博物館職員向けの研修やコンサルティング活動を行い、デジタル化に対する理解の増進と技術の向上に取組んでいる。

以上見てきたように、博物館におけるコレクションのデジタル化の取組の拡大と発展の背景には、それを推進し支援する団体の存在があることを忘れてはならない。

3　日本の博物館におけるデジタルアーカイブの課題

日本におけるデジタルアーカイブの取組は、特に図書館が先行してその整備が進められ、ここ10年ほどの間に急速に広がりを見せている。博物館において導入を進めるためには、いくつかの課題が立ちはだかっている。文化遺産オンラインやジャパンサーチなど博物館が参加できるデジタルアーカイブのポータルサイトがあるが、個々の博物館でのコレクション情報のデジタル化は必ずしも十分に進んでいないのが実情である。

その要因の一つは、デジタル化業務に関る人員と予算が十分に確保されていないことである。ただでさえ本来業務で忙しい中でデジタル化業務の優先順位は決して高いとはいえない。またデジタル技術について専門的な指導・助言を受けられる機会が少なく、それらに精通した職員がいるかどうかで左右されることもある。また現在公開されているデジタルアーカイブには、非常に専門的で一般の利用者には理解しづらいものも多く見られる。イギリスの取組のように情報の見せ方や内容について利用者の視点に立った編集の工夫も必要であろう。コレクションをいかに利用者や地域社会にとって意味をなすものにしていくかといった視点も重要である。

限られた予算と人員の中でデジタルアーカイブの業務を進めるのは容易ではないが、情報の共有化や調査研究の支援、レファレンス等への対応、展示への活用、防災等の危機管理など、デジタルアーカイブはコレクション管理の基盤整備に留まらず、業務の効率化と博物館活動への応用を可能にする。今後、デジタル化の波は加速度を増して博物館にも押し寄せるであろう。その波をうまく利用してコレクション管理をはじめとする博物館活動の充実がはかられることを願いたい。また、デジタル化を支える支援組織や財政支援などのインフラ整備も並行して進めていく必要がある。

註

(1) 文化遺産オンライン（https://bunka.nii.ac.jp/）
(2) 所蔵作品総合目録検索システム（https://search.artmuseums.go.jp/）東京国立近代美術館、京都国立近代美術館、国立西洋美術館、国立国際美術館の作品情報を検索できる。
(3) nifuINT（https://int.nihu.jp/）国立歴史民俗博物館、国立民族学博物館、国文学研究資料館、国際日本文化研究センターを含む9機関の所蔵資料情報を検索できる。
(4) ColBase（国立博物館所蔵品統合検索システム）（https://colbase.nich.go.jp/?locale=ja）東京国立博物館、京都国立博物館、奈良国立博物館、九州国立博物館、奈良文化財研究所の資料情報を検索できる。
(5) S-net（サイエンスミュージアムネット）（http://science-net.kahaku.go.jp/）
(6) 国立国会図書館サーチ（https://iss.ndl.go.jp/）
(7) 国立公文書館デジタルアーカイブ（https://www.digital.archives.go.jp/）
(8) ジャパンサーチ（https://jpsearch.go.jp/）
(9) Museums Association（https://www.museumsassociation.org/）
(10) digital culture compass（https://digitalculturecompass.org.uk/）
(11) Collections Trust（https://collectionstrust.org.uk/）
(12) UKRI（UK Research and Innovation）（https://www.ukri.org/）
(13) AHRC（Arts and Humanities Research Council）（https://www.ukri.org/councils/ahrc/）。
(14) Art UK（https://artuk.org/）
(15) Culture 24（https://weareculture24.org.uk/）

引用・参考文献

笠羽晴夫　2004『デジタルアーカイブの構築と運用』
笠羽晴夫　2011「デジタルアーカイブの15年—それが意味するもの—」『アーカイブズ学研究』No.15、p.29
公益財団法人日本博物館協会　2020『令和元年度日本の博物館総合調査報告書』
竹内有理　1998「イギリスの事例　資料論と情報論から見た収蔵品管理について」『Art Com NEWS』Vol.19、美術館メディア研究会、pp.2-7
竹内有理　2005「イギリスにおける文化遺産のデジタル化と利活用」『Cultivate』No.24、文化環境研究所、pp.32-39
谷口知司編著　2014『デジタルアーカイブの構築と技法』晃洋書房
デジタルアーカイブの連携に関する関係省庁等連絡会・実務者協議会　2017『我が国におけるデジタルアーカイブ推進の方向性』
福井健策・吉見俊哉監修　2014『アーカイブ立国宣言』
Culture24 2020, *The Digital Transformation Agenda and GLAMs*
DCMS 2019, *Culture is Digital*
Museums Association, *Empowering Collections*

第4章

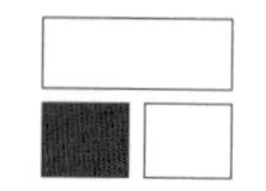

博物館の収集、整理保管

Case1　市立函館博物館

開拓使時代からの資料を含むコレクションの管理

奥野　進

1　開拓使函館仮博物場の設置と収蔵資料

市立函館博物館は、1879年（明治12）の開拓使函館仮博物場（旧函館博物館1号）を前身とする博物館で、同年に函館山の麓に開園した函館公園[1]内に位置している。1884年には第2博物場（旧函館博物館2号）、1891年には水産陳列場（第3館）が設置されるなど、地方博物館の先駆けともいえる総合博物館である[2]。

1901年に第3館は解体されたが、博物館1号・2号はその後も博物館とし

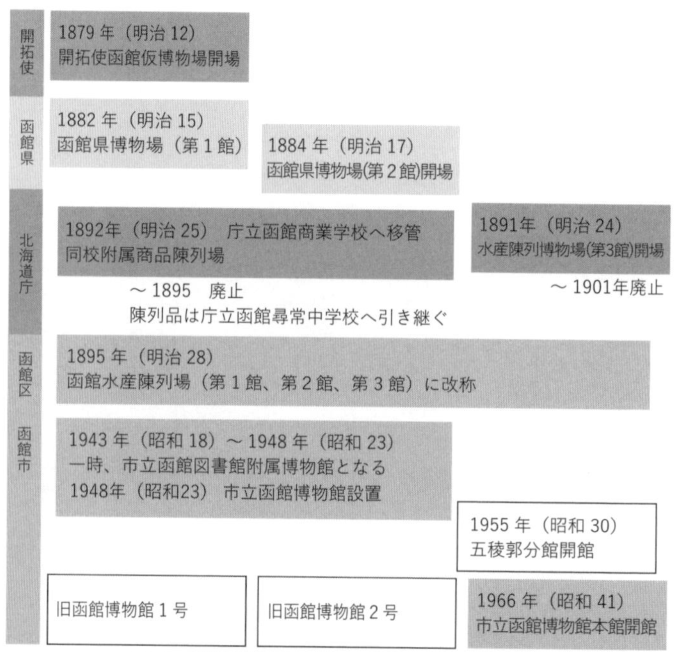

図1　函館博物館の変遷図（1879～1966年）

て使用された（図2）。1966年（昭和41）に現在の博物館本館（第3館の位置に新築）が開館した後、博物館1号・2号は博物館としての使命を終え、以後、本館が函館の博物館活動の中心となっている。

図2　旧函館博物館1号

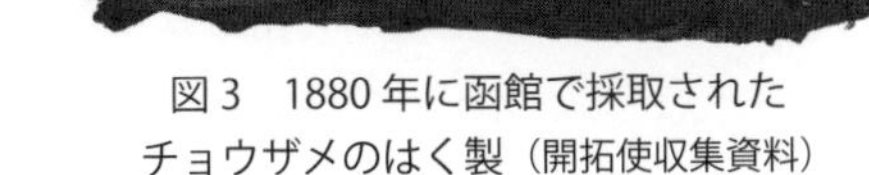

図3　1880年に函館で採取された
チョウザメのはく製（開拓使収集資料）

設置当初の博物場は、「北海道開拓」のための勧業的色彩の濃いものだったが、時代とともにその性格を替え、行政体の変更も重なって、所管替えが繰り返された（図1参照）。そのため、資料の一部は散逸したが[3]、明治期に博物場が収集した資料の一部は、現在も博物館に受け継がれている。

明治期に収集され所蔵が確認できた主な資料は、開拓使およびその後の水産陳列場が収集した魚類を中心としたはく製（図3）や液浸標本、1884年に開拓使東京仮博物場の廃止後に移管されたアイヌを中心とした北方民族に関する資料、一部の考古資料などである。これらは、現在も残る旧函館博物館1号・2号の建物とともに博物館の黎明期を現代に伝える特色あるコレクションとなっている。

2　コレクション形成と博物館

戦前の函館は、経済的な全盛期を迎え全国有数の大都市であり[4]、蝦夷地経営の中心や開港、戊辰戦争最後の戦いとなった箱館戦争、北洋漁業の基地など、地域のたどった歴史も相まって、個人による優れたコレクションが形成された[5]。それらを博物館が受け入れたことで、現在の人口規模から見ると、他地域に比べても多様かつ多量のコレクションを所蔵するに至った。なかでも、先に触れた開拓使にはじまる明治期の博物館収集資料や馬場脩（1892～1979）収集によるアイヌ民族資料の「馬場コレクション」（国指定重要有形民俗文化財）、児玉作左衛門（1895～1970）収集によるアイヌ民族資料「児玉コレクショ

図4　函館市北方民族資料館では、アイヌ民族資料などを展示

ン」は、質・量ともに国内屈指のコレクションといえる。

一方、特色ある地域の歴史、蓄積された資料や歴史に根ざした伝統的建造物を生かすため、函館市では複数の展示施設が設置された。1955年の市立函館博物館五稜郭分館（2007年に閉館）にはじまり、市立函館博物館郷土資料館（1969年）、函館市北洋資料館（1982年）、函館市北方民族資料・石川啄木資料館（1989年、1993年に函館市北方民族資料館と函館市文学館に分離開館）（図4）、函館市青函連絡船記念館摩周丸（2003年、1991年開館のメモリアルシップ摩周丸を函館市が購入）、函館市縄文文化交流センター（2011年）など、テーマを異にした中・小規模館が開館し、函館の歴史文化観光の一翼を担っている。

しかし近年、各館への入館者数が伸び悩む中で、財政負担や分散設置の効率の悪さ、施設の老朽化などの課題を抱え、博物館施設全体のグランドデザインの見直しが必要となっている。そのような中、博物館本館は一部所管を異にする館を除き、資料を一元的に管理し、資料管理や展示替えといった学芸業務を担う、いわば博物館のセンター的な役割を果たしている。

3　コレクション管理の実際

現在の函館市の人口は24万6,256人（2022年3月末住民基本台帳）で、かつて30万人を超えた人口も減少の一途をたどっている。一方、市立函館博物館の所蔵資料数は、61,942件68万9,293点（2022年3月末現在）である。

資料についていえば、2004年（平成16）の近隣町村との合併に伴う旧町村資料、近年の学校統廃合に伴う学校資料、家屋整理等に伴う個人からの寄贈など、一定の制限を加えてもますます増加する傾向にある。膨大な資料は、博物館本館と北方民族資料館の2館に加え、廃止施設を含む複数の収蔵施設に分散して保管しているのが現状である。

一方、博物館資料の利用状況について見ると、函館の観光地としての知名

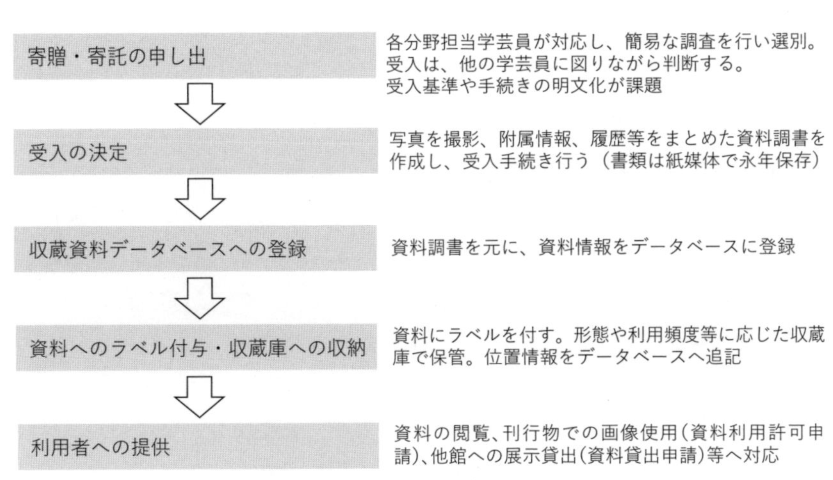

図５　受け入れから収蔵までの流れ

度や歴史性、博物館が特色あるコレクションを所蔵していることなどにより、資料画像の刊行物への掲載使用や資料調査、展示を目的とした貸出も多く、近年ますますその傾向が強まっている(6)。

これに対し、当館が実際に行っている資料管理、資料の受け入れから収蔵、提供までの流れは、図５のとおりである。「特別なこと」を実施しているわけではなく、資料寄贈の相談があれば、対象物を調査の後、館内の登録資料と対照のうえ、資料として受け入れるかどうか検討する。受け入れが決まった場合は、所定の手続きを経て、資料を収蔵することになるが、この時収蔵資料データベースに資料情報を入力、資料にラベルを付した後、現物資料を収蔵庫に収蔵するという流れである。もちろん、収蔵した資料は、要望に応じて利用に供する必要がある。

ここで求められるのが、蓄積された膨大な資料（コレクション）をどう管理するかという問題である。人員・予算は有限だが、資料は増加する一方である。資料は収蔵庫で保管するだけではなく、利用に供しなければならない。つまり、限られた人員・予算・スペースの中で、実現可能かつ持続可能な管理方針のもとで、資料を体系的に効率良く整理、保管することが求められるのである。

このため、当館で特に力を入れているのは、管理者である学芸員が把握しやすく、出し入れのしやすい管理の実現、つまりは、「1　資料情報の管理」と「2　現物資料の管理」の２つの側面から資料へのアクセス性を高めていく取り組みである。具体的な取り組み内容を、それぞれに分けて記すと以下の通りとなる。

(1) 資料情報の管理

①収蔵資料データベースの統合・一元化

従来、資料種別毎に目録（紙媒体）、それぞれ異なるソフトウェアで作成されていた資料管理台帳（収蔵資料データベース）の目録項目（データ系）を整理して統合（Microsoft Accessを使用）。収蔵資料データベースの一元化に伴い、資料カードは廃止（データベースは、カード形式での印刷に対応）

②資料位置情報のデータベースへの追記

データベースに収蔵施設名、収蔵庫名、配架した棚番号、資料の入っている箱番号などの収蔵資料の位置情報を追記

③データ管理の共有化

収蔵資料データベースと資料情報（旧資料カード、受入時作成情報、資料画像などのデータ）は、全てネットワークハードディスクで管理。資料画像は、簡単に確認できるよう、資料番号を付したフォルダ内で管理

(2) 現物資料の収蔵管理

④資料ラベルの付与

収蔵資料データベースから出力した資料ラベル（資料番号や資料名など、簡易な資料情報を記載）を資料に付与（シールや荷札形式など資料に応じた形態）（図6）

⑤管理レベル別の収蔵資料・収蔵庫の再編

収蔵資料や収蔵庫を、資料の利用頻度や保存環境を考慮した管理レベル別に分けて再編

取り組みの結果、①③により資料情報が簡単に確認でき、②の位置情報により現物資料の所在が確認できる。さらに、④により資料を確認することができる。また、現物を効率的に管理できるように、⑤のように方針を明確にして収蔵庫を再編した。

ここで、⑤管理レベル別の収蔵資料・収蔵庫の再編についても説明したい。資料や収蔵庫についていえば、一元的に管理できれば理想的だが、実際は外部施設を含む複数の収蔵施設を利用している。それぞれの収蔵施設は学芸員

が勤務する博物館本館からの距離や保管環境が様々であるため、収蔵施設を管理レベル別に分け､それぞれに施設環境に応じた資料を収蔵することとした。埋蔵文化財や民俗資料などのうち、比較的環境の変化に強く、出し入れする機会の少ない資料、広いスペースを必要とする大型資料などは外部収蔵施設で、動植物標本や美術・歴史・民族資料など、一定の保存環境を必要とする資料は除湿器を設置するなど環境整備を実施し、学芸員等が常駐する収蔵施設で管理する、といった方向での収蔵施設の再編を進めているところである。

これらの一連の作業は、ごく当たり前のことではあるが、博物館の現場においては、意外にこれらの情報管理と現物の管理の方針が定められておらず、徹底されていない館も多い。実際、当館でも各資料・収蔵庫の管理は担当毎に行われ、管理方針が徹底されていなかったため、現在はこれらを徹底して

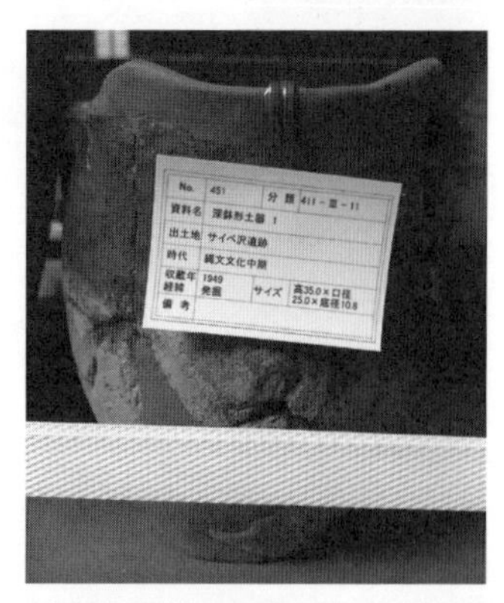

図６　実際のラベル付与の例

ラベルは資料への直接付与のほか、保存箱に付ける場合もある。さらに保存棚には、棚番号を付けている。資料番号さえあれば、相互に確認ができる仕組みとなっている。

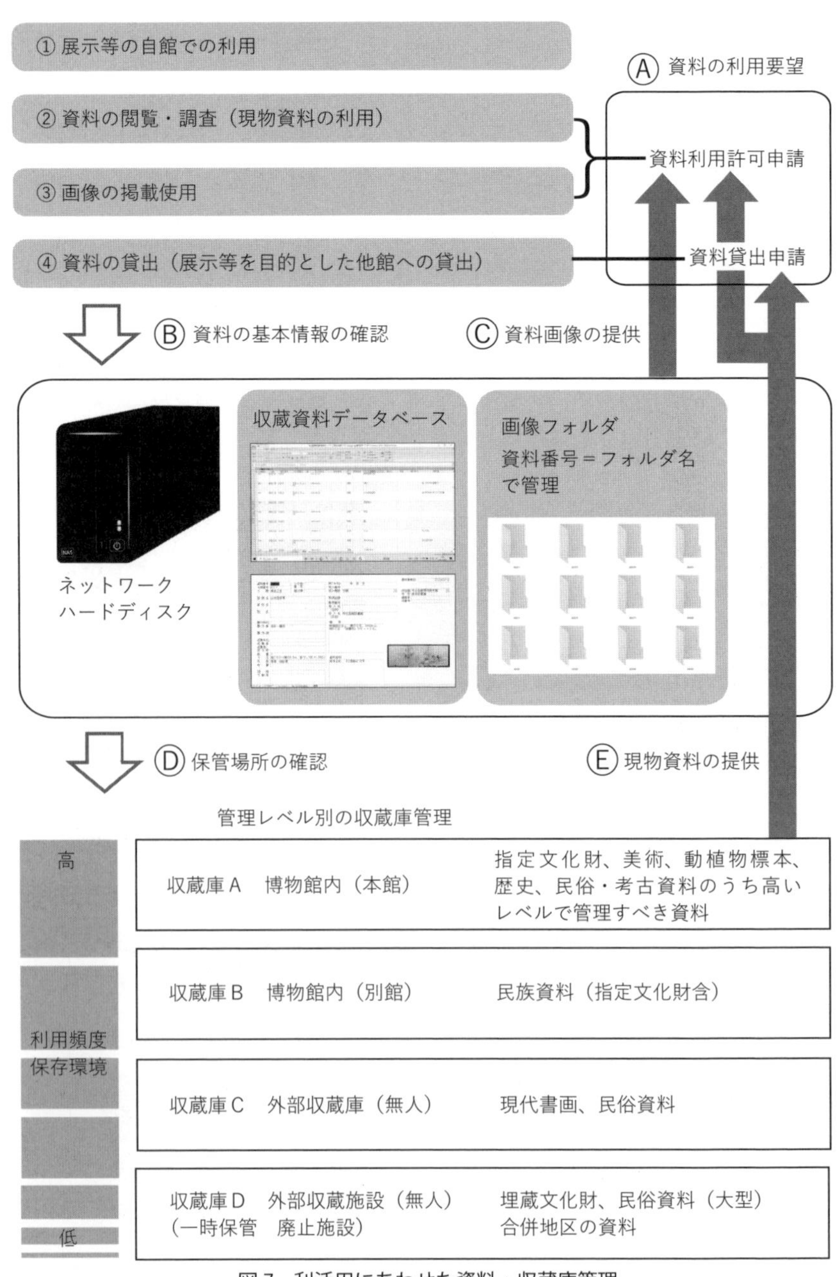

図7　利活用にあわせた資料・収蔵庫管理

実施するという方針で挑んでいる最中である。

では実際に、資料の利用申請があった場合、どのように対応しているのか、管理者（学芸員）の側から見た資料管理の模式図が図７のようになる。

簡単に流れを追うと、資料の利用要望があった場合（図７Ⓐ）は、まず収蔵資料データベースを検索して基本情報を確認する（図７Ⓑ）。この時、書籍等への資料画像のみの使用申請であれば、所定の場所にある画像データで対応し（図７Ⓒ）、現物調査や展示貸し出しなど実際に資料の出し入れが必要な場合は保管場所を確認し（図７Ⓓ）、資料を探し、現物資料を提供する（図７Ⓔ）という手順である。

4　博物館活動のなかのコレクション管理

求められる博物館像が多様化する一方で、社会の中ではいまだに博物館＝展示施設という考え方も根強い。博物館活動を担う学芸員からすると、この展示偏重の博物館像は、展示以外の基本的な博物館機能の軽視につながる厄介な問題である。函館博物館では資料の収集や保管、調査研究などの基礎的機能の持続的展開のため、大きく２つの観点からの事業の見直しを実施した。

１つは、展示のあり方の見直しで、大きな比重を占めていた他館借用資料などに依存する特別展・企画展の開催を改め、博物館資料や函館市中央図書館資料などの豊富な地域資料を展示の基本としたことである。

2020年（令和2）10月には、歴史通史展示「はこだての歩み」展の開催をはじめたが、展示の中には館の特徴的なコレクションである明治期の博物館を紹介するコーナーを設置した（図8）。同コーナーでは、明治期から伝わる資料と展示ケース[7]を生かした展示を行っており、明治期の博物館建築である旧函館博物館１号と２号とともに、黎明期の博物館を知ることができる。

図８　明治期の博物館紹介コーナー

２つ目は、よく言われる資料の「死蔵」に対する取り組みである。

2015年からデジタルアーカイブ事業に取り組み、資料画像・情報

図9　バックヤードの案内

の公開を開始し[8]、2016年から5人以上のグループによる予約制の「おもてなし講座」[9]を導入した。おもてなし講座は、展示解説のほか、博物館の裏側、とくに収蔵庫を学芸員が案内する「バックヤード・ツアー」(図9)、要望に応じて展示していない資料を公開する「見せます！お宝公開」、通常は公開していない旧函館博物館1号の内部を公開する「明治の博物館見学」の4つのプログラムで実施している。

民俗分野の収蔵庫には、なつかしい民具が、自然分野の収蔵庫には、昆虫標本や液浸標本、動物はく製が並ぶ。考古分野の収蔵庫に復元土器、美術・歴史分野の収蔵庫に屏風や掛け軸などの「お宝」が収蔵されている。収蔵庫は、一般の観覧者にとっては、きれいに並べられた展示室と異なり、興味の対象が数多く並び好奇心をくすぐる発見に満ちた空間であり、展示などとは違った、博物館活動の見えにくかった部分、博物館の社会的役割やコレクション管理の重要性を分かりやすく伝えることのできる「場」でもある。

このような事業は、学芸員の「聖域」でもあった収蔵庫への認識や管理を見直し、管理者にとってわかりやすい収蔵庫、来館者へのサービスを可能とする収蔵庫、といった地道な「収蔵庫づくり」を行った結果でもある。背景には、函館博物館ならではの魅力の創出を模索するなかで、企画展偏重の博物館像を見直し、コレクションの再評価と収集や保管、調査研究といった博物館本来の基礎的機能が担保できる事業体制への転換があった。

函館博物館の歴史を振り返ってみると博物館を取り巻く状況や期待される役割は時代とともに変化し、その変化のなかにあっても資料を連綿と受け継いできたことがわかる。逆にいえば、他館に先駆けて古くから博物館としての役割を果たしてきたために、集積されたコレクションを多く所蔵するに至ったともいえる。現代は博物館を取り巻く状況が多様化し、その役割も大きく変化している最中である。このような状況の中で、現在、函館博物館で行っている作業は、社会の中で博物館が果たしている重要な役割、その源泉ともいえるコレクションの管理について、改めて確認してもらうための、博物館活動そのものの公開ともいえる、と考えている。

註

(1) 2006年1月26日に登録記念物（名勝地関係）に指定。

(2) 旧函館博物館1号・2号はともに北海道の有形文化財に指定され、1号は現存する日本最古の博物館建築。

(3) 北海道大学北方生物圏フィールド科学センター植物園・博物館が所蔵する「ブラキストン標本」のほか、北海道函館中部高等学校（一部は市立函館博物館寄託）や函館市中央図書館の所蔵となっている資料がある。

(4) 開港後、函館の人口は急増した。1853年（嘉永6）の人口は、9,419人だったが、1869年には25,000人を超え、1914年（大正3）には10万人、1931年には20万人を突破した。国勢調査結果でいえば、1935年に仙台市に抜かれるまでは、東北以北最大の人口を有していた。札幌市に抜かれたのは1940年のこと。

(5) 地域の美術品による「花光コレクション」（花光春之助収集）、鍔を中心とした刀装具を集めた「堤コレクション」（堤清治郎収集）、北洋の貝類標本を中心とした「高川コレクション」（高川金次収集）、北海道・樺太の植物標本を中心とした「菅原コレクション」（菅原繁蔵収集）、地域の考古資料を中心とする「能登川コレクション」（能登川隆収集）などがある。詳しくは、市立函館博物館ホームページ参照。

(6) 近年の資料利用（資料の調査閲覧および資料画像の利用）は、161件（R3）、125件（R2）、132件（R1）、121件（H30）、173件（H29）、資料貸出は、11件208（R3）、5件54点（R2）、3件93点（R1）、6件67点（H30）、5件182点（H29）である（資料利用は件数のみ、点数はより多くなる）。ここ最近の動向を見ると、所蔵情報のインターネットによる公開などが進んだため、利用は増加傾向にある。

(7) 伝来する展示ケースは3種12台で、2020年度から数台ずつ修繕を実施している。

(8) 市立函館博物館デジタルアーカイブ（https://hakohaku-archives.c.fun.ac.jp/）。公立はこだて未来大学への研究委託として実施し、2022年3月末現在701件の資料を公開。

(9) 2週間前までの予約が必要で、日程は要調整となっている。内容によっては担当学芸員が在席している必要があり、外部収蔵庫で保管している資料や資料保存の観点から対応できない場合もある。

Case2　江戸東京博物館

都民の財産「江戸博コレクション」収集・管理・公開の仕組み

飯塚晴美

はじめに―江戸東京博物館の概要―

図１　江戸東京博物館の常設展示室

東京都江戸東京博物館は、江戸東京の歴史と文化を保存継承しつつ、未来の都市と生活を考える場として、1993年（平成5）に開館した。当館の開設については、1980年（昭和55）に都知事に提出された「マイタウン構想懇談会報告書」のなかに提言があり、1985年、東京都墨田区の両国の地に建設することが決定した。

1982年度に資料の収集が始まり、開館までに約17.8万点を収集した。2021年（令和3）現在の資料点数は約61.1万点である。

当館の主な活動は、資料の収集･保管管理･公開、展示、教育普及、調査研究、及び図書室・映像音響施設・貸出施設をはじめとする施設の運営である。

来館者を迎える事業の中心は常設展であり、9,000㎡の広大なスペースを活かし、江戸東京の歴史と文化、そこに暮らす人々の生活を展示している。また、年に5〜6回、多彩なテーマで江戸東京の歴史と文化を紹介する特別展を開催している。

分館の江戸東京たてもの園（東京・小金井市）は野外博物館で、30棟の復元建造物を移築・公開している。

両館の設置者は東京都であり、運営は指定管理者の公益財団法人東京都歴史文化財団が担っている。

コレクションの特徴

すでに所蔵しているコレクションを保存、展示するために博物館を建設する事例が多いが、それに対して当館は資料が全くない状態からスタートした。江戸東京の歴史と文化を継承するという当館のテーマに関連する資料は、美術工芸品から歴史史料、生活民俗資料と広範囲に及ぶ。さらに、火災・地震・水害・戦災など幾多の災害を経た江戸東京においては、消滅もしくは散逸してしまった資料も多い。後発の博物館である当館は、資料の収集に多くの努力を要した。

当館の資料は、大きく標本資料（32.3万点）、映像音響資料（4.3万点）、図書資料（24.5万点）の3つに分類される。標本資料は考古・建造物・絵画・彫刻・書跡・工芸品・生活民俗・典籍・文書類・印刷物・その他の11分野に、映像音響資料は音響・動画・静止画の3分野に分類し、さらに2段階の下位区分がある。また、図書室で閲覧に供している図書も、資料として登録している。収集対象期間は、近世初期から現代までであるが、必要に応じて中世以前の資料も収集する。収集対象となる地域的範囲は、おおむね現在の都域だが、関連する場合には都域外、さらに全国的、世界的視野からの収集も考慮する。

次に、当館の主なコレクションを紹介する。

喜多川周之 浅草コレクション　1987〜88年度に収蔵。郷土史家の喜多川周之（1911〜1986年）が収集した、東京下町関係の一大コレクション。約35,000点。凌雲閣や浅草六区などの盛り場を描いた絵画、刷物、絵葉書、写真を中心に、それに関連する典籍・図書類からなる。

赤木清士コレクション　1989〜1990年度に収蔵。赤城清士が収集した、日本の科学技術黎明期のコレクション。約4,400点。照明器具や生活用具、人力車や自転車などの乗り物、医療器具といった多様な資料からなる。明治初期の「旧江戸城ガラス原板」「壬申検査関係ステレオ写真ガラス原板」は国指定重要文化財である。

石井良助コレクション　1991年度に収蔵。法制史研究家の石井良助（1907〜1993年）が収集した資料群。それらのうち、「類聚撰要」「四谷塩町一丁目文書」などの古文書類はマイクロフィルムにし、公開を進めている。

図2　赤木清士コレクションより「旧江戸城ガラス原板」

1　資料収集の流れ

①資料の受入れ

当館の資料の所有者は東京都であり、資料の収集・保管をはじめとする当館の運営は、都の生活文化スポーツ局が所管している。主な資料の収集方法は寄贈の受入れと購入である。そのほか、学芸員が収集した資料の採集、生活文化スポーツ局以外の都の部局からの移管替え、及び寄託による受入れも行っている。

資料の収集にあたっては、資料価値や来館者へのアピール度が高い資料、湮滅する近現代の生活資料に着目し、コレクションの充実を図っている。さらに、常設展、特別展などの展示を充実させることができ、もしくはそれらの展示で利用する頻度が高い資料を補完、代替えできるものを優先している。

資料の受入れのフローは以下のとおりである。

⑴ 情報を収集。寄贈の場合は所蔵者からの通報、購入の場合は古書店や古美術商から情報を得ることが多い。

⑵ 資料収集担当部署の学芸員及び当該資料に専門知識を持つ学芸員が中心となって調査し、展示・研究・教育・保存など様々な観点から収集の可否を検討する。必要に応じて、専門家に鑑定を依頼する。

⑶ 資料を仮に受領する。学芸員がクリーニングを行い、「資料情報カード」に基本的な情報を記載する。

⑷ 東京都が主催する資料収蔵委員会（後述）の開催に協力する。

⑸ 資料収蔵委員会において収蔵が決定した資料の受領手続きを行う。

⑹ 収集実績一覧表を作成し、収蔵手続きを行う。

②資料収蔵委員会の設置

当館の資料収集に関わる調査検討のため、東京都は資料収蔵委員会を設置している。資料収蔵委員会には、収集の妥当性を判断する収集部会と、購入候補資料の価格を評価する評価部会がある。収集部会（当時の名称は「資料収集委員会」）と評価部会（同じく「資料評価委員会」）は1983年度から設置された。

委員会は、学識経験を有する者37名以内で構成する。現在の収集部会の委員は、典籍・文書、美術・工芸品、生活民俗の各分野の有識者３人ずつ、計９人である。評価部会も各分野の有識者３人ずつ、計９人であるが、評価対象となる資料に造詣の深い臨時の委員も委嘱している。委員の任期は２年とし、４期８年を限度として再任を妨げない。

開催回数は収集対象資料の質量によって増減するが、近年は概ね年に２回開催している。個々の資料の検討に入る前に、当館の「資料収集具体的方針」と当該年度の「収蔵品購入方針」を確認し、それに則った収集となるよう留意している。

資料収蔵委員会において収集が妥当と判断された場合、東京都より資料を収集するよう指示がなされる。それを受けて、購入の契約など収蔵の手続きを進める。

③資料の分類整理・登録・入庫

資料の収集時、「資料情報カード」に名称、種別、製作者、時代年代、寸法、形態、保存状態等を記録し、写真や実測図を添付する。それらの情報は「資料情報システム」に入力する。

当館の収蔵庫は資料の形態によって部屋が分かれており、美術収蔵庫や歴史収蔵庫など14の部屋がある。

新規収蔵資料及び長期出庫資料には、脱酸素処理、ガス処理、ミスト処理など、資料に適した虫菌害防止策を施し、文化財加害生物への処理を行ったうえで、収蔵庫に資料を移動し、収蔵庫内の環境汚染を防止している。

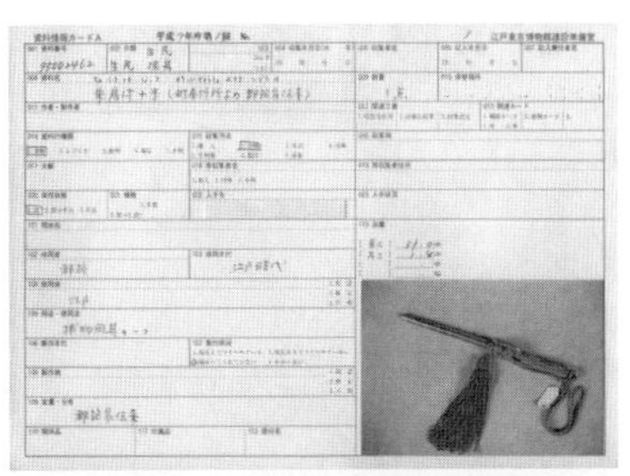

図3　資料情報カード

資料の種類によって様式が異なる。資料名・制作者・年代など基本データに加え、関連する文献等を添付する。

図4　収蔵庫

資料の材質、形態にあわせた収蔵場所を確保し、燻蒸を施した資料を収蔵庫へ入庫する。収蔵場所と入出庫履歴は「資料情報システム」で記録、管理する。

2　資料管理の仕組み

①資料情報システムの運用

収集時に制作した資料情報カードの情報を「資料情報システム」に入力し、データベース上で収集、展示、貸出、閲覧、修復、燻蒸等の履歴情報の管理を行うともに、写真原板の有無や資料の状態等の情報を登録している。

1982年の「東京都江戸東京博物館建設懇談会」の報告書において、21世紀に向けて「情報化した博物館」を目指すべきであるとの提言があった。その提言に基づき、1987年より基本設計を始め、1992年に開発を完了した。これまでは当館の業務に特化した独自開発システムを構築し使用していたが、2020年（令和2）度より収蔵品管理システム「Artize」をカスタマイズしたシステムに移行した。

各資料にはバーコードを添付し、入出庫等の管理を行っている。収蔵庫の棚にもバーコードを設置し、双方を管理することにより、常に収蔵場所を把握できる。

また、「資料情報システム」には寄贈者などの個人情報や資料の評価額等の情報が含まれているため、セキュリティ管理を徹底している。

②資料の保存管理

収蔵庫内、展示室、及び資料の利用区域では、定期的に害虫、照度、紫外線強度、温湿度、酸・アルカリ、室内・大気汚染物質などの文化財の劣化要因に対するモニタリングを行い、保存環境の維持に努めている。特に、定期清掃で予防的処置を図ることによって、環境負荷の少ない方策を実践している。

収蔵庫の定期的な設備点検、収蔵棚の転落防止策・ネットの安全点検、扉の鍵番号の管理により、資料にふさわしい安定した収蔵庫を維持するとともに、災害や盗難などの危険を防止する。

また、5年単位で収蔵庫内の資料の棚卸計画を策定し、年間約8万点の資料の現物確認を実施している。

展示など資料移動時に状態を調査し、特記すべき情報があるものは調査票に記入し、文化財保存科学上で適切な処置を施す。

新規収蔵資料は収蔵庫への移動前に、既収蔵資料は種別ごとに状態を調査し、修復計画を策定する。修復にあたっては可逆的方法を選択し、保存管理担当学芸員と文化財保存技術者などの専門家とが協働し、安全が確立された方法で実施する。修復前後の資料の状態を把握し、修復方法の検討ができるように記録台帳を作成、管理している。修復の際に除去した材は、資料情報のひとつとして資料とともに保管している。

3　資料の活用・公開

①展示

収集した資料は、常設展や特別展などで展示している。常設展では常時約

2,000点の資料を展示しているが、そのほとんどが当館の収蔵品である。特別展でも「日本橋」「江戸の街道」「北斎と広重」などをテーマに、当館コレクションを中心とした展覧会を開催している。

また、新規収蔵資料は、その翌年度に常設展示室内で企画展として新規収蔵品展「市民からのおくりもの」を開催し、公開している。2004年度から開始し、2021年度までに14回を数えた。本企画展では、新たに収蔵した資料をいち早く展示し公開することによって寄贈者への謝意を表すとともに、資料の収集・保存・公開、調査研究といった博物館の機能を紹介している。

②他館への貸出し・閲覧対応

資料の活用の一環として、博物館、美術館、図書館等を対象として、展示などへの貸出しを行っている。貸出しの条件は、1件の展覧会につき原則20件まで、貸出期間は原則65日以内（海外の場合、90日以内）、オールリスクの保険への加入などである。展示期間及び展示環境は、資料保護のため、当館が定めた基準「資料展示環境基準一覧」を参考にしてもらっている。

図5　特別展「江戸の街道をゆく～将軍と姫君の旅路～」

また、調査研究を目的とした、資料閲覧の申請にも対応している。

③画像の特別利用・商業利用

資料の画像は当館事業に利用するだけでなく、マスコミや出版社、研究者などに貸し出している。著作権がある資料については、収集時に寄贈者等に利用範囲を提示し、著作権者の許可を得た範囲内で活用している。画像利用のうち、テレビ番組の制作や書籍の発行など商業目的の場合は、「イメージライセンス事業」として株式会社DNPアートコミュニケーションズをとおして有料で提供している。

また、ミュージアムショップなどで販売するため、資料をモチーフとしたオリジナルグッズを制作している。

図6　企画展「市民からのおくりもの2018─平成28・29年度新収蔵品から」

④資料公開

1993年度の開館時より、館内において浮世絵等の高精細画像約2,000点を閲覧できるシステム「収蔵庫からのメッセージ」を稼働させた。2006年度には、東京都歴史文化財団によって、当財団が運営する当館、東京都写真美術館及び東京都現代美術館の3館の収蔵品を公開するWebサイト「Tokyo Degital Museum」の運用が開始された。本サイトにおいて美術工芸品に加え、版本・古文書など歴史資料をはじめ当館の資料約15,000点を公開した（2019年度まで稼働）。

さらに、2020年度よりWebサイト「江戸東京博物館　デジタルアーカイブス」の運用をはじめた。これは、資料の特徴にあわせた画面構成とし、資料に付随する情報量を「Tokyo Degital Museum」よりも増加させている。本サイトは、東京都歴史文化財団が運用する「Tokyo Museum Collection」と連動し、国の文化財検索サイト「Japan Search」へも情報を提供している。

本サイトの特徴は、個々の資料検索に加え、各コレクションの特徴を紹介し、コレクションごとの検索ができることにある。現在、冒頭に紹介した「喜多川周之　浅草コレクション」など6つのコレクションを参照でき、今後順次増やす予定である。

また、まとまったコレクションごとに目録や調査報告書を作成し、これまで「ガラス原版」「双六」「ポスター」をはじめとする資料目録、及び「喜多川周之コレクション」などに関する調査報告書を刊行した。

おわりに―大規模改修工事への対応―

開館してから30年近くが経過し、当館では空調や給排水など設備の経年劣化が進んでいる。そのため、東京都は当館の大規模改修工事を計画しており、それに伴い2022年度から2025年度中まで休館する予定である。その間、収蔵庫及び図書室内の資料、常設展示室内に設置している模型など、ほぼ全てを外部倉庫に搬出する。

図7　オリジナルグッズ「赤絵みみずく人形」

収蔵庫内の資料については、すでに2018年度より外部倉庫への搬出を開始し、約4年かけて2022年度に搬出を完了する。改修工事の終了後から2027年度まで当館の収蔵庫に戻す予

図8　Webサイト「江戸東京博物館　デジタルアーカイブス」

定である。搬出入にあたっては、事前の状態調査、梱包、保険の付保、輸送の立会い、外部倉庫の温湿度及び環境管理、消火設備と棚の設置、資料の入出庫管理、搬入前の燻蒸と、多岐にわたる業務を行う必要がある。

さらに、現在でも収蔵庫の80%以上が埋まっていることから、新たな棚を設置し、綿密な収蔵計画を策定しなければならない。対応策の一つとして、当館が制作した映像音響資料のうちD2-VTR、1インチVTR、VHSなどの媒体を、データ保存容量が格段に大きい磁気テープLTO（Linear Tape-Open）に変換することにより、収蔵スペースの確保を試みている。

休館中は、資料の収集、棚卸し、貸出し・閲覧対応、画像データの提供など、資料収集及び資料管理に関わる業務を続行する。それに加えて、資料のデジタルデータ公開を促進させる計画である。現在、資料公開に必要な資料データの整備、英語への翻訳、写真撮影を進め、2025年度の全件公開を目指している。資料データのWeb上での公開を促進することにより、これまで収蔵してきた資料に新たな価値が付与されると期待している。

引用・参考文献

財団法人東京都歴史文化財団編集　1997『江戸東京博物館　建設のあゆみ―建設と開設準備の記録―』財団法人東京都歴史文化財団

Case3 岐阜県博物館
博物館サポーターによる資料整理

説田健一

はじめに

岐阜県博物館は、1976年(昭和51)5月、関市小屋名の丘陵地に造成された県立百年公園内に総合博物館として開館した。東海北陸自動車道の関インターチェンジが近くにあり、自家用車によるアクセスは容易だが、名鉄美濃町線が2005年(平成17)に廃止されるなど、公共交通による利用の便はよくない。現在、学芸スタッフは、副館長兼学芸部長以下、人文係4名、自然係4名、マイ・ミュージアム係3名、教育普及係11名である(2022年4月現在)。開館時にはサポーター(ボランティア)に関わる制度はなかったが、1994年にマイ・ミュージアム棟が完成し、当館が第三世代の博物館へ脱皮した時期に、サポーター制度の運用も始まった。私が岐阜県博物館で働き始めるのもこのころだが、本論に入る前に、少々、私自身のことを紹介しておきたい。サポーターの話題には関係ないように思われるかもしれないが、学芸員の人数や専門性は、それぞれの博物館の活動に大きな影響があるからだ。私は学生時代にはキノコ食甲虫の生態や群集構造を研究していた。岐阜県博物館に就職したのは1991年で、昆虫担当の学芸嘱託員として5年働き、1996年以降、動物担当の学芸員として奉職した。正職に就けたのは幸運だったが、昆虫担当は廃止となり、動物担当として2名分の業務を行うことになった。昆虫以外の分類群に関わる業務は大きな負担だったが、立て続けに大垣内貝類コレクション(1995年)と柳原鳥類コレクション(1999年)の寄贈があり、専門外の標本整理に膨大な時間を費やすことになった。貝類の標本整理は、私が初めてサポーターのサポートを受けたものだが、当時、博物館として、サポーターとともに学芸活動を行う雰囲気はなかった。少し風向きが変わったのは、2002年に当時の植物担当が標本整理グループを立ち上げたころからで(井上2004)、現在のサポーター制度が整ったのが2000年代後半である。2021年度は、体験活動支援（①催し物・わくわく体験支援グループ、②学習活動支援）、調査・資料整理（③鳥獣標本作製「ダチョウ組」、④昆虫標本整理、⑤魚研究「岐阜県の魚研究会」、⑥里山調査「モニタリングサイト1000里地グループ」、⑦植物資料・蔵書整理、⑧タンポポ調査、⑨化石・地学に関わる資料整理・催し物支援「ジオ・グループ」、⑩人文資料の管理・整理）、催事支援（⑪人文催事グループ）、その他（⑫IPMグループ「博物館見回り隊」）など、計12のサポーターグループが活動している。昨今、自然史の資料を取り扱う博物館において、資料の作製や整理をボランティアとともに行うことは珍しいことではない（例えば、加藤・広谷2013、西澤2018、奥島ほか2019など）。

本稿では、私が運営しているダチョウ組、昆虫標本整理、岐阜県の魚研究会の活動を紹介しながら、資料整理に関わる話題を中心に当館の活動とのかかわりについて述べたい。

1　サポーターグループの概要

(1) 鳥獣標本作製「ダチョウ組」

「ダチョウ組」は哺乳類や鳥類の研究用剥製（仮剥製）や骨格標本を作製するグループである。初めて手掛けたのがダチョウの骨格作製で、これがグループ名の由来となった。現在の登録メンバーは12人で（2021年9月現在）、月に2回程度活動している。結成のきっかけは標本作製に関する予算の大幅な削減である。今世紀に入ってから、動物標本の作製を剥製師に委託することがだんだん難しくなり、脊椎動物を専門としない職員が参考文献を片手に自作するようになっていた。さまざまな業務がある中での標本作製は効率的とはいえず、標本材料は溜まる一方で、検体を保管する冷凍庫の蓋が閉まらず、コンクリートブロックで重石をする始末であった。そのような状況下で、2008年度特別展「骨のあるやつ」で展示するダチョウの骨格を作製するため、グループへの登録を呼びかけた

図1　「ダチョウ組」が作製した毛皮標本

ところ、予想外に多くの人数が集まったのである。これまでに、多数の標本（骨格、研究用剝製、毛皮）を作製し、冷凍庫の標本材料は順調に減少している（図1）。

他団体との交流もあり、大阪市立自然史博物館で開催された「ホネホネサミット」に2回（2009・2014年）参加した。また、2011年には、朝日大学の解剖学を専門とする教員を講師に招いて、哺乳類の骨と筋の関係について、メンバー向けの連続講座を実施した。

(2)「昆虫標本整理」

「昆虫標本整理」は名前の通りのグループで、現在、登録メンバーは10名である（2021年9月現在）。もともと1人のサポーターが蝶類の標本整理を細々と行っていたが、仲間が増え、現在、蛾類を中心に、甲虫、直翅類などの標本整理を精力的に行っている（図2）。昆虫が不活発な冬季を中心に、月に数回、活動している。昆虫標本を収納する収蔵庫はもともと狭く、なおかつ植物や哺乳類の標本の収納スペースとの共用なので、整理が進むにつれ、空スペースがなくなりつつある。昆虫標本の収集は団塊の世代を中心に多くの人が趣味にしており、一部のコレクターは膨大な資料を自宅に収蔵している。現在、多くのコレクターが高齢化しつつあり、これらの受け入れ先の整備が大きな問題となっている（佐久間2019）。このことは「昆虫標本整理」のサポーターとの間でよく話題になるが、なかなか解決するための妙案がない。

野外での調査活動もさかんで、これまでに岐阜県北部の北アルプスや白山の亜高山帯の蛾類相を明らかにしてきた（遠藤ほか2018）。

(3) 魚研究「岐阜の魚研究会」

「岐阜の魚研究会」は魚類などの液浸標本の整理を行うグループで、2012年4月から活動を始めた。結成のきっかけは岐阜大学の魚類を専門とする教員からの「未整理の標本をサポーター活動ですっきりさせませんか？」というありがたい提案であった。岐阜大学の学生、生物部の高校生、魚が好きな小中学生（親同伴である）等、他のサポーターグループに比べ、若いメンバーが多い。毎回、岐阜大学の教員から専門的な授業を受けているようなものなので、より深い学びがあるのも大きな特徴である。若いメンバーが多いので、メンバーの入れ替わりは激しいが、現在、登録メンバーは22名である（2021年3年9月現在）。月に一回活動し、収蔵棚になんとなく配架されていた魚類、両生類、爬虫類、哺乳類の液浸標本の再整理がひととおり完遂した。標本整理の過程で、県内産のビワヒガイ（国内外来魚）の標本を初めて見つけるなど、思わぬ発見も相次いだ（向井ほか2014）。収蔵庫内での活動が多いが、外来魚の駆除等、野外で活動することもある（図3）。現在、標本を使った研究成果を学会誌等に投稿する際、標本に登録番号を付け、博物館等の公共施設で保管することを義務付けられることが多くなってきた。当グループの中心メンバーである岐阜大学の教員が研究に使用した標本は、サポーター活動で整理された後、当館で保管され、教員の著作等にも反映されている（例えば、向井2019、向井ほか2021）。

図2　整理中の蛾類標本

図3　国内外来魚の駆除活動に参加する「岐阜の魚研究会」のメンバー

2　サポーター活動の成果

(1) 登録資料数の増加

2021年（令和3）3月31日現在、当館の登録資料件数は人文分野（考古、歴史、民俗、美術工芸）が4,828件、自然分野（動物、植物、岩石鉱物、化石）が138,277件である（岐阜県博物館2021）。私が担当する動物分野は43,423件で、図4は各年代の動物分野の一年あたりの平均資料登録件数を示したものである。2000年代の年平均資料登録件数は、動物分野の人員が2名から1名になった時期にあたり、500件以下まで落ち込んだが、資料整理に関わるサポーター活動が

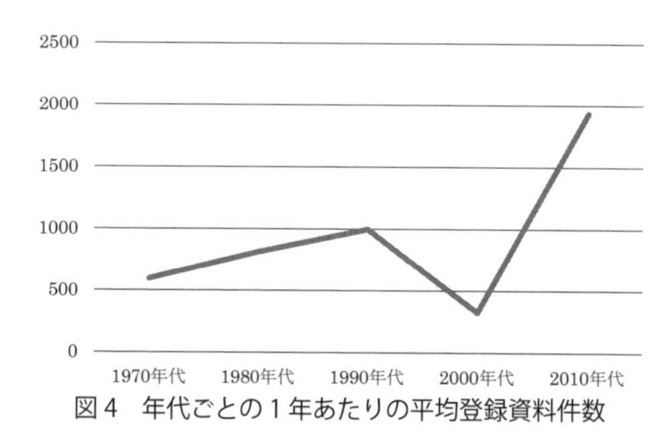

図4　年代ごとの1年あたりの平均登録資料件数

表1　「岐阜の魚研究会」が活動する以前以後の液浸標本の登録資料件数及び1年あたりの平均資料登録件数

	～2011年(36年)	2012年～(9年)
合計登録資料件数	692	2673
平均資料登録件数	19.2	297

軌道に乗った2010年代に急伸している。なかでも、「昆虫標本整理」グループの貢献が大きく、毎年、数千件に及ぶ標本を登録している。表1は「岐阜の魚研究会」が活動する以前と以後の液浸標本の年平均資料登録件数を示したものだが、活動開始後、比べものにならないぐらい件数が伸びているのが分かる。

毎年、標本登録が順調に実施できるようになったことで、「サイエンスミュージアムネット」や「ジャパンサーチ」などの全国的なデジタルアーカイブに標本情報を提供することができるようになった。

(2) 減少した予算の補完

先に、「ダチョウ組」結成のきっかけは、剥製等の資料作製に関わる予算減であることを述べた。表2は「ダチョウ組」が作製した研究用標本（仮剥製）の価値を剥製師が公表している価格表を元に計算したものである[1]。ちなみに、この価格表では、研究用標本（仮剥製）の作製価格は展示用剥製（本剥製）の半額、骨格標本は展示用剥製（本剥製）の1.5倍となっている。資料登

表2　「ダチョウ組」が作製した研究用標本（仮剥製）の評価額（単位は円）

	鳥類	哺乳類	合計
2012	334,950		334,950
2013	456,500		456,500
2014	345,950		345,950
2017	348,700		348,700
2018	630,850	63,800	694,650
2020	486,750	68,750	555,500
合計	2,603,700	132,550	2,736,250

録した時期に基づき作表したため、作製時期とは一致しないが、「ダチョウ組」は、これまでに約300万円分の研究用標本（仮剝製）を作製したことになる。骨格標本は組み立てに時間がかかるため、作製数は少ないが、その価値は、ダチョウの骨格が約113万円、ニホンカモシカが約78万円、タンチョウが約39万円などとなる。予算に限りがある中で、ここまで高額な骨格標本をプロの剝製師に委託することは難しい。

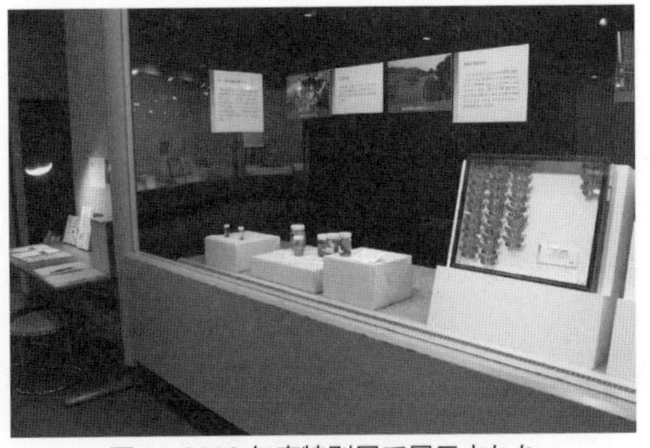

図5　2018年度特別展で展示されたサポーター活動の成果

(3) 展示への反映

サポーター活動の成果を初めて展示したのは、2008年度特別展「骨のあるやつ」で、「ダチョウ組」が作製したダチョウの全身骨格を完成への道のりとともに紹介した。その後、サポーター活動が軌道に乗った結果、企画展示や常設展示への露出も増え、2018年度特別展「理科室からふるさとの自然を見つめて～知れば知るほど面白い標本の世界～」では、本稿で紹介したサポーターグループの活動を紹介することができた（図5）。資料整理に関わるサポーター活動は一般の来館者との接点が少ないが、展示で活動を紹介することは、サポーターの励みにもなり、新たなメンバーを誘引することにもつながる。私が関与しているサポーターグループではないが、2002年から活動を始めた植物誌調査会は2019年に「岐阜県植物誌」（岐阜県植物誌調査会2019）を発行し、約20年にわたる活動の成果は、同年の特別展「岐阜は日本のど真ん中―岐阜県植物誌は語る―」で紹介された。

おわりに

ここまで、岐阜県博物館の動物分野の事例を中心にサポーターによる資料作製と整理の実態を紹介してきた。動物分野の資料登録件数は、一時、人員の減少に伴い減ったが、サポーター活動により回復した。また、一部の活動が減少した予算を補完するものであることも述べた。博物館が抱える課題はさまざまだが､慢性的な人員不足は当館だけの問題ではない。加藤・広谷(2013)は、鳥獣標本作製ボランティアの立ち上げにあたり、いくつかの博物館や研究所の事例を参考にしているが、活動が活発で人員（正規職員、非正規職員、ボランティア）が多いほど、資料作製や整理が組織的に進むと述べている。当館の動物分野の場合、サポーターが資料作製や整理に関わることで、人員や予算の減少による博物館活動の劣化をある程度食い止めることができた。このように、私の場合、いろいろな思惑があり、サポーター活動を運営しているが、参加するサポーターにとって、こちらの意図はあまり関係がない。当館のサポーターに活動の感想を尋ねたことはないが、大阪市立自然史博物館の標本作製サークル「なにわホネホネ団」の中心メンバーは、その活動を、“標本化の作業を通して、博物館の資料は充実し、私たち市民は図鑑でしか見たことがない動物たちを間近で観察し、その魅力にじっくり向き合える、双方にとって、お得な場”と表現している（西澤 2018）。布谷（2004）も述べているように、博物館ボランティアは、楽しくて学びがあるから、活動に参加するのである。サポーター活動の運営は、活動日の調整や消耗品の補充などの雑務も多々あり、決して楽ではないが、もはや必要不可欠な業務となった。今後も、サポーター活動が楽しく学びのある場であるよう、サポーターの皆さんとともに作り上げていきながら、資料の整理を着実に進めてきたい。

註

(1) 有限会社東京内田科学社 HP「標本製作価格表」(http://www.tokyo-uchida.com/pricebase)(2021 年 10 月 18 日閲覧)

引用・参考文献

井上好章　2004「博物館ボランティア活動の事例～ボランティアの方とともにつくりあげていく植物標本製作と整理活動～」『岐阜県博物館調査研究報告』25、pp.7-12

遠藤弘志・笠井初志・宮崎弘規・大和田　守・説田健一　2018「高山市奥飛騨温泉郷神坂右俣谷・左俣谷の蛾類」『岐阜県博物館調査研究報告』38、pp.3-45

奥島雄一・相川　稔・原田　愛・大山望実・江川達也・大山高宏　2019「鳥類剝製の修復技術に関する実践的研究」『倉敷市立自然史博物館研究報告』34、pp.33-46

加藤ゆき・広谷浩子　2013「鳥獣標本作製ボランティアの養成―神奈川県立生命の星・地球博物館の事例―」『Bull. Kanagawa prefect. Mus.（Nat. Sci.）』42、pp.107-110

岐阜県植物誌調査会　2019「岐阜県植物誌」文一総合出版

岐阜県博物館　2021『岐阜県博物館報』44、岐阜県博物館
佐久間大輔　2019「博物館が高齢化社会に対応するために必要な要件を考える」『Musa: 博物館学芸員課程年報』33、pp.7-11
西澤真樹子　2018「なにわホネホネ団と東北遠征団―博物館で楽しみ、博物館を支え、博物館をとび出す市民サークル」小川義和・五月女賢司『挑戦する博物館　今、博物館がオモシロイ!!』ジダイ社
布谷知夫　2004「利用者の視点にたった博物館の理念と活動様式の研究」総合研究大学院大学
向井貴彦　2019「岐阜県の魚類第二版」岐阜新聞社
向井貴彦・長野浩文・長野　光　2014「岐阜県での分布が確認されたボウズハゼおよび証拠を伴う外来魚5種の記録」『岐阜県博物館調査研究報告』35、pp.1-9
向井貴彦・森部絢嗣・楠田哲士・田上正隆　2021「岐阜県の動物 哺乳類・爬虫類・両生類・十脚類」岐阜新聞社

Case4　島根県立古代出雲歴史博物館
国宝・荒神谷遺跡出土銅剣の保管を中心に

増田浩太

はじめに

1984年（昭和59）7月、島根県出雲市斐川町（旧簸川郡斐川町）で、弥生時代の銅剣358本が一括して出土した。また翌年には、至近から銅鐸と銅矛が見つかり、日本考古学史上希に見る大発見として大変な注目を集めた。これらの青銅器は、膨大な時間と少なくない費用、そして何よりも多くの関係者の努力により、包括的な展示・管理方法が構築され、次世代へと継承していくための取り組みが行われている。古代出雲歴史博物館の展示室いっぱいに並ぶ青銅器群は、圧倒的な存在感をもって見る者を魅了するが、この展示は発見以来35年あまりの間に積み重ねられてきた、「維持・管理システム」によって支えられている。

一方で、それに必要とされるリソース（マンパワー、経費等）は少ないものではなく、多くの課題も抱えている。ここでは、これらの青銅器を巡って試行錯誤してきた歴史を振り返るとともに、今日実際に行われている日常管理の様子や今後の展望、課題についてまとめてみたい。なお、当館が保管・管理する青銅器には、国宝島根県荒神谷遺跡出土青銅器に含まれる青銅器380点と、島根県加茂岩倉遺跡出土銅鐸39個があるが、今回は内容・数ともに他に比類を見ない存在である荒神谷銅剣を中心に取り上げる。

1　荒神谷銅剣の発見とその後の経過

①発掘調査

荒神谷銅剣は、農道予定地内から突然発見された。総数358本という空前絶後の出土数に、日本全土が沸く世紀の大発見であった。公共工事に伴う発掘に必要な経費は、原因者が負担するのが原則であるが、このような発見があった以上、予定通り道路を建設することは難しい。最終的には遺跡の保存

（建設される道路も設計変更の上、迂回することとなった。）を前提とした発掘として、半額を国が補助するかたちで実施された。

②荒神谷銅剣の国保有化

まず発掘で出土した文化財（埋蔵文化財）の取り扱いについて簡単に説明しておきたい。発掘で出土した文化財は、文化財保護法と遺失物法にもとづき取り扱われる。もっとも本来の持ち主（例えば、荒神谷銅剣では2000年前の弥生人となる。）が現れて、所有権を主張することはない。現行の文化財保護法においては、地方公共団体が実施した発掘で発見された文化財で、所有者が判明しない場合、その所有権は文化財の発見された土地を管轄する地方公共団体に帰属する（文化財保護法105条）。

文化財保護法はこれまで何度か大きな改正を経ており、銅剣発見当時は全てが国に帰属することになっていた。もっとも出土地の都道府県が要望すれば譲与されるのが通例であり、荒神谷銅剣についても地元島根県や簸川郡斐川町（現出雲市斐川町）から強い要望が示されていた。しかし、これほどの銅剣を保存修理し、管理するとなれば、膨大な時間と労力、経費を要することは明らかで、一地方自治体が全てを負うことは難しいのが実情であった。また、将来これらを一括して保管・管理し、展示・活用できるような、ふさわしい施設も存在していなかった。

そこで関係者の協議の結果、荒神谷銅剣は国保有とし、保存修理は国が実施することとなった。「国保有の出土文化財」とは、保存・活用を図るために国が所有する出土文化財のことである。「埋蔵文化財の国の保有に関する基準（1969年）」、「出土文化財取扱要領（1981年）」など、時期ごとに若干の違

図1　荒神谷銅剣の常設展示状況
国宝銅剣（下）と復元銅剣（上）
（文化庁所蔵・古代出雲歴史博物館提供）

図2　荒神谷銅剣発見時の様子
（古代出雲歴史博物館提供）

いはあるが、「製作技術に優れ、類例に乏しく代表的であり、学術上又は芸術上極めて価値の高いもの」がその対象となる。著名な例では、奈良県出土の太安萬侶墓誌や佐賀県吉野ヶ里遺跡墳丘墓出土品などがあり、多くが国宝もしくは重要文化財に指定されている。

これらの国保有の出土文化財は、適切に保管・管理しうる施設や専門職員が存在する場合、地元に貸与されており、事実上永年貸出される例が多い。そこで島根県では、1992年（平成4）度開設予定の県立埋蔵文化財調査センター内に温湿度管理可能な収蔵庫を整備し、銅剣を収蔵することとした。また将来的には古代文化の調査・研究・活用の中核となる研究センターを設置して、一括保管・活用する計画を立案した。その後の社会情勢の変化等によって一部変更が加えられたものの、2005年には当館が開館し、荒神谷銅剣の通年保管・展示が実現した。

③保管台と保管箱の作成

荒神谷銅剣は、発見時から「湿ったビスケット」にも例えられた脆弱な状態であり、保存修理が終わった現在も取扱いに細心の注意を要する。保管・展示には、銅剣自身の重量を「点」ではなく、「面」で受けとめるような台座が必要不可欠である。

国による保存修理が佳境を迎えていた1991年、銅剣を安全に管理し、保存活用していくため、銅剣を専用台座（保管台）に置き、専用収納箱（保管箱）に収めて管理することが決まった。

保管台は比較的取り回しがしやすい600㎜×440㎜の本体に、各銅剣形状に合わせて加工された台座が3本ずつ配置される形態となっている。保管と同時に展示にも利用でき、銅剣を取り外す際の扱いやすさも考慮されている。保管箱は、環境を一定に保つことはもちろん、保管台に設置された銅剣をそのままコンパクトに収納できることも考慮して設計された。箱の全高は作業時に目線が行き届くよう低く抑えてある。内部には1箱あたり12段の敷居が組まれており、3本×12枚=36本を収納可能である。

これらの製作では、シリコン等の新素材の採用も検討されたが、経年変化に強く、比較的軽量で取り回しに便利であり、何よりも使用実績の多い桐材が採用された。使用された桐板は十分な厚さを持ち、接着部は反りを防ぐため全て枘組されている。また、使用する桐材の調達には、細心の注意が払われ、

図３　銅剣と桐製安定台
（文化庁所蔵・古代出雲歴史博物館提供）

図４　桐製保管箱
（古代出雲歴史博物館提供）

十分灰汁抜きを行った上で、自然乾燥と強制乾燥を併用しながら、適度な含水率（15～18％程度が最適とされる）を持つ安定した状態に仕上げられた。

2　国保有青銅器の日常管理

①古代出雲歴史博物館の建設

新博物館を建設するにあたり、荒神谷銅剣をはじめとする総数400点あまりの国保有青銅器を如何に展示・保管していくかが大きな課題であった。国宝・重要文化財の公開にあたっては、保存と公開の調和が求められており、公開の方法や展示環境の条件設定など、基本的な取扱いについて基準が定められている。（「国宝・重要文化財の公開に関する取扱要項」）この要項は2018年に大きな改訂が加えられ、個々の文化財の材質や形状、保存状態などの特性を考慮した上で、より柔軟に運用されるようになったが、文化財の保存に配慮しながら公開を行うという点では今日も変わりはない。荒神谷銅剣を常設展示していくためには、管理された収蔵庫内で保管するのと同等の環境を、展示室で実現しなければならないのである。

②展示ケース

当館では、幅12m、高さ3.6mのガラス面を持つ巨大なケースで、358本の銅剣と16本の銅矛全てを展示している。ケース内には展示ラックを3段（銅矛用は2段）設置し、多くの青銅器をコンパクトに展示できる構造とした。またラックを可動式としたことで、出し入れなどの作業時には1m程度の高さまで引き下げることが可能であり、無理な姿勢を取ることなく安全に作業ができるようになっている。展示面は下段が水平、中段が15度、上段が30度の傾斜になるよう設計されており、安全面を考慮しつつも個々の青銅器の観察がしやすいよう配慮している。また地震時の振動や落下対策として、安定台上に金属製のカバー（担当学芸員は『弁当箱の蓋』と称している）で蓋をし、ネジ止めするようにしている。このカバーは黒色に塗装され、展示ラックの化粧板も兼ねている。

正面のガラス面は、5枚のブロックに分けられており、それぞれが電動で開口できるようになっている。電動化には故障等のリスクが伴うが、巨大なガラス板の平面を保ちながら手動で動かすことは困難であり、やむなく電動としている。

照明は、展示ケース上にメインライト、展示ケースの下に補助照明用光源のライトボックスが設置されている。開館当時一般的であったハロゲンランプは数ヶ月の寿命しかなく、電球換えの手間はかなりのものであったが、美術展示用の演色性の高いLEDが普及し始めた2015年に、他の展示ケースに先駆けてLED照明に切り替えた。結果は良好で、作業の省力化はもちろん消費電力の大幅減にもつながった。2020年（令和2）には、この実績を元に館内全ての展示室照明をLED化している。

③温湿度等の管理

当館の青銅器用展示ケースはエアタイト仕様となっており、湿度の管理は展示ケース内に設置した調湿剤によっている。また温度の管理は、展示室内空調により可能な限り大きな変動がないよう調整されている。

ところで、建築材料や展示内装材などから発生する酸性ガス（酢酸・ギ酸）やアルカリ性ガス（アンモニア）が文化財に影響を与える点が、近年問題となっている。エアタイト仕様の展示ケースは、内部の空気が入れ換わりにくく、空間容積も狭いため、ガス濃度が高くなりがちである。当館においては、各展示ケース内にガス吸着シートを設置しているほか、休館日には可能な範囲でケースを開放し、換気を行っている。また、定期的にガス検知管やパッシブインジケータを用いて、酸アルカリ雰囲気を確認している。

④国保有青銅器の貸出・調査対応

当館が無償貸与を受けている国保有青銅器は、我が国を代表する出土品であり、他館での展示や学術調査の要望は少なくない。しかし、保存修理を終えているとはいえ、慎重な取扱が必要であることに変わりはなく、当館学芸員が積極的に関与しながら要望に応えている。

一例を挙げれば、各青銅器を保管台から外す作業や戻す作業は、必ず当館学芸員が行っている。文化財の貸出は、借受側が引き取って以降、返却まで一切の責任を負うのが一般的であり、借受館での取扱いまで関与するのは異例である。しかし、手慣れた当館学芸員が作業を行う方がリスクを軽減できることから、他館での展示作業・撤収作業にも当館学芸員が出向いて行っている。

⑤取扱い内規の設定

「国宝・重要文化財の公開に関する取扱要項」によると、指定文化財の公開は、原則年間2回以内、公開日数は延べ60日以内とされてきた。近年はより柔軟に運用できるよう改定されたが、当館ではこれとは別に館独自の内規を設け、より厳しい条件のもとで運用している。例えば、他館に貸出されたものは、返却後1年間は次の貸出をせず、一回の貸出数量にも上限を設定している。こうした事実上の貸出制限は、今後末永く維持・管理を続けるためのリスクコントロールとして不可欠である。また、これらの青銅器は当館で常設展示されており、既に公開の機会が十分確保されているという点も、敢えて他館貸出に厳しい条件を設定している理由である。

3　国保有青銅器の定期検査

現在当館が無償貸与を受けている国保有青銅器は、保存修理を終えたものである。しかし、文化財の保存修理は未来永劫にわたり、完璧に腐食や劣化を防ぐものではない。また、昨今の地球温暖化による温湿度の上昇など、文化財を取り巻く環境は変化を続けており、旧来の手法が最良の保存修理であり続ける保証もない。不測の災害等を除けば、文化財のトラブルは突然発生するわけではなく、わずかな変化に始まり、ある時点で大きな問題として表面化する。大切なことは、各個体の現状を常に把握し、問題をできる限り早く掴み、対処することである。

①定期検査の必要性

荒神谷青銅器は9年間（銅剣に8年間、銅鐸・銅矛に1年間）を掛けて保存修理されたため、各青銅器の間には修理時期に最大10年近い差が存在する。また、当時はこのような脆弱な青銅器を多数保存修理した実績が国内に皆無であり、使用する薬品や樹脂、接着剤なども試行錯誤を繰り返しながら選択されていた。こうした状況から、定期的な状態確認の必要性は当初から関係者間で認識されており、荒神谷青銅器の保存修理終了から6年を経た2000年以降、定期的に検査を実施している。

②定期検査の内容

定期検査では、進行性の錆が見られないか、新たな欠損や微細な亀裂等が発生していないかなどを、目視点検する（図5）。作業は保存修理を担当した専門業者に委託し、各個体の所見はカルテや写真に記録して保管している。

③定期検査の経過

荒神谷青銅器の定期検査は、約5年周期で実施されてきた。そして、比較的良好な状態とされたものであっても、一般的な弥生時代の青銅器と比べ相当に脆弱であり、全体的に取扱いに注意が必要であることが関係者間で再認識されるようになった。荒神谷青銅器の保存修理では、色調や質感、表面の研磨痕跡などを損なわないよう、表面にコートされた樹脂層を拭う作業が行われており、保護が十分でなく、想定以上に危うい状況になっていた。

そして2008年、毀損事故が発生する。定期検査実施中の銅剣を安定台に戻す際、刃部と安定台が接触し、大きなヒビが入ってしまったのである。それは作業ミスによるとはいえ、わずかな接触で大きな事故が発生するという現状を如実に示していた。細心の注意を払っていながら発生した毀損。関係者一同、根本的な対策の必要性を痛感する事件であった。

④第2次修理の開始

毀損事故を契機の一つとして、関係者は抜本的な対策を模索する。荒神谷青銅器の取扱いを難しくしている最大の要因は、表面の樹脂を拭ってしまった点にあると考えられ、再度の樹脂含浸とコーティングにより状況が改善する可能性が高かった。2010年春、第2次修理事業が予算化され、国事業として再度の保存修理が開始された。今回の修理は、各青銅器の現状を今後も維持することを主眼とし、表面の樹脂コートは保護機能を失わない範囲でできるだけ薄く施すよう工夫した。使用する樹脂や接着剤、溶剤などの素材も、20年を経てよりよいものが手に入る場合は置き換えた。例えば、補強材として採用されていた手漉き和紙は、その厚さゆえに密着性に難があったため、より均質で薄く、強度も確保できる機械漉きのものに変更し、良好な結果を得ることができた。

第2次修理においては、接合された破片も可能な限り外し、再度接合し直

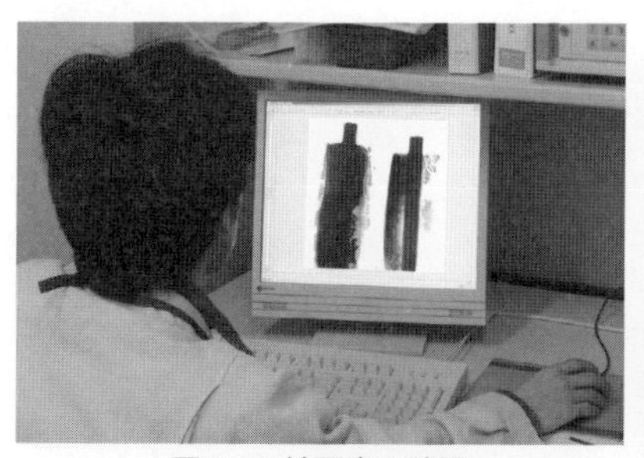

図5　X線写真の確認
（古代出雲歴史博物館提供）

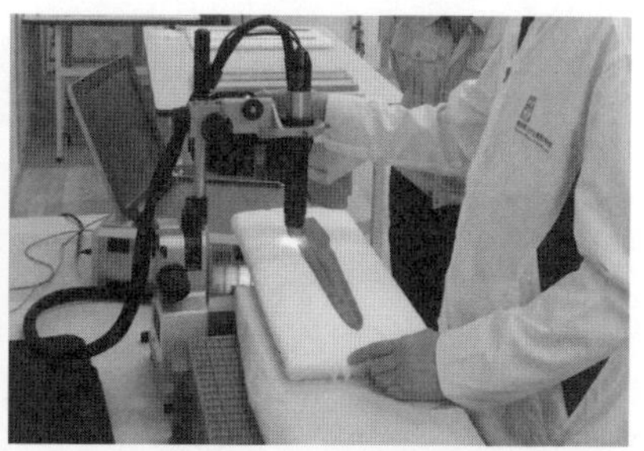

図6　顕微鏡を用いた銅剣表面の観察
（文化庁所蔵・古代出雲歴史博物館提供）

した。これは使用された樹脂や接着剤の置き換えが主目的であったが、考古学的見地から改善の余地がある部分をやり直す意味も大きかった（図6）。すなわち、接合された破片の位置や向き、表裏などが妥当かどうか、一つ一つ洗い出し、可能な限り修正を行った。ある破片が別の個体と接合したり、行き場なく別保管されていた破片が新たに接合するなど、何らかの修正が生じた個体は相当数にのぼった。このことは、とりもなおさず専用に誂えた安定台がフィットしなくなることを意味しており、台座は新調された。安定台自体の構造も地震時の安全性や着脱時の利便性など、これまでの実績を踏まえて各所に改良を加えている。

第2次修理は10カ年で計画されたが、最終的には11年の歳月をかけ2021年3月無事終了し、現在は再び当館の常設展示室で全点をご覧いただけるようになっている。

4　今後の展望―まとめにかえて―

当館で管理している青銅器群は、国保有であること、国宝であること、他に類を見ない数量であることなど、極めて特殊な事例だと認識している。相応の歴史的価値が認められたからこそ、現状のような手厚い管理体制、必要経費の確保ができていることは事実であり、今後も同じスタンスで「お世話」を続けられるのかどうか、残念ながら確証は全くない。しかし2000年もの間残されてきた文化財を、次の世代へと継承することは、我々の責務と考えている。今後も関係者で知恵を絞り、工夫しながら、その責務を果たすための努力を続けていきたい。

Case5　新潟市美術館
美術コレクションの総点検

松沢寿重

1　総点検にいたる経緯

新潟市美術館（図1）は1985年（昭和60）10月に開設された。オリーブ色の打込タイル壁で覆われた建物を設計したのは、日本近代建築の闘将として知られた前川國男（1905～1986）。彼が生まれ故郷の新潟市に遺した唯一の建築作品である。また、敷地を含む周辺一帯は旧刑務所跡地を再開発した土地で、日本海、砂丘、松林、柳と堀割、信濃川など、幼いころ前川が心に刻んだ新潟の風景の記憶が、隣接する公園との一体的整備によって随所に盛り込まれている。

同館は、市教育委員会事務局傘下の社会教育施設として活動をはじめ、15年目には市長部局への所管換え[1]を経て現在にいたるが、一貫して市直営の施設として市政の発展とともに歩みを進めてきた。開館以来の収集の成果である美術資料は384作家4,895点（2021年11月30日時点）を数え、ルドン、ボナール、ピカソ、クレー、ロダンなど近代西洋の巨匠たちをはじめ、草間彌生、篠田桃紅、高松次郎、加納光於、宇佐美圭司、堀内正和など戦後日本の美術を代表する作家たち、そして土田麦僊、横山操、阿部展也、牛腸茂雄といった地方公立美術館の本領ともいうべき郷土作家たちの作品群が含まれる。これらは購入、寄贈、管理換等の手段により、全て外部の有識者で構成される美術資料選定委員会への諮問を経て取得された。

図1　新潟市美術館

本稿の「美術コレクションの総点検」とは、2010年（平成22）7～8月に集中的に行われた、館蔵の全美術資料（当時は323作家3,320点）の実見確認作業のことをいう。その契機となったのは、前年度に発生した新潟市美術館をめぐる組織･体制のあり方が大きく問われることとなった事態､いわゆる「カビ・クモ事件」(2) に象徴される未曾有の混迷であった。

「新潟市美術館問題」とも呼ばれ、ミュゼオロジーの分野でも耳目を集めたこの事態は、IPM（総合的有害生物管理）の不祥事と捉えられがちであるが、政令市への移行を一大転機として新潟市の存在感を高め、交流人口の飛躍的増大を図ろうとした、やや性急な市政運営の動きと根が無縁ではない。当時、市長の肝いりで起用された館長は、大規模野外芸術祭で名を馳せた人物であり、「文科省ルートではなく、国交省ルートで美術館改革をやりたい」という言説が耳に残っている。これは、明らかに観光集客に軸足を置く施設運営への舵切りを意味し、文科省管轄の博物館法や文化財保護法に依拠するミュージアム・マネジメントの基本が軽視される危険性を孕んでいた。

山本幸三・地方創生担当大臣が「一番のがんは学芸員。観光マインドが全くない。連中を一掃しなければ」と発言して物議を醸し、発言の撤回と謝罪に追い込まれた出来事（2017年4月）はまだ記憶に鮮明だが、振興や保護に百年の計を要する文化と、目先の経済性を重視しがちな観光との対立的構図は相似形と言ってよい。新潟市美術館の場合は、施設運営についての考え方の違いからヒステリックな「学芸員不要論」が浮上し、まさに一掃的な学芸員の異動が強行された末、遂に「カビ・クモ事件」に至る。新聞（全国紙）でのスクープ、館長の更迭、国宝・重文の公開断念、市議会の紛糾…。美術館は、瓦解のような信用失墜とともに機能不全に陥った。私は、異動先から急きょ呼び戻されて目にした、あの時の惨状を今も忘れることが出来ない。

観光立国推進に沿う文化の最大限活用が国是となり、博物館･美術館を「文化観光拠点施設」として機能強化するための法整備（文化観光推進法：2020年5月施行）が為された現在の視点から省みれば、文化と観光は相互に持続可能な共生発展の道筋を模索しつつ漸進してきた、と長い目では捉えることもできよう。しかし、そうした社会的合意が形成されるまでの時間を待ちきれず、進路変更を急いだ余り自ら招いてしまった災難、というのが「新潟市美術館問題」の実相であった。目指す方向が必ずしも誤りであったわけではない。

だが、改革の進め方が的確さを欠いていた[3]。したがって、行政組織の末端施設で生じたトラブルという以上に施策の失敗という面が大きく、正常化へのプロセスは、美術館を保持する新潟市役所の覚悟が試される機会として強く認識されたのは自明のことであった。

事態収拾のために組織された第三者委員会（新潟市美術館の評価及び改革に関する委員会）の提言を受けて、副市長をトップとする美術館改革･改善推進チームが発足。目標管理、危機管理、施設管理、情報公開、コンプライアンス、組織人事、契約、執務環境、予算統制といった細目別に市役所本庁の課長補佐クラスの職員たちがそれぞれの課題の析出に立ち会い、対応策を練り、何をいつまでにどのように取り組むかが改善のメニューとして示されることとなる。こうして、美術館をまるごと「ドック検診」で隈無く調べ尽くすかのような取り組みの中、「美術コレクションの総点検」は行われた。

2　所蔵品管理をめぐる懸念

実物の資料を扱う以上は至極当然であるが、学芸員の仕事とは、アタマでの理解よりも実務を通して文字通りカラダで「体得」する部分が大きい、とつくづく思う。資料の個別特性―形状、材質、コンディション、寸法、重量、収納状況、それらを総合的に踏まえた留意点などは、字面（じづら）や図解で記された情報を一覧するだけでは、容易に飲み込めるものではない。収蔵庫からの出し入れを幾度も繰り返しながら、カラダの所作とともに時間をかけて身につけてきたもの、というのが30年近く美術館で過ごしてきた私の実感である。とはいえ、その一方で、年々増え続ける資料の管理のあり方について、いくつかの懸念を抱くようになっていたことも確かであった。

新潟市美術館の美術資料は年平均で約140点ずつ増えてきた（図2）。初期段階から館に在籍する場合は必然､「体得」は一から漸増的に蓄積されていく。しかし、中途から参入する場合は、堆積した「未体得」の山を見上げ、麓から“山登り”しなくてはならない。私が新潟市美術館で学芸員として勤め始めたのは、開館から10年目だが、その時点で館蔵の美術資料は1,824点。1点を1m標高に喩えるなら、新入りの私の眼前には、すでに1,824mの峰がそびえ立っていた。気後れを感じなかったと言えば嘘になる。一歩ずつ山道を登りながら次第に見晴らしも利くようにはなっていくが、先輩学芸員たち

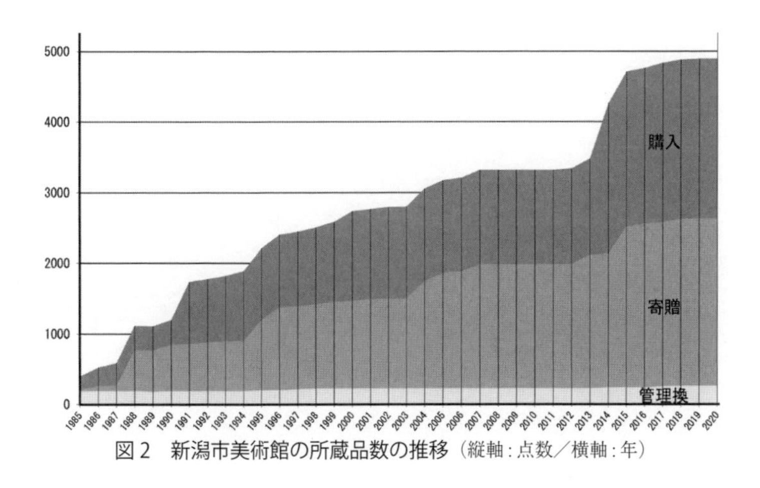

図２　新潟市美術館の所蔵品数の推移（縦軸：点数／横軸：年）

との“標高差”を感じなくなるまでには､10年近く要したであろうか。そして、それまでの間も資料は間断なく増え続け、3,000点を超す数量となっていた。この先、新入りする学芸員が、気の長い“山登り”で所蔵品管理を「体得」していくのは、もう限界ではないのか？…というのが、懸念①である。

それから､私が10年がかりで先輩たちとの“標高差”を感じなくなった「体得」の中身とは､「どの資料が収蔵庫のどの位置に納まっているか概ね把握し、展示替えや貸出の事前準備を手際よく行うことが出来る」という水準への到達であった。こうした能力レベルの学芸員が在籍者の過半を占めている限り、所蔵品管理に表立った支障は生じにくい。開館から20年間、新潟市立の美術館は唯一無二の状態が続き、その学芸員として採用された者は、割愛人事や退職以外での転出は皆無に近かったため、異動を意識せず職務に専念することが出来た。この点は、任用資格職である学芸員の特殊性もあり、全国の多くの公立館でも概ね似た状況で推移したのではなかろうか。しかし、新潟市美術館を取り巻く事情は、大きく様変わりしようとしていた。

2005年、新潟市は政令市移行の前段階として周辺の13市町村と合併。人口は1.5倍の80万人超に膨らみ、市域は3倍の広さに拡大する（図3）。と同時に、学芸員が配置される市立施設は複数となり、否応なく異動を身近に意識せざるを得なくなった。学芸員の人事が流動化した場合、長らく「体得」に比重を置くことで安定的に成り立っていた所蔵品管理とその継承は、この先、はたしてうまくいくのか？…というのが懸念②である。

図3　2005年新潟市の大合併

①②が悪い形で現実と化したのが、「一掃的な学芸員の異動転出」であった。事件後、このことが市議会で取り沙汰された時、市長は「学芸員の人事異動については業務のスムーズな引き継ぎに配慮し、数年をかけて順次行いました」(4) と答弁したが、客観的事実として、2006年度以降、学芸員が順次2名減員となり、さらに2008年度末までに残る旧来の学芸員3名が次々転出。その内実は、引き継ぎの十分な余裕も無いまま、所蔵品管理に精通している者が居なくなった、というのが正しい。

一掃的な学芸員人事への風圧がいよいよ深刻さを増していた2008年秋、私（※当時すでに新津美術館へ転出）は、市役所幹部に反対の旨を強く意見具申したが、結局、狂い始めた歯車の回転を止めることは出来なかった。事前事後を通じて状況に関与していた私の、最大の悔恨はこの一点に尽きる。

3 「総点検」のあとさき―持続可能性の視点から

近年、SDGsが世の津々浦々で言われるようになったが、よくよく考えてみれば、私が抱いた懸念も、Sustainable Development（持続可能な開発）の視点とつながる。先行者のやり方から多くを学んでも、それらを金科玉条のように引き継ぐのみでは、持続可能性は担保されない。美術館の所蔵品管理も、時代や情勢に適合しなくなった部分には改善の手を入れ、より持続可能な有り様へと洗練させていく必要があったのだ。

「総点検」では、資料ごとに作成されてあった既存の「作品カード（台帳）」と、収蔵庫内の資料の実物を片端から1点ずつ突合する、という作業を延々繰り返した。実働30日ほどの作業だったと記憶している。3,320点の確認を完遂するためには、1日当たり約110点、1日8時間労働として、1点を平均4分半で終えるというかなりのハイペースで進める必要があった。これは、収納棚から取り出してきて元の位置に戻すまでの時間を含む。収納形態は資料ごとに千差万別で、手厚く梱包されているもの、形状の複雑なもの、サイズの大きなもの、重量のあるもの等は、美術品の取扱いに習熟した運送会社の作業員の手を借りたが、とても机上の計算通りに進められるものではない。時間との競争に明け暮れた突貫作業は、通常の健康体に対し行う検査とは別次元の、まるで重症患者に施す集中治療の如くであった。終えた上で敢えて言うが、よほど切迫した事情によらない限り、短時日に詰め込むような「総点検」は絶対にお勧めしない。折角やるならば、労務的にも無理のない計画を立て、落ち着いてじっくり取り組むべきものであろう。

美術資料の欠落が１点も無いことを確認した瞬間だけは、少し胸を撫で下ろしはしたものの、終えてみれば、「どの資料が収蔵庫のどの位置に納まっているかを概ね把握」していた私にとっては、ほぼその通りに所在を再確認したに過ぎなかった。久し振りに目にする資料も熟覧の余裕は無く、ひたすら氏名点呼を行っていたようなもので、実に味気ない作業…という振り返りをすると、ここでは身も蓋も無い話となってしまう。真に問われるべきは、「総点検」を節目とした、そのあとさきの事である。

まずは「見える化」。情報の透明化、共有化を図ることだが、その主眼は、情報へのアクセスを平易にし、多くの者が関知することでトラブル発生のリスクを低減させることと言えよう。“けもの道”のようだった山道を藪(やぶ)払いし要所に案内表示を配する、といった登山道の整備に喩えればわかりやすい。初めての不案内な山でも、これで道に迷う危険性はずいぶん減る。「総点検」を通して再認識したのは、私と他の者とのスキルの大きな“標高差”であった。その痛感こそ、要諦だったと言えるかもしれない。

百科事典や美術全集には索引編が付き、目当ての情報にピンポイントで辿り着けるようにインデックス化されているが、所蔵品管理にもこの仕組みを導入することとなった。収納棚の区画ごとに付番し、各々資料がどの区画に収納されているかを台帳に転記して誰でも分かるようにした。ただし、この方法は収納位置の原則固定化が前提となり、資料の増加とともに狭隘(きょうあい)になりつつあった収蔵庫内の整理が喫緊課題であった。第三者委員会からの指摘もあり、庫内でスペースを取っていた寄託品や長期借用品の見直しを行ったが、資料の寄託や借用、貸出に関する公式ルールが未整備であったため、市役所契約課職員のコンサルティングを受けながら、関係要綱の策定を急いだ。その上で、所蔵者に返すべきものは返し、あらためて寄託、借用を継続するものについては、新ルールに則った契約を行うことに改めた。

それから、図書館では本を探す際に蔵書検索システムが標準的に使われるが、同じはたらきをする所蔵品データベースの整備も急務であった。実はそれ以前にも取り組みはあったのだが、市役所IT担当課が全庁へ貸与手配するPCにバンドルされていた専用ソフト「ロータス・アプローチ」が使用廃止となり、旧データの引き継ぎが未解決のまま、学芸員の一掃的人事を経て時間が経過したため、機能を喪失していた。再整備に当たっては、先の教訓から新たに「ファイルメーカー」を導入し、ライセンス管理を含めて美術館独自で運用することとした。後日談だが、「アプローチ」に替わり市役所手配のPCにバンドルされた「マイクロソフト・アクセス」も、2018年に経費削減を理由に、これまた使用廃止となっている。こうした点、特に直営方式の公立館では起こりがちな事として、予防の備えが必要であろう。

これらの事は2010年度内に大方の作業を終え、以降の所蔵品管理の成立基盤となった。その後、異動や退職で人員は入れ替わり、現任のスタッフは全て「総点検」を直接は知らない学芸員たちばかりとなっている。

4　次世代への継承

何のための「総点検」であったかを問われれば、所蔵品のより持続可能な管理への改善と、さらなる有効活用のため、という以外にない。「体得」を通じた所蔵品理解の重要性は引き続き変わらぬものとして、少なくとも、「どの資料が収蔵庫のどの位置に納まっているか」をカラダで憶える、というスキルの“標高差”は大幅に解消された。私の駆け出しの頃―アナログ仕事が主流で異動を意識する必要も無い、思えば悠長な時代―と比べるのは滑稽だが、若手学芸員たちへの継承は総じてハードルが低くなり、比較的早期に所蔵品展示を任せることが可能となったのは、確かだといえよう。

その所蔵品展示にも変化があった。「常設展」を2011年度より「コレクション展」と改称、テーマ性をより重視する方向へとシフトする。かつての「常設展」は、1990年代に高額品の購入が相次いだ事情もあり(5)、新潟の都市力を象徴的に示威する場としての役割をも担っていた。それも公立館が競って高額品を買い集め各地に乱立した時代の残光といえるが、財政事情が暗転、購入がジリ貧となって月日の経つ間に、いつしか「代わり映えがしない」と言われるようになっていた。また、第三者委員会からは、展示履歴の無い所蔵品が多数あることも大きな課題とされ、高額品優先の陰に隠れがちだった資料の活用が強く求められた。これは、遅まきながら、「ないものねだり」から「あるものいかし」への本格的転向といえようか。

学芸員も個性の持ち主である以上、好みや拘りから決して自由ではない。同じ所蔵品を目にしても、見え方や着眼点は自ずと違う。その個性に由来する多様性をなるべく所蔵品展示にも反映させ活性化を図ること、それが「コレクション展」シフトのねらいでもあった。[6]「総点検」より前の10年間、22回の「常設展」は5名の学芸員が担当していたのに比べ、後の10年間では格段に間口が広がり、34回の「コレクション展」を11名で担当している。はじめの数年は私が相談役を務めたが、やがて“山登りの先導”もほとんど用済みとなった。そして2020年（令和2）春、私は10年振りに新潟市美術館の職務を離れ、今はもう、現任の学芸員たちが新鮮な切り口で取り組む「コレクション展」を、毎回楽しみに待つ気楽な立場である。

「あるものを活かし、新たな知を掘り起こす」[7]所蔵品管理の“たすき”を次世代の走者へとつなぐ事が出来た。荒天の峠道を駆け抜けた日々を思い返すと、只々感に堪えない。

註

(1) この移管に伴い、新潟市美術館は博物館登録を廃止し、相当施設指定に改めた。
(2) 展示室内でカビや虫の発生が相次ぎ、展示保存環境上の問題となった事件。
(3) 新潟日報2010年9月4日、市長の減給処分等を報じた記事中に、市長の弁で「内部改革の手法に的確性を欠き、今回の事態に至った。市幹部の責任は明らか」とある。
(4) 新潟市議会9月定例会本会議2010年9月15日の会議録より。所蔵品管理の引き継ぎが組織的に不全であった事は、第三者委員会による検証でも明らかにされた。
(5) 1991～99年の間、美術資料購入の累計総額は23億円にのぼった。
(6) 2012年度以降の「コレクション展」については、新潟市美術館の公式HPより「過去の展覧会」を参照されたい。http://www.ncam.jp/exhibition/?type=past
(7)「新潟市美術館の今後の運営方針」（2012年策定）より

Column

鎌倉国宝館
寄託品の管理と貸借について

浪川幹夫

鎌倉国宝館の展示及び調査研究等について

鎌倉国宝館は1928年（昭和3）の開館以来、本館展示場の北側では企画展示や展示替えを伴う平常展示を、南側では収蔵展示を行っている。とくに南側は露出展示になっていて、仏像や須弥壇など大型資料を並べている。それらは展示場全体での展示替えがなければ、部分的な収納や展示位置の変更を行うのみで全面的な移動は実施していない。また、当館の調査研究の対象は、鎌倉地方を中心とした歴史や美術史である。この活動は収蔵品や市内外の資料に基づく学術調査以外に、教育活動を充実させるためのものもある。

当館の収蔵品には、国宝や重要文化財等指定文化財が多くある。これら収蔵品の展示や収蔵庫への収納、調査撮影に際しては相当な神経を払うことが求められるので、その作業は学芸員が中心となって実施している。たとえば、仏像については１躯ごとに重さや形状が違うため、運搬時の段取りや、原物に触れる際の手の掛け方、持ち上げ方について見極めが必要である。その最も難しい例は、千手観音像である。さらに、像表面彩色の剝落の有無や瓔珞（ようらく）（仏菩薩を飾る装身具の一種）の保存状態、首・髻（もとどり）・腕・台座等各部の取り外しの可否など、気をつけなければならない要素は限りなく存在する。そして、絵画・古文書・書跡などの掛け軸や巻物は、本紙の劣化や傷み具合、軸頭の緩みや破損の有無などを常に考慮して取り扱うことが求められている。

彫刻・工芸等展示コーナー

以上、これら収蔵品—ことに国宝・重要文化財等指定文化財の扱いについては、厳格な配慮が必要である。そのため、学術的価値以外にも、資料1点ごとに特徴をつかみ、それとともに保存状態や破損・劣化の状況を熟知していなければならない。

資料の整理や保全について

当館は、長年にわたって収集・保管してきた収蔵品を、文化庁基準に基づいた温湿度設定の収蔵庫内で適切に管理し、整理・保管している。しかしながら、資料や写真、図書類の整理については、学芸員の業務が従前から企画展や教育普及に力点が置かれていたために、全体的にはまだ十分なものとはなっていない。さらに、近年では学芸員の他部署への配置転換や退職、新規採用等が相次いだため、収蔵品管理台帳のデジタル化と、収蔵棚の再整理作業が急務となった。そこで、2021年（令和3）度から収蔵品および資料台帳の再整理に、学芸員資格保持者を数名加えて作業を開始した。これは、後世に文化財の管理や保全を引き継いでいくうえで重要な業務となっている。ただし、当館の資料目録は寄託品所有者との関係や同者の意向、防犯・防災上の観点から厳重に管理されているため、公開していない。

収蔵寄託品の貸出状況について

寄託品の貸出は、当館の主要な業務のひとつである。年間20～25件程度を、所有者の了解を得たうえで、文化庁が定めた期間や基準に照らし合わせながら貸し出している。当館では寄託品の管理や保全はいうまでもなく、本書「鎌倉国宝館　社寺からの寄託品を受けて」の「4　鎌倉国宝館の特殊な事業について」の項に別記した（本書60頁参照）、建長寺・円覚寺で毎年実施される「宝物風入」のような、所有者が行う年中行事への対応などの多様な業務とともに、展示活動や資料の貸出を長年にわたり実施してきた。当然、他館への貸出は厳格かつ慎重に行われており、これらの業務の実績は、長い伝統によってはぐくまれた知識や経験によって裏付けられている。

なお、現在は新型コロナウィルス感染拡大の渦中にある。それでも、当館収蔵品のうちの寄託品（国宝・重要文化財・県・市指定文化財を含む）の貸出状況は、2018年（平成30）度から2020年度を比べてみると毎年度ほぼ20点前後で、大きな変動は見られない。貸し出した先の博物館の展覧会数が減少しても、寄託品の貸出状況はほぼ通常どおりである。

第5章

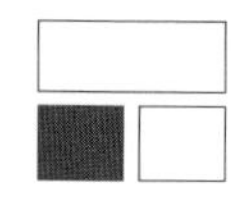

博物館の収蔵資料の公開・活用

Case1 美濃加茂市民ミュージアム

地域共有財産として活かされるデータベースをめざして

可児光生

はじめに

美濃加茂市民ミュージアムは2000年（平成12）に開館した岐阜県の美濃加茂市直営の博物館で、自然史、考古、歴史民俗、美術工芸などの領域を扱ういわゆる地域総合博物館である。収蔵資料は2020年（令和2）度末で71,394点が登録され、一部の非公開を除きほぼすべてが公開されている。資料の収集方針は、①地域的な特徴・特性をあらわし、価値があると認められるもの、②学術的に価値があると認められるもの、③現代の社会に発信・提起するミュージアムとして収集する必要があると認められるものとしている。内訳は表1のとおりである。

博物館が有する資料は、展示や学術目的、放送メディア等への貸出利用のほか、市民の様々な知的要求のために利用されている。博物館としてのレファレンス活動である。美濃加茂市では市立図書館と定期的に情報交換を行い、その内容を両者が共有し、よりよい提供の方法を探っている。

2020年度にミュージアムで扱った件数は72件で、表2がその一部である。

内容は多岐にわたるが、利用者の求めているものは、博物館特有のモノに関する情報よりむしろ生活する地域に関するコトや場という情報である。それに応えるためには、市民ミュージアムは収蔵資料にとどまらず、それを含めて幅広く総合的なデータベースを整え、図書館などの機関と連携をしながら、よりよい利用体制を築いていくことが必要であると考えている。

本稿では、博物館のデータベースは一般市民の日常的な課題や知的関心の

表1　美濃加茂市民ミュージアムの収蔵資料の内訳

植物	動物	考古	歴史	民俗	美術	写真	図書	合計
4,827	4,752	3,677	19,910	5,579	1,720	2,059	28,870	71,394

表2　2020年度　美濃加茂市民ミュージアムで対応したレファレンスの概要（一部）

分野	問い合わせ内容　➡対応した内容（館蔵資料、HPなど）	モノ	コト	場
歴史	美濃加茂市古井地区商店街の写真について東図書館からの問い合わせ ➡文化の森HPにある写真資料のページを紹介する。	○	○	○
歴史	このあたりの古代の地名である曰理郷（わたりごう）について ➡文化の森HP美濃加茂事典の「曰理郷」の項目を紹介。		○	○
歴史・人物	考古学者・H氏の経歴、業績、研究について ➡『美濃加茂市民ミュージアム紀要（第4集）』の報告を紹介する。		○	
歴史	美濃加茂市山之上果樹園の移り変わりについて ➡文化の森HP美濃加茂事典の該当部分と、館蔵関連図書を紹介する。		○	○
歴史	美濃加茂市古井地区の消防団組織の歴史などについて ➡館蔵資料（歴史資料）のH12810、H12809、H12812を紹介する。	○	○	
美術・人物	洋画家・S氏の戦時中の岐阜県下での活動について（他県より照会） ➡該当する資料がなく、その旨回答する。		○	
考古	文化の森の中で拾った土器のようなものについて ➡古代の土器(須恵器）片であると回答する。	○		
自然	植物の同定と特徴について ➡エサシソウと思われ、植物図鑑を見比べながら回答する。	○		
歴史	美濃加茂市下米田町地内に所在する石造物について ➡館蔵関連図書を紹介し、後日現地調査の結果を回答することとする。		○	○

より近いところにあるべき、という視点で進めている美濃加茂市民ミュージアムの取り組みを紹介する。

1　公開データベースの構成

現在､美濃加茂市民ミュージアムがWeb上で公開しているデータベースは、A：収蔵資料情報、B：調査資料、地域文化資源の情報、C：展示情報、出版情報の大きく3つにわかれ、それらを「美濃加茂事典」が関連付けるという構成になっている。

(1) 収蔵資料

①領域別データベース71,394件（2020年度末）　その内訳は前掲のとおりである。データ入力作業は、ミュージアムの担当スタッフが学芸員と共同で行っている。データは内部イントラに入力されるが、一部の非公開資料、非公開項目を除いて、そのまま外部Web情報として公開している。これを含めて資料情報管理システムは､外部に委託しMicrosoftの「SQL Server（データベース)」とAdobeの「ColdFusion Webアプリケーションサーバ)」を用いて管理運用している。

収蔵資料については、画像資料なども含めた調査の詳細をあわせて公開していくのが本来の姿であろうが、収蔵段階での基本情報だけをまず公開し、徐々に内容を充実していくという考え方をとっている。

②「文化の森コレクション」 館蔵品のうち特徴的なものをピックアップして画像とともに提供している。「古文書」、「地籍図」、「図鑑的昭和生活」、「昔のくらしの道具」などである。

(2) 調査資料、地域文化資源の情報（収蔵資料以外の情報）

①「美濃加茂のあゆみ」 pdf『市民のための美濃加茂の歴史』、「市制60年のあゆみ」（年表）

②「地域の文化資源」 「指定文化財」、「美濃加茂市を考古学しよう」、「市内パブリックアート」

③「これまで調査してきたこと」 「美濃加茂市広報紙の過去掲載記事」、「地域の食文化」及び「学芸員調査研究アーカイブ」

この中で、コンテンツ「これまで調査してきたこと」は、『美濃加茂市史』の刊行（通史編1980年発行）後、市民ミュージアム建設の準備が始まった1985年から、地域の様々な文化資源を広く紹介するため美濃加茂市の広報紙に掲載してき17シリーズ477件をpdf化し公開しているものである。例えば地域の人物を紹介する「人物みのかも」（1985～1986）、収集資料を伝える「ふるさと紹介」（1990～1999）、「あーとフォーカス」（2000～2003）、地域を再発見する「辻の風景」（2004～2007）、「美濃加茂新24景」（2015～2017）などである。それぞれコンパクトな記事で詳細に踏み込んだものではないが、地域の文化資源がテーマごとで俯瞰できるものである。埋もれてしまいそうな過去の「小さな研究成果」であるが、貴重な蓄積として市民と共有していこうという考え方である。

また、ミュージアム開館後、市民ボランティア「伝承料理の会」で調査復元して紹介した21例をコンテンツ「地域の食文化」としてまとめてある。民間信仰や冠婚葬祭、地域行事などでふるまわれる料理を聞き書きし、行事の内容とともにその献立を記録したものである。このように実施された市民調査の結果をアーカイブ化し公開していくのは博物館の一つの役割である。

④「美濃加茂の人物」 「坪内逍遙」「津田左右吉」「地域ゆかりの人々」

市域出身の人物に関する資料、ゆかりの地に関連する情報などである。

(3) 展示情報、出版情報

以下はWeb上の「ミュージアムデータベース」以外の情報である。

①常設展示室の情報　主要展示品をHP上で紹介する「ふらりと展示室」の画像が各種DBにリンクし、後述する展示品認証システム「トッテミテ」ともつながっている。

②過去の展覧会情報　2000年の開館以来、開催してきた展覧会に関するWebでの情報をそのまま残して公開している。展示品リストを含めた結果については、『年報』の情報で知ることができる。

③出版物の情報　『紀要』(第1集〜20集)、『年報』(展覧会記録を含む、2000〜2020年度)はすべてpdf公開している。他の刊行物(展示図録、ふるさとファイル16巻)と合わせてアプローチできる。

2　美濃加茂事典

以上、述べてきた多様なデータベースやコンテンツを結びつけ、ネットワークを構築する基盤としての「美濃加茂事典」を美濃加茂市民ミュージアムでは2011年にWeb上で立ち上げた。地域のことがらを五十音順に並べ、「手引き」「インデックス」「百科」としての役割をめざそうとするものである。項目ごとに簡単な解説を付し、『美濃加茂市史』などの基本文献情報のほか、前項で示した「収蔵資料」「調査資料」「地域文化資源」「展示・出版情報」という「ミュージアムデータベース」をリンクさせるものであり、将来的には美濃加茂市中央図書館の図書データとの関連付けも視野に入れている。美濃加茂版「ウィキペディア」ともいうべきもので、ミュージアムが蓄積した多様な情報を有機的につなぎ更新していくプラットフォームである。

博物館で蓄積されているのは収蔵資料だけでない。学芸員による日頃の調査結果や展覧会に際しての執筆や論考なども膨大に蓄積されている。しかしながら、それらは一部のpdf化を除いてほとんどが内部に留まり、外部に共有されていないのが現状であり、それらも美濃加茂事典を介して有効に活用されることをねらっている。

作業は、まず担当学芸員が地域に関わる様々な事柄、事項、有効なキーワードを決め登録をする。その事項は図書館での「基本標目」、「一般件名」「人名件名」ともいうべきもので個々にURLを持つ。

そしてWeb担当スタッフと協力して事項間および各種データベースとのリンク付けを行い、随時更新を行っている。2022年3月現在、848件が登録

筏（いかだ）

木曽川、飛騨川上流の材木は、古くから両川を流して運ばれたが、江戸時代になり尾張藩の支配になってから組織的に行われるようになった。木曽川では錦織で、飛騨川では下麻生で、それぞれに綱を張って木材をせき止め筏に組んだ。川合もしくは太田の木曽川で連結され犬山まで運ばれた。寛政年間の記録によると当時の太田村の筏乗りは43名であった。

【基本図書】『市史/通史編』p550～556、『市史/民俗編』p229～237
【図書資料】No.852『美濃生活絵巻』(下)、No.891『木曽式運材伐木絵図』、No.902『桴　いかだ』、No.1131『写真集 明治・大正・昭和美濃加茂』、No.2793『川とともに生きる』、No.3501『市民のための美濃加茂の歴史』
【歴史資料】No.1317「木曽川と筏の絵図」
【歴史写真】No.1010「青柳橋と筏の乗下げ」、No.1160「可児合を下る筏」
【展示情報】常設展「イカダ流し」
【関連情報】村瀬英彦「木曽川渡船に関する研究」(『紀要』2011)、〈中央図書館〉『尾張藩と木曽川』

図１　美濃加茂事典

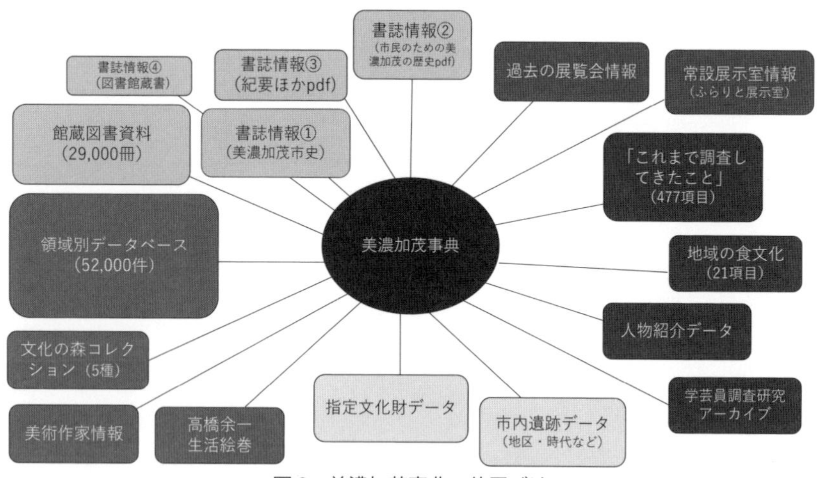

図２　美濃加茂事典の位置づけ

表３　データベースの内訳

区分	自然史	考古	歴史	民俗	食文化	美術	計
件数	151	43	357	79	30	143	803

されている。その内訳は表３のとおりである。

美濃加茂事典は、館が持つコト情報の集大成であり、かつ各種データベースのインターフェイスでもある（図１・２）。

3　展示室はデータベースへの入口

美濃加茂市民ミュージアムでは、2020年10月に20周年を迎えるにあたって常設展示室の手直しをした。それにあたって次の２点にねらいを定め、来

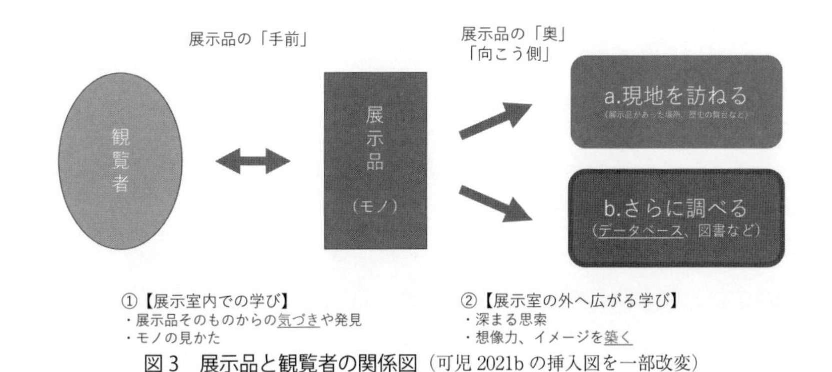

図3　展示品と観覧者の関係図（可児2021bの挿入図を一部改変）

館者のためにコミュニケーションツールとして各種の「☆☆☆ミテ」を展示品のそばに示した（可児2021a・b）。

①展示室内で展示品そのものからの気づきや学びにつながる

②展示品を通して関心がひろがり、展示室の外の世界へつながる

②のうち「a. 現地を訪ねる」ことを促すために「イッテミテ」シートを用意した。人物の生誕地の地図情報、関連する資料が点在する街道のマップなどである。「b. さらに調べる」ことをサポートするために用意したツールが「トッテミテ」である。これは、事前に展示品の画像情報をクラウド上に格納しておき、来館者がその展示物を写真撮影してクラウド上の画像と認識した時に、用意されたコンテンツにアクセスできるものである。その手法は、QRコードなどでも可能であるが、観覧者が写真撮影という行為を通して展示物をより観察すること、撮影という行為が遊び心に繋がるという観点から導入した。ここでアクセスされる情報とは、新規に作りこんだものではなく、既存のミュージアムデータベースである。利用者は、トッテミテのツールを使ってプラットフォームである「美濃加茂事典」に繋がり、必要であればそこから展示品自体の詳細情報と関連するデータベースに自由に展開していく。展示側がその意図を補完・補強する目的ではなく、利用者の意志にその使い方は任されている。膨大なデータベースの入口が展示室なのである。

4　共有財産としての博物館情報

さて多くの博物館では、収集された多様で大量な資料の一部をテーマに基づいて抽出し「おすすめの名品」という形でWeb上に公開している。それ

は展示室と同様、作り込まれたものであり、博物館が価値づけをして一方的に提供しているものである。しかしながら、利用者からの視点に立つと、取り揃えられた「コレクション」だけでなく、資料群の全体像とその基本情報についてもアクセスでき主体的に利用できることが望ましい。あわせて収蔵資料の関連資料（コト情報）や、既に調査されている情報についてもデータベース化して多様な関心に応じて幅広く共有される仕組みが求められる。

地域には、先人が営みを続けてきた土地に残る「文化財」や自然、オーラルヒストリー、景観や風土など特有な文化資源があり、それに関して調査・記録されてきている情報が博物館にはアーカイブとして蓄積されている。それらはまさに地域のアイデンティティを表象するものであるとともに、地域課題にも深く関わっているものである。それらの情報をデータベースとして整え、より広く利用されていくことが望まれる。

以上を図化すると図４のようになる。

所蔵資料を加工し一方的に提供するＡに対して、関わるデータを地域文化資源まで広げ、原則すべてのモノの基本情報、モノに限定しない多様なコト情報もあわせてデータベースとして公開していく形がＢである。それは提供というより博物館が持つ情報を共有財産として市民とともにシェアしていくイメージである。情報によっては市民が参画した調査活動の成果もそこに反映され蓄積されていく。

地域の社会基盤として博物館が機能していくためには、データベースが以

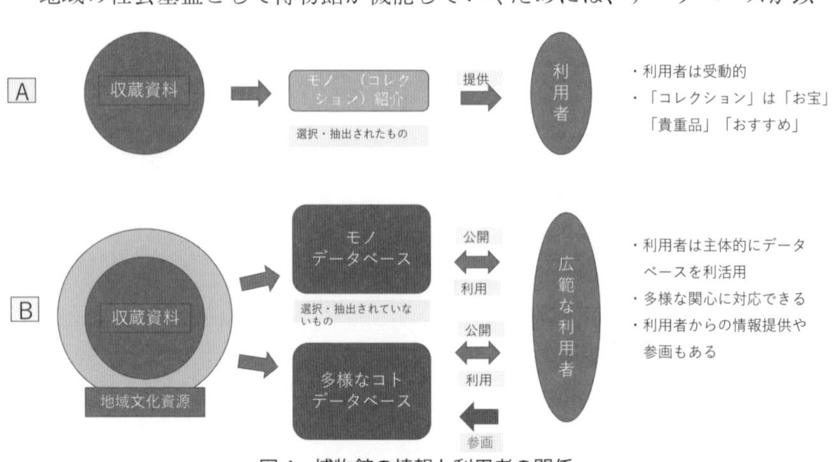

図４　博物館の情報と利用者の関係

上のように構築、利用されることが大きなポイントになると考える。美濃加茂市民ミュージアムとしても更に模索を続けていきたい。

おわりに

2017年、美濃加茂市民ミュージアムでは「まちのいいものよいところ山之上展」を開催した。美濃加茂市として合併（1954年）する前の旧町村に今も一つのコミュニティが住民意識の中に存在していることを念頭に、旧町村の一つである山之上地区に対象を限定した「まちの資源」をアーカイブし展示を試みた。住民からの多くの情報提供と参加協力を得て、地区にある24点のアイテムを絞り込み展示構成をした。土器や書軸、蝶の標本といった実物資料とともに紹介したのは、廃道になりかけているかつての通学路「学校道」、農業用ため池の記念碑、昔からつたわる「世間話」などである。いずれも今まさに忘れ去られようとしているが、それらは人々にとっては暮らしの証、地域のよりどころである。展示に見入る来館者の姿を見て、有形無形を問わずその土地に残されているものの意味合いを博物館は地域と共有し、地域の情報を分かち合っていく使命があると強く感じた。

今後、地域文化資源をも包含した博物館のデータベースは地域ではますます重要視されるであろう。来館を前提とした展覧会の開催に終始することなく、多様なものがまさにクラスターとして集積して利用される「地域情報センター」的博物館こそ社会的な公共財としてのこれからの博物館の一つの姿であるのかもしれない。

引用・参考文献

八尋克郎ほか編　2011『博物館で学ぶ』東海大学出版会
NPO知的資源イニシアティブ編　2011『デジタル文化資源の活用』勉誠出版
神奈川地域資料保全ネットワーク　2016『地域と人びとをささえる資料』勉誠出版
大西　亘　2018「自然史系“地域”博物館の役割―神奈川県植物誌の事例から―」『神奈川県博物館協会会報』第89号
可児光生　2021a「美濃加茂市民ミュージアムの「トッテミテ」について」『全科協ニュース』Vol.51、全国科学博物館協議会
可児光生　2021b「2020年の常設展示室「もよう替え」」『美濃加茂市民ミュージアム紀要』第20集、美濃加茂市民ミュージアム
可児光生　2022「展示品の「奥」とその「向こう」の世界へいざなう試み」『展示学』第63号、日本展示学会

Case2 氷見市立博物館
膨大な民具資料を収集、保管する

大野　究

はじめに

公立の歴史系博物館が収集すべき資料のひとつに、民具資料[(1)] があげられよう。特に昭和の高度経済成長期以前の資料は、製作や流通、使い方において地域性が認められるものであり、その地域の歴史・文化・風土を知る上で、貴重な情報を提供してくれる実物資料である。地方創生が叫ばれる中、その地域の特性を示すために必要なものであり、学校教育や生涯学習の場においても、有効な教材となる資料である。

氷見市立博物館（以下、当館とする）は、さまざまな経緯から膨大な民具資料を収集し、保管している。本稿では、積極的に民具資料収集に取り組んでいる博物館の一例として、当館の事例を紹介したい。

1　氷見市立博物館の概要

氷見市は富山県の西北部に位置し、人口は約45,000人である。地理的には、日本海に突き出した能登半島の付け根東側にあたる。1952〜54年（昭和27〜29）に、旧氷見郡のうち1村を除く1町17村が合併し、現在の氷見市が誕生した。富山湾に面し、400年以上の歴史をもつ定置網漁業が盛んな街として知られ、特に冬に水揚げされる鰤は、「ひみ寒ぶり」としてブランド化されている。2021年（令和3）2月には、「氷見の持続可能な定置網漁業」が、日本農業遺産に認定された。

氷見市には1922年（大正11）3月8日付で国指定史跡になった、大境洞窟住居跡と朝日貝塚がある。これは記念物のうち史跡としては2回目という極めて早い時期での指定である。このため、二つの史跡は戦前から氷見地域を代表する観光地として紹介され、市民にも氷見が豊かな歴史を持つ街であるという意識が浸透したといえる。さらに両史跡の出土資料が地元に残らなかったため、展示施設を切望する声がたびたび高まっていた。

行政が本格的に動きを見せたのは、1970年の第3次氷見市総合開発計画であり、この中に郷土博物館建設計画が記載された。1978年の第4次氷見市総合計画には、前計画を受けて博物館・図書館・公民館などからなる教育文化センター建設計画が盛り込まれ、翌1979年に建設が正式に表明された。1980年度には博物館建設準備室が設置され、1982年8月1日に、氷見地域に関する考古・歴史・民俗資料の収集・保管・調査・研究・展示などの活動を行う博物館として開館した。

当館の入る氷見市教育文化センターは、市街地の中央部に位置し、JR氷見駅から徒歩約7分の立地である。1階と2階に博物館と図書館が入り、博物館部分は1階に事務室、常設展示室など、2階に特別展示室、収蔵庫、研究室、資料室、作業室などが配置されている。収蔵庫は温湿度が管理されているものの、第1収蔵庫が60㎡、第2収蔵庫が104㎡であり、特に和船などの大型資料は、物理的に収蔵できない構造である。

そのため当館では、準備室段階から使用していた市の大型建物を、開館後も収蔵施設として利用してきた。しかし、建物の老朽化が進むとともに、資料の増加によって手狭となり、整理作業や新たな資料の受け入れが困難な状態になっていた。その代替施設として当局に要望したのが、学校跡地であった。氷見市の小中学校は、谷ごとに小規模な学校が所在していたため、統合によって閉校する学校が多く、当館ではその機会ごとに、大型の資料にも対応できる体育館を含めて校舎の再利用を申し出た。しかし体育館は、スポーツや避難場所として地元が利用したいという要望があり、なかなか認められることがなかった。その後、2010年（平成22）度で閉校した市立女良小学校について、校舎と体育館の両方を利用できることになったため、資料を移転し、当館付属施設の氷見市文化財センターとして新たに発足させることができた。

図1　文化財センターに収蔵した木造和船

耐震工事が行われていない鉄筋コンクリートの建物であるが、センターの開設によって、これまで以上に積極的に資料を受け入れ、整理作業を進めることができるようになった（大野 2016）。

2　なぜ、氷見市立博物館に多くの民具資料が集まるのか？

(1) 開館以来の市民とのネットワーク

当館は、1980 年の博物館建設準備室段階から、氷見地域の歴史に関するさまざまな資料を収集しているが、この作業は開館から 40 年近く経過した現在も継続している。特に収集に力を入れているのが、民具資料である。発掘調査で出土する考古資料や、ある程度所在の判明している歴史資料（古文書）[2]と違って、民具資料は市民から寄せられた情報を元に直接交渉を行って博物館に収蔵するものであり、このこと自体が地域の博物館として市民とつながる重要な機会になっている。

当館が民具資料を収集しているという情報は、友の会会員を中心にネットワークが広がっており、自宅や蔵・納屋などの整理を考えている市民がいると、会員から博物館への寄贈が呼びかけられる。賛同が得られると、会員を通して、あるいは直接市民から、博物館へ連絡が寄せられる。これを受けて学芸員が現地へ出向き、必要と判断した物について寄贈をお願いし、聞き取りを行った上で受け入れる。こうして収蔵した 7,000 点余の民具資料が、当館の基礎資料になっている。

(2) 富山県内各地の資料

富山県が設置している博物館で、歴史系の学芸員が配置されている館は、立山博物館、立山カルデラ砂防博物館、高志の国文学館、県埋蔵文化財センターの 4 館であり、この他に県公文書館がある。立山博物館・立山カルデラ砂防博物館・高志の国文学館は、立山という特定の地域や、郷土文学と文芸を扱う専門博物館である。一方、県埋蔵文化財センターは県内全域の考古資料を、県公文書館は同じく歴史資料を収集し、それぞれ中核施設として機能している。これに対して民具資料については、県内全域を網羅して調査・収集する体制が整っていないのが現状である。このため、県内の広い範囲で収集された資料ではあるが、その後、諸般の事情で長く活用されることがなかったものについて、当館が受け入れることになったという事例がある。

まず、日本海博物館（仮称）収集資料である（和船建造技術を後世に伝える会 2014）。1990 年に、帆船海王丸が富山新港（新湊市、現在の射水市）に係留展示されたことを受けて（恒久展示確定は 1994 年）、富山県は富山新港西埋立地での、海のプラザ「日本海ミュージアム」構想を立ち上げた。その中核施設として基本計画が策定されたのが、日本海博物館（仮称）であり、ここに収蔵・展示するために、1993〜95 年度に資料所在調査が行われ、1996〜98 年度に実物資料が収集された。しかしその後、同構想が縮小見直しされたため、2006 年になって、富山県から後述の和船建造技術を後世に伝える会に、資料調査カードを含めた収集資料全てが移管され、これらを当館で保管することになった。そして 2014 年に改めて当館が、同会から所蔵資料として受け入れたものである。資料の内容は、朝日町、入善町、黒部市、魚津市、滑川市、富山市、新湊市（現、射水市）、氷見市の漁撈用具を中心とした資料からなる 442 点である。

図 2　文化財センターに収蔵した唐箕

次に、富山民俗の会による収集資料がある（富山県教育委員会 1992）。富山県教育委員会は、1989〜91 年度に、失われつつある有形民俗文化財の現況を把握し、今後の収集・保存のための基礎資料とすることを目的として、有形民俗文化財関係資料保存調査を富山民俗の会に委託して実施した。この調査の過程で、富山民俗の会が収集した資料である。2018 年に、調査カードのコピーを含めた収集資料全てが当館に移管された。資料の内容は、富山県全域にわたる衣食住・生業・交通・運搬・信仰等の民具資料、計 652 点である。

（3）和船研究を通じたネットワーク

2003 年に氷見市教育委員会が実施した鞍川 D 遺跡の発掘調査で、井戸側に転用された平安時代末期の丸木舟が出土した。これをきっかけとして、当館学芸員・船大工、和船研究者を中心とした「和船建造技術を後世に伝える会」が結成された。同会は、現存する木造船や船大工用具について調査を行い、廃絶が危惧される和船建造技術の伝承に努めている。この会の活動を通して、市内のみならず、県内各地や石川県能登地域、さらには京都や千葉から使われなくなった木造和船の情報が寄せられ、当館が受け入れることになった。当館が収集した木造和船は、海船に川や潟といった内水面の船も加えて30艘以上となり、全国でも有数の和船コレクションになっている。また、各地の和船の受け取りにあたっては、可能であれば他の漁撈用具もあわせて寄贈を受けており、他地域の漁撈用具の収集にもつながっている。

(4) 旧魚々座所蔵民具の移管

2015年、氷見市は氷見漁港内に、ひみ漁業交流館魚々座（ととざ）をオープンした。魚々座の準備段階で、展示設計を担当した建築家が、家庭で眠っている漁業や生活に関する道具を集めるため、「物集めワークショップ」を開催した。これにより市民が持ち寄ったり、学生が各家庭を回ったりして、多くの道具が集められ、魚々座内に展示された。しかしその後、魚々座は名称を氷見市漁業文化交流センターに変更し、展示構成を見直すことになったため、2020年に資料のうち約3000点を当館が受け入れた。

3　膨大な民具資料を集めるメリット

以上の様に、当館はさまざまな理由から、膨大な民具資料を収集している。では、民具資料を多く収集することには、どのようなメリットがあるのであろうか。

(1) 地域性の確保

当館の収蔵資料には、建設準備室段階から収集した氷見地域の漁撈用具に、日本海博物館（仮称）資料や能登地域の和船をはじめとする漁撈用具が加わった。このことで富山湾や能登地域の漁撈用具が質量ともに揃うことになり、この地域の特性が示されることになった。これを受けて2015年（平成27）3月2日、当館が所蔵する2853点が、「氷見及び周辺地域の漁撈用具」として国登録有形民俗文化財になった。

(2) 新たな研究視点

唐箕は、ハンドルを回転させて風を送ることで、米や豆類等の穀物とそれに混じる籾殻やゴミとを選別する農具であり、当館では2021年末時点で35点を所蔵している。農業の機械化によって、唐箕は長い間使用されないまま保管されていることが多く、直接使用した人からの聞き取り調査が困難な資料である。ただ唐箕によっては、製作者や購入・使用者名、購入年月日や価格、補修年月日等の情報が直接墨書されているものがあり、多くの資料を収集することで、より多くの情報を集めることができる。

また、唐箕は西日本型と東日本型があり、前者は四脚で一番口と二番口は前面に並ぶのに対して、後者は六脚以上で二番口が背面に配置される。富山県の唐箕は全体のつくりや構造は西日本型であるが、脚は六本で東日本型の要素が混ざることが指摘されている。また二番口の位置は、黒部川を境に東西日本の型に分かれる傾向とされるが、当館が収集した唐箕を観察すると、西日本型とされる地域ではあるものの、東西の要素が混在していることがうかがえる（氷見市立博物館 2016）。これは、多数集めなければ見えてこなかった視点である。

また、漁撈用具を例にとると、漁師が自作したり、漁場や獲物によって改良を加えたりする道具が多く、材質や形態においてさまざまな様相を呈している。

民具資料は同じ種類の道具であっても、多くの資料を収集することで、地域の特性が明らかになるとともに、他地域との比較が可能になるなど、新たな研究視点が見いだされることになるといえよう。

(3) 活用の多様化

当館の常設展示室内には、明治期の民家が移築されている。この民家の座敷は年に6回、季節や祭礼にあわせた展示に模様

図3　常設展示室内の移築民家「春の展示」

図4　民具貸し出しセットの一例

替えを行っており、収集した民具を入れ替えて展示している。

また当館は2011年度から地域回想法を実施しているが、この取り組みの中で、民具の貸し出しセットを複数用意し、老人福祉施設や老人会等に無料で貸し出しを行っている。貸し出しセットについては学校や市外の老人福祉施設からの要望もあり、今後拡充を考えているところである。

(4) 収蔵施設の公開

市民の多くは、博物館を展示施設としてとらえているようだ。展示室にあるもの以外に、博物館としてどのような資料を、どれだけ収蔵しているのかを公開することは、より開かれた博物館を目指すうえでの第一歩と考える。

氷見市文化財センターでは、2015年度から年に10回、木造和船や漁撈関係用具を収蔵する体育館と、農具を収蔵する1階教室を、申し込み不要、無料で一般公開し、学芸員が随時解説を行っている。また当日は作業員と共に、資料の水洗いやラベル付け等の作業も行っている。これは見学者に膨大な収蔵資料だけではなく、整理作業の一コマも見てもらいたいという思いからである。また、学芸員にとっては、解説を通して収蔵する資料に対する見学者の反応や感想を、直接受け取ることができる機会になっている。多くの見学者は膨大な資料に驚くとともに、日々の暮らしの中で使われてきた道具が博物館にとって重要なものであることに興味を示し、中には公開日にあわせて資料を寄贈するため持参する人もいる（廣瀬2017）。

おわりに

氷見市においても人口減は急速に進んでおり、これに伴い住宅や土蔵・納屋の整理に取り掛かる市民が多い。また、営農化によって不要となった農機具が処分されるのに伴い、農機具倉庫に眠っていた古い農具があわせて処分される例も増えている。一方海沿いに点在する漁具倉庫の解体も、ここ数年でかなり進んできた。さらに、コロナ禍で身の回りを整理する人も増えているようであり、こうした傾向はこれからも拡大していくと考えられる。民具が次々に処分されている時代である今は、博物館が民具を収集する最後の機会であるといってもよいであろう。また、地域回想法はその道具を使っていた世代にしか通用しないものであり、今でなければできない取り組みである。

膨大な民具資料を収集することは、ともすれば予算や人員が限られた中で整理が追い付かず、死蔵につながりかねないというリスクがあるだろう。収集するとともに少しでも活用を図り、指定や登録によって価値を高めるなどして後世へとつなげていく、こうした活動が地域の博物館としての重要な使命ではないだろうか。

註

(1) 本稿では民俗文化財のうち有形の民俗文化財を民具資料とする。

(2) 1992～2006 年度に氷見市史編さん事業が実施され、歴史資料（古文書）の所在調査が行われた。

引用・参考文献

大野　究　2016「地域とつながる博物館」『博物館研究』第 51 巻第 2 号、日本博物館協会

富山県教育委員会　1992『富山県の民具―有形民俗文化財関係資料保存調査報告書―』

氷見市立博物館　2016『氷見の昔の道具たち―民具からみる地域のくらし―』

廣瀬直樹　2017「漁撈用具の収集と博物館」『博物館研究』第 52 巻第 11 号、日本博物館協会

和船建造技術を後世に伝える会　2014『富山湾の漁撈用具』和船建造技術を後世に伝える会調査報告書Ⅳ

Case3　岐阜県博物館

収蔵・展示資料を活用した博物館機能の全県展開モデル

山田昭彦

はじめに

ここでは、岐阜県博物館が2014年(平成26)度以降段階的におこなった、収蔵・展示資料を活用し、博物館機能を県内各地に展開する取り組みについて紹介する。2008年以降入館者数が、4万5,000人前後と減少するなか、当館が認知度の向上、入館者増に向けてとった方策が全県展開であった。本稿では、その歩みについて報告するとともに、課題・解決策について考察する。

1　岐阜県博物館について

①概要

岐阜県博物館は、県立の総合博物館として1976年(昭和51)5月に開館して以来、「岐阜県にゆかりのあるもの」を中心にした調査研究・資料収集・保管・展示を行い、2021年(令和3)度に開館46年目を迎えた。この間、244回の企画展・特別展を実施、入館者は310万人を数える。また、1995年度に増設されたマイ・ミュージアム棟を会場として県民自らが主催者となるマイミュージアムギャラリー展は2021年度末で197回となる。

②博物館学芸部の人員構成

2021年度現在学芸部の人員構成は、副館長兼学芸部長、人文係4名、自然係4名、マイ・ミュージアム係3名(うち補助職員1名)、教育普及係11名(うち学芸業務専門職3名、管理業務専門職＝解説員6名)、合計23名からなる。また、正規職員13名の内訳は、学芸員採用4名、史学(考古学)採用1名、教員8名によって構成される。

図1　岐阜県博物館

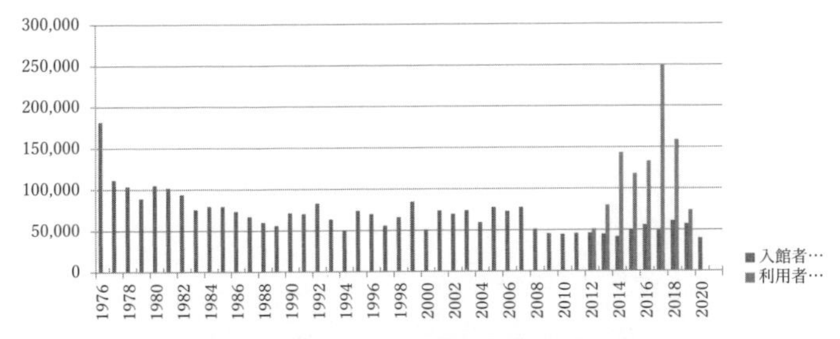

図2　入館者数・利用者数の推移（年度毎）

表1　入館者数・利用者数の推移（年度毎）

	2016	2017	2018	2019	2020
入館者数（利用者数）	56,140 （117,908）	49,425 （133,219）	60,744 （249,375）	57,236 （158,642）	39,837 （73,784）
高校生以下（内数）	23,458	18,978	21,851	22,009	15,156

※入館者数は、本館・マイミュージアム棟入館者の合計
※利用者数は、入館者数に移動展等館外での催事参加者を加えた人数
※ 2020 年度は 4 月 3 日～5 月 18 日まで新型コロナウイルス感染拡大防止のため臨時休館

③入館者数（図 2・表 1）

入館者数については 40 年前の開館当初数年間は 10 万人を越えることもあり、2007 年頃までは、年 7 万人前後で推移した。しかし、その後 4 万 5,000 人前後に低下した。

こうした状況下、岐阜県博物館においては、利用者増に向けて、2014 年度以降次のような取り組みを行った。

2　博物館運営の転換― 2014 年度以降の新たな取り組み―

(1) 外へ打って出る姿勢の構築

移動展、移動博物館や出張けんぱく教室の開催　県内各施設を利用した「移動展・移動博物館」や「出張けんぱく教室」を積極的に展開した。すなわち博物館への関心を今一度呼び戻すため、来館者を待つことから、資料や体験教室を持って外へ打って出ることへの転換をはかった。これは、これまで博物館を訪れてこなかった層が博物館の資料や展示、教育普及事業を体験し、後日改めて博物館へ来館することを促すことを狙ったものである。

(2)「博物館機能の全県展開」の推進（図 3）

2017 年度文化行政を一元的に展開するために、博物館も教育委員会から知事部局へ所管が移り、県民文化局の現地機関となった。この初年度にあたり、当館では「博物館機能の全県展開」構想を打ち出した[1]。

柱としては、①県有文化施設連携、②民間施設連携、③市町村連携、④学術連携の4本があげられる。これは博物館への関心を呼び戻すため、「来館者を待つ」姿勢から、収蔵資料や体験教室を持って外へ「打って出る」姿勢への転換を図ることを主な目的とした。

次に、これら4つの柱についてみることとする。

①県有文化施設連携

県有文化施設とは、岐阜県図書館、岐阜県関ケ原古戦場記念館、高山陣屋との連携を指す。

岐阜県図書館との連携　当館はこれまでも、岐阜県図書館の企画展示室（95㎡）において、展示を展開していた。しかし、展示するスペースには限界があったため、2018年図書館は、当館の協力のもと企画展示室2（264㎡）を開設した。これ以降当館主催の展示を開催している（図4）。

岐阜関ケ原古戦場記念館との連携　岐阜関ケ原古戦場記念館は、2015年3月に岐阜県と関ケ原町により策定された「関ケ原古戦場グランドデザイン」に基づき2020年7月17日に開館した施設で、5階建5,200㎡の規模を有する。当館は当初より、（設立のための）検討分科会、コンテンツ検討分科会に参画した。開

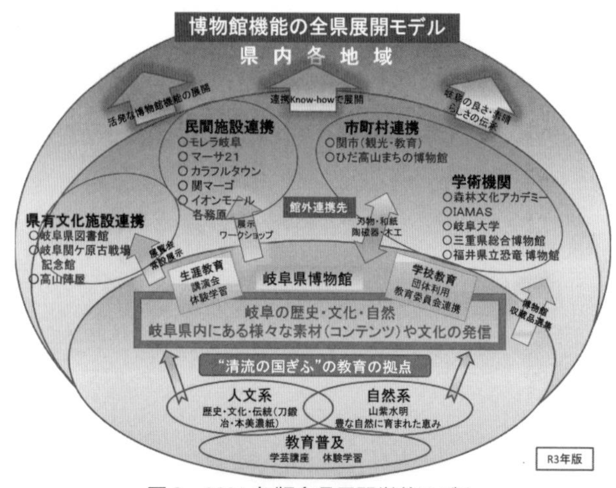

図3　2021年版全県展開学芸モデル

館後は、資料展示、資料購入等の学芸業務を通じた連携を図っている。

高山陣屋との連携　高山陣屋は、江戸幕府が飛騨国を直轄領として管理するために設置した代官所・飛騨郡代役所（陣屋）であり、年間の来場者30万人を誇る飛騨を代表する文化施設である。同陣屋は国史跡として整備公開がなされ、かつて年貢米を収納した米蔵（御蔵）の一部ほかにおいて、資料の展示が行われている。当館は、高山陣屋と連携し資料の貸出しを行っている。例えば、史跡内展示に耐えうる資料は実物展示を、錦絵や国絵図など一定の展示環境が求められるものについては、複製を作成、同施設に貸出すことで利用者の観覧に供している。

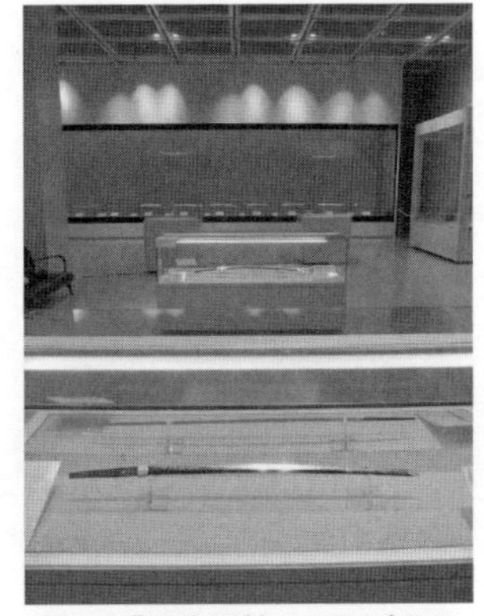

図4 「千磨百錬　よみがえる赤羽刀：前編」(2020年度)

②民間商業施設連携

当館が、民間商業施設連携に舵を切った大きな理由としては、前述の2017年度知事部局移管が大きな画期となった。その中で、ア）モレラ岐阜（本巣市三橋）、イ）マーサ21（岐阜市正木）、ウ）カラフルタウン（岐阜市柳津）、エ）マーゴ（関市倉知）の4施設との連携を全面的に図った。何れも岐阜県南部（美濃地方）を代表する大型商業施設であり、愛知県等隣県からの集客も見込まれる施設である。2021年度にはこれに加え、オ）イオンモール各務原（各務原市那加）での事業が新たに加わった。これらの施設で展開する事業について2021年度を例にみると

ア）モレラ岐阜との連携（図5）

・移動博物館「恐竜ミニ展示 in モレラ岐阜 2021」（7/30～8/30）

・GIFU マスタークイズラリー（春・秋・冬）

・出張けんぱく教室「モレランド 2021」：化石レプリカづくり（1回）

イ）マーサ21との連携（図6）

・パネルミュージアム（4回）

・サテライト展示（2回）

・出張けんぱく教室（2回）

ウ）カラフルタウンとの連携

図５　モレラ　体験教室＋地元甲冑同好会コラボ（2019年）

図６　マーサ21　三蜜解消を図った体験教室（2021年）

図７　マーゴ　恐竜復元画展（2019年）

図８　飛騨高山まちの博物館移動展（2021年）

・移動博物館「ミニ恐竜展」（7/24〜8/1）

・出張けんぱく教室（２回）

エ）マーゴとの連携（図７）

・サテライト展示（２回）

オ）イオンモール各務原（令和３年度新規）

・出張けんぱく教室（１回）

といった展開になる。これをみると、展示あり、体験教室あり、クイズありと多彩なプログラムを用意していることを理解していただけると思う。

③市町村連携

岐阜県博物館は、岐阜県のほぼ中央関市に所在し、東海北陸自動車道関ICからも近く車の利便性は高い。ただし、岐阜県は南北に長く北部飛騨地方の中心高山市とは100㎞以上離れている。そこでこの高山市立の飛騨高山まちの博物館（高山市上一之町）において、毎年移動展を開催している。2021年度の場合4/10〜6/6に「名前のヒミツ教えます―植物に隠された物語―」を飛騨ゆかりの植物をまじえて開催した（図8）。

また、地元関市ともほぼ毎年連携展示を開催、令和3年度秋には当館でけんぱく・関市文化財保護センター・関市立図書館連携企画展示「古地図で振り返る関市の災害」を開催した。この展示は、当館の秋季特別展「今日から防災」と連携する形で関市が主体となり展示を実施したものである。

④学術連携

学術連携としては、岐阜大学、岐阜森林文化アカデミー、情報技術大学院大学（IAMAS）などの県内の諸機関や筑波大学、三重県総合博物館（MieMu）など県外の諸機関との交流を行っている。特に、定期的な交流を行っている例を次に示す。

ア）岐阜大学との連携（図9）

・博物館・岐阜大学連携企画を開催している。2021年度の場合「恐竜の復元模型」展を10/29〜12/24の期間で、岐阜大学附属図書館にて開催した。

イ）　森林文化アカデミーとの連携

・連携企画（催し物）「百年公園で秋を見つけよう」を開催。

ウ）　三重県総合博物館（MieMu）との連携

・学芸員、催し物への学芸員などの相互派遣。

3　収蔵・展示資料を活用した博物館機能の全県展開

岐阜県博物館では、2014年度以降、収蔵・展示資料を活用した博物館機能の全県展開に多く取り組んできた。ここでは私が直接担当したもので、全県展開の嚆矢となった特別展にもとづいた展示例をあげることにしよう。岐阜県博物館では年間2回の特別展（人文・自然各1回）を実施している。2015年度春季に人文分野歴史担当として特別展「天下人の時代〜信長・秀吉・家康と美濃〜」と銘打って、三人の天下人に関連する資料を美濃との係わりを中心に展示した。

この展示は、「天下人」の実像について、郷土岐阜とかかわりの深い、国宝「島津家文書」（東京大学史料編纂所蔵）、重要文化財「毛利家文書」（毛利博物館所蔵）、同「信長記」（岡山大学附属図書館所蔵）、といった第一級の資料群や、地元に伝えられた「高木家文書」（個人蔵・岐阜県歴史資料館寄託）や岐阜県重要文化財「石山合戦資料ならびに安養寺文書」（安養寺所蔵）など、地域の歴史を語るうえ

図9　岐阜大学連携企画展（2021年）

図10　特別展「天下人の時代」展（2015年）

でも重要であるが、普段目に触れることが難しい資料を展示することを試みた（図10）。

当館の歴史分野は、長年にわたり国宝・重要文化財等指定文化財の展示を行ってこなかったが、この展示をきっかけとして以降3回にわたり指定文化財の展示を行い、展示実績を積み重ねている。当館は公開承認施設ではないため、今後もこうした展示実績の積み重ねを更に図っていきたい。

このようにして、特別展「天下人の時代」は、約13,000人の来館者を迎えることができたが、来館者や県内の他機関からも、同様の展示が構成できないかといった問い合わせを多くいただいた。そうした中当館では関ケ原町歴史民俗資料館（同館の関ケ原合戦に関する展示機能は現在岐阜関ケ原古戦場記念館に発展的に統合・整備されている）で実施した「美濃の刀剣～西美濃・志津から　美濃・兼元～」（2015年度秋）や岐阜県図書館で実施した「関ヶ原～天下分け目の合戦と美濃」（2017年度夏）の企画に繋がった。これらの展示については、展示環境を考慮しつつ展示するものを選択する形で展示を実施し好評を博した。これらは、関ヶ原合戦を始めとする戦国史に対する県民の関心の高さを示すものであるが、これ以降続く県内他館展示に繋がるものとなった。

おわりに―「博物館機能の全県展開」の課題とその解決―

このように、2017年度に打ち出した「博物館機能の全県展開」構想は県民をはじめとする多くの方々がその機能を利用することで、より博物館の存在意義を高め、入館者の増加にもつなげていくことを目的に実施した。しかし、学芸部正規職員は13名であり、当然本来業務として、本館での特別展、企画展などを実施しているため、通常では別に事業展開することは困難なことである。

その解決策として次の２つの点を重視した。

1. 展示、催し物を含め館外展開するものは、基本的にこれまでに館内で展示した実績のあるものを元にすること。この方法を取ることで、これまで実施したもののエッセンスをなるべく手間をかけずに、館外での展示に生かすことができることとなる。
2. 館外での展開を成功させるうえで大切なことは、それを取り仕切る役割を担う人材の配置である。例えば、恐竜をテーマとする展示だから自然係古生物分野がすべて運営する、とすると担当者の負担感が増してしまう。そこで、担当者は専門性の面で重要な役割を担うが、調整役として直接展示を担当せず、学芸業務に精通した担当外の係長がその役割を担い調整にあたっている。

今回取り上げた事業は、県内各地への博物館機能の展開によって、博物館の認知度を高め新たな来館者の獲得をめざすことを目的としたものである。現状はコロナ禍による制約を抱えながらも、その成果は現れつつある。この事業を展開するうえで最も大切なことは、集客を得るためのテクニカルな手法ではない。来館者の増減やアンケートをみると県民をはじめとする多くの来館者は「本物を見たい」という強い要望があることがわかる。そのために、これからも本館での企画展・特別展事業に軸足を置き、予算・人的配置に留意すること、またその根幹となる調査研究業務を揺るがせにせず取り組みながら、新たな展開を見据えること。一見欲張りに見える事業展開であるが、今後も博物館として誠意をもってこれらの事業に取り組んでいきたい。

註

1）岐阜県議会　2017年６月　第３回定例会（６月29日―03号）において、山田実三議員の質問に対する知事答弁に明示されている。

引用・参考文献

岐阜県博物館　2015～2021『岐阜県博物館報』38～44の各号
岐阜県博物館　2015『天下人の時代―信長・秀吉・家康と美濃―』
山田昭彦　2017「特別展を核とする、県内各地での関連展示の展開について」『博物館研究』第52巻第１号、pp.29-31

“博物館学の展示”の可能性

企画展をとおして保管機能を普及啓発する

山本哲也

博物館の機能、学芸員の役割について、市民の理解を如何に得るべきか。その理解を求めるという意識が実は博物館界に希薄だったのかもしれないと考えるに至った事態に遭遇した。2017年（平成29）4月17日の、「学芸員はガン」という閣僚による衝撃の発言。そこから我々学芸員は、何に気づくべきだったのだろうか。それは博物館自体、すなわち学芸員が博物館の意義や様々な機能、そして、それに日々黙々と従事していることの説明をしてこなかったということではないかと筆者は考えたのである。

つまり、そう閣僚に言わしめたのは、学芸員が博物館のさまざまな機能に携わっているということの理解がなかった、と言うよりも、理解されるための活動を十分にはしていなかったからではないかと考えるのだ。

では、我々学芸員は、説明責任をどう果たしていくべきなのか。さまざま考えられる中、筆者は博物館の機能として重要な位置にある“展示”をとおして発信することで、多くの市民にその意義が理解されることが期待できるのではないかと考える。そのような展示、それも企画展で普及しようとする例は、近年徐々に増加する傾向が窺える。そこで、企画展をとおして博物館の重要な機能の一つである「保管」を発信・普及啓発する展示のあり方や意義を述べる。

1　博物館の機能を展示すること

博物館の諸機能を展示する。それはどういうことか。

収集、保管、調査研究、教育（普及）という機能のそれぞれ、またそのいくつか、またはそれらを総合的に、そして時に展示の一部にそれに関する情報を設置することで、博物館の意義や役割を発信すると言うことである。

例えば収集。コレクションを単に見せるのではなく、どのような理念のもとに収集され、どのようにコレクション形成され、それにより何が理解されるに至ったのか。それによって収集の意義を示すことができる。東京都現代美術館「コレクション・ビカミング展」(2015年)、松本市美術館「美術館コレクションのはじまりと今」(2017年)などは好例である。

また、展示という機能を展示で示す例としては、展示に活用されるレプリカなど二次資料の意義に関して新潟県立歴史博物館「博物館のウラおもて—レプリカの真実—」(2004年)、徳島県立博物館「複製資料、復元資料」(2006年)のほか、純粋に「展示」を展示する例としては、新潟市歴史博物館の活動展示「みせる」(2012年)、美濃加茂市民ミュージアム「わくわくを伝えたい　博物館の裏側と「展示」ができるまで」(2016年)が挙げられる。

諸機能を総合的に見せるものとしては、東京国立近代美術館「No Museum、No Life? これからの美術館事典」(2015年)があり、また、学芸員の仕事を紹介する例として、マリンワールド海の中道「水族館のへ〜!なお仕事展」(2006年)、栃木県立美術館「学芸員を展示する」、秋田県立博物館「博物館の舞台裏で」(以上、2016年)がある。

つまり、博物館の機能を展示すると言っても方法は一通りではない。さらに言うと、各館園の歴史に関しての展示は、博物館機能を示す絶好の機会であるだろう。和歌山県立近代美術館「美術館を展示する　和歌山県立近代美術館のサステイナビリティ」(2020年、50周年での展示)は好例である。

では次に、本書の目的に照らし、「保管」に関わる展示の実例を俯瞰し、その後、今後の期待も込めて、あるべき姿を考えたい。

2 「保管」に関わる展示の諸例

博物館で「保管」と言うと、まず収蔵庫抜きには語れない。時にバックヤードツアーなどと称して、収蔵庫自体を見せることがある。それについては本書で別稿が用意されているのでここでは触れないが、そういった単発の事業にも期待しつつ、展示で相応に伝えることの必要性も覚えるところである。つまり、収蔵庫の公開とは別に、博物館が通常行っている「展示」という機能を使って発信するのである。また、IPMや修復、保存処理技術など保管するために行われる様々なコトを見せることもある。

そこで、それらに関する事例を取り上げてその展示内容、方法を確認する。

（1）岡崎市美術博物館「文化財―守り、伝える」（2008 年）

筆者が知る中で、「保管」に関わる展示が行われた早い事例として、岡崎市美術博物館（愛知県）がある。

展示構成は、プロローグに「文化財保護のあゆみ」を置き、続いて「Ⅰ部岡崎市内の指定文化財」と「Ⅱ部修理・保存」の２部構成。Ⅰ部は国・県・市というそれぞれの指定文化財の数々をみせる逸品展示であった。

Ⅱ部が文化財を「守ること」と「後世に受け継ぐこと」という趣旨による。裏打ち、鎧・障壁画や仏像の修理、考古資料の修理・保存、防虫・燻蒸、檜皮葺の葺き替え、刀剣･巻子の収納方法、温湿度対策、照明のあり方といった、多岐にわたる内容により博物館の使命を説明しようとする姿勢があった。

四方ケースには自記温湿度計が象徴的に置かれていた。それ自体が文化財を守ってくれるわけではないものの、時に展示室に目立たないように置かれる温湿度計が主役になっているというわけだ。

そして、敢えて未修理の仏像（市指定の阿弥陀如来坐像）とその損傷状況の説明に修理案を提示することによって、修理に対する真摯な姿勢の必要性に気づかせようとする点も評価できるものだった。

（2）山梨県立博物館「まもる・しらべる・つたえる」（2008 年）

「守る」「伝える」「展示する」「調べる」の４部構成で展開。このうち保管に焦点を当てるのは「守る」「伝える」の部分であった。なお､タイトルの「つたえる」は、後世に受け継ぐ意味の「つたえる」と、展示による情報伝達の意味としての「つたえる」という２つの意味に解釈できるものだった。

「守る」においては､「受け継がれた文化財」と題して甲府市指定文化財や、県指定など、指定品を最初に見せる。岡崎同様、まずは文化財そのものを、そのまま見せようということだったが、それだけではなく、博物館の収蔵庫・資料の輸送方法（梱包など）・虫菌害管理の実態を説明するものとなっていた。

「伝える」は、主に修復や保存にかかる技術についての展示で、模写、装潢、仏像修理、保存処理（木製品・金属製品）に関する資料とその説明である。それらに関し、必要な材料・道具などがともに展示されていた。

(3) 新潟県立歴史博物館

「守れ！文化財―博物館のチカラ、市民のチカラ―」(2018年)

筆者が企画・構成した展示で、1〜3月という、冬季の開催。

博物館が日々行っている「守る」ための業務や関連事項を“博物館のチカラ”として示し、次に東日本大震災で被災した陸前高田市立博物館の、その被災資料を安定化処理している姿をその数々の資料で見せ、それも“市民のチカラ”があってこそのことであり、博物館が如何に市民に支えられ、協働しているかを示した展示である。

“博物館のチカラ”では、IPM、収蔵庫、文化財害虫、温湿度への配慮（漆器と金属器という、好ましい湿度が相反する資料による）、そして、学芸員のみならず、警備員、設備関係、清掃員、案内説明員といった、諸職の存在により守られていることを説明。

IPMについては、トラップ類なども展示しつつ新潟県立歴史博物館の業務

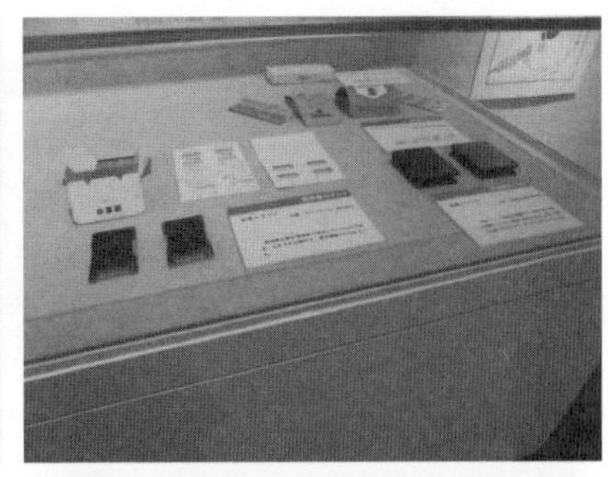

図1　新潟県立歴史博物館の展示から
（左上）収蔵庫の拡大写真（右上）トラップ類の展示
（左下）手前に漆器類、奥に金属器、そして諸職の写真（右下）調湿剤の展示

の様子を説き、収蔵庫に関しては特別収蔵庫内の拡大写真を掲示。また“小さな収蔵庫”と言うべき桐箱を、防虫・防腐成分を含むことなどからその収納容器としての効果を説明した。そして、展示ケースには、本来見えない状態に置くべき調湿剤を敢えて見える状態で展示し、ささやかな活動の一端を見せた。

そしてさらに、「守っている時ではなく、守れなかった時だけ注目されてしまうという宿命」とのパネルを用意し、「本来、日々何も事故など起こらないのは当然のことです。だから、何も起こらなかったことで褒められることはありません。言われるのは、守れなかった時であり、「なぜ守れなかったのか」と言われてしまうのです。ちょっと悲しい現実があります。」とうったえ、如何に「保管」という極めて重要な機能が理解されづらいかを説明することで、「保管」という機能への気づきを求めた。

(4) 岐阜県美術館「曝涼展」(2018年)

美術館の建物が改修工事に入るに当たっての開催。紹介文には「作品を安全な場所に移動するにあたって、作品を「虫干し」します。タイトルの「曝涼」とは、天気のよい日に図書や衣類、道具などを日に曝して風をとおす「虫干し」のこと。収蔵庫から作品を順次「虫干し」のように展示していきます。」とあり、さらに「他にも、作品の採寸・点検など作品の「知られざる日常生活」を合わせてご紹介します。」とあった。

その「曝涼展」であるが、まず、“曝涼”という、一般に馴染みがないと思われるその言葉を付した、挑戦的なタイトルが印象を惹く。

曝涼は、一般的には虫干しと言った方が理解しやすく、同館でもその「虫干し」のことと紹介する。さらに正確に言えば、風入れとも言い、本来寺院などで宝物を公開する機会を伴う行事をもって言うのであり、単純な虫干しではない(全日本博物館学会編 2011)。つまり、岐阜県美術館の「曝涼展」は、資料を守る行為、仕掛けとともに資料を公開する、それは現代の美術館におけるまさに“曝涼”と言えるのかもしれない。

その展示の最大の特徴は、会場内で燻蒸設備を見せ、そして燻蒸作業をしてしまうという、非常に大胆な仕掛けを持ってきたことである。燻蒸は、基本的に一般的な博物館利用者の眼に届かない場所で行われ、理解されづらい博物館の仕事の一つである。ただし、燻蒸に伴い臨時休館となることがあり、そ

図2　岐阜県美術館の展示から（左）燻蒸装置（右）桐箱を伴う展示

れに合わせて広報・周知のさいに“燻蒸”の言葉を使用し、その説明がなされることがあるので、必ずしも秘密裡に行われるというものでもない。しかし、目に触れる機会と言うのは極めて稀である。それが展示と言う場で公開されるのだから、博物館、美術館の機能を周知する手段として極めて有効と思う。

さらに同展では、収納する桐箱とともに作品を展示しているものが多数あった。保管状態も見せるということだ。つまり、さりげなくも、「守る」という姿勢を見せていたのである。

(5) 栃木県立博物館「収蔵庫は宝の山！」(2021年)

本書で紹介されている同館の収蔵庫新設に伴い、収蔵資料とその収蔵に関する展示が実践された。収蔵庫新設に関してのテーマ展示「新収蔵庫ができました！」も同時に開催されていた。

総合博物館として、扱う分野が多岐にわたるもので、その各分野の収蔵庫内の拡大写真が効果を発揮し、収蔵することの理解の一助となっていた。また、標本類を収めるキャビネットを展示室内に移動し、収蔵状態そのものを見せることで、博物館の目立たない機能を前面に押し出すものとなっていた。

*

なお上記5例以外にも、長野県立歴史館「SOSふるさとの文化財をすくえ」(2003年)、滋賀県立琵琶湖博物館「むしとこもんじょ」(2008年)、奈良国立博物館「仏像修理100年」、滋賀県立安土城考古博物館「よみがえった文化財—琵琶湖文化館の収蔵品と修復の世界—」(以上、2010年)、徳島県立博物館「博物館における資料保存」(2011年)、北海道開拓記念館（現・北海道博物館）

図3　栃木県立博物館の展示から（収蔵庫の拡大写真を伴う展示）

「博物館資料の保存—木をのこす—」（2012年）など、「保管」に関わる展示は相応に確認することができる。

また、最近では自然災害に伴う文化財レスキューも博物館の重要な役割としてクローズアップされており、それに呼応するように、国立民族学博物館や徳島県立博物館（2020年リニューアル）においてその災害対応の事実を常設展示に組み込んでいる。これも所謂「保管」に関する展示として理解されよう。

3　展示による博物館の機能発信を考える

資料の「収蔵」というと、単に「くら」に入れておくということではない。そのために必要な様々な作業や日常の心がけが必要となってくる。即ち、収蔵庫自体の日々の環境管理、資料の燻蒸（殺虫・殺菌）、IPMなどである。しかしそれは、非常に地味で、ほとんど一般市民の目には触れることがない。評価されにくい面があるのは事実で、しかしだからこそそれを展示で公開することの意義は多大なるものがあるはずではなかろうか。

その収蔵など、博物館の機能を展示するとはどういうことか。それは即ち、博物館学で得られる知識、技術を動員してその機能を果たす事を展示するのであって、筆者は“博物館学の展示”と称している（山本2013）。

これまで説明してきた如く、その“博物館学の展示”は相応に開催され、実践されているように見えるかもしれない。しかし、それは全国5,000以上の博物館のごく一部に留まるにすぎないのである。逆に、こういった展示に対して博物館は消極的過ぎるのではないかと考えるのだ。国宝や重要文化財、海外の有名な作品の方が人を呼べるのは当たり前であり、集客優先で考えると、博物館の存在意義を示すという説明責任が後回しになってしまうのではなかろうか。

開催運営の上でも注意すべきことがある。このような展示は、集客が望めるものとは言い難い。したがって、集客の見込める展示が集客の見込める時期に設定され、その他の時期に置かれることも少なくない。かく言う筆者が企画・実践した企画展「守れ！文化財」は、雪国にあって冬季の開催という、集客には実に苦難を伴う時期だったのである。逆に岡崎や山梨は、夏休みの時期に置かれており、評価し得るだろう。

また、こういった“博物館学の展示”は開催期間が抑えられ短期間で済まされる傾向にあるようにも思う。そのような中、若狭三方縄文博物館「博物館ができるまでとできてから」(2010年）は約5ヶ月間にわたる長期開催で、博物館の意義の周知をより図ろうとする姿勢と見る事ができた。

そして今後、全国5,000以上の館の、一年中どこかで必ず開催されているほどになるのが現状として理想的と思う。それで博物館の存在意義を示すことができ、少しずつでも博物館への理解につながると考えるのだ。博物館に課された「守る」という使命は、博物館関係者だけが理解すれば良いのではない。すべての人が理解することこそ必要であり「守るというその心を守る」ことが肝要である。博物館の「守る」ことの理解を促すのは、博物館の生命に関わると考えるのである。

付記　本稿校正中に開催された静岡県立美術館「大展示室展」(2022年4月2日～5月15日）も、好例として見たので付記しておく。

引用・参考文献

全日本博物館学会編　2011『博物館学事典』雄山閣
山本哲也　2013「博物館の機能を展示する視点―“博物館学の展示”の提唱」『博物館研究』第48巻第8号、日本博物館協会、pp.6-9

Column

葛飾区郷土と天文の博物館
資料の貸出・出前講座

小峰園子

1991年（平成3）、葛飾区郷土と天文の博物館は、葛飾区の自然環境と歴史・文化を学ぶ展示施設と、宇宙を身近に体感するプラネタリウムを併せ持つ博物館として開館した。

当館は古代から現代までの通史展示の中で、「水」「低地」「都市近郊」など葛飾区を特徴づけるテーマのもと、歴史や文化を紹介している。そのため、当館にはそれらテーマに即した資料が多く、特に「都市近郊」にかかわる農村としての特色を伝える農業関係の民具類は、当館の民俗資料の半数を占める。また、昭和30年代頃の「都市近郊」の町工場や住居を復元した展示があることから、昭和の生活用具類の寄贈依頼も増加している。昭和の暮らしの変化をテーマとした社会科見学や学校利用も多く、これらの資料は当館の特色の一つとなっている。以下、その利用状況や貸出に関する取り組みを紹介する。

資料をハンズオン体験に活用する

当館には、区内に49ある小学校のうち約半数が社会科見学に訪れる。その際に希望があれば、資料を活用したハンズオン体験を含むプログラムを実施している。例えば小学校3学年を対象に、「地域のうつりかわり」を学ぶ授業の一環として、「生活用具の利用体験」を行っている。ハンズオン体験に活用する代表的な資料は、「黒電話」「洗濯板」「木製冷蔵庫」等である。体験・体感を重視するプログラムで、昭和30年代復元家屋とボルト・ナット工場内を見学した後、展示室内でハンズオン資料に触れ合いながら、地域の都市化の状況や、現代への移り変わりを学ぶことが主軸となっている。

出前講座での資料の利用

この「生活用具の利用体験」プログラムは、出前講座として学校に出向いて行うこともある。ほかに、農業関係の民具類を利用した小学校5学年社会科の「米作り」の授業に対応する出前講座も多い。稲の栽培・脱穀・もみすり・精米など「米作り」の作業に使用する資料を持参し、実際に体験しながら地域の稲作

（農業）の歴史や文化を学ぶプログラムとなっている。持参する代表的な資料は、「千歯（せんば）こき」「もみすりうす」「唐箕（とうみ）」などである。このように、資料を授業内で利用する取り組みに力を入れており、2019年（令和元）度までの出前講座の実施数は、平均で全小学校49校中10校以下となっているが、新型コロナウイルス感染症の収束とともに増加していくことが考えられる。

資料の貸出実績

当館では、収蔵庫の不足問題について議論が本格的に始まった2016年頃から、積極的な博物館資料の活用について検討されるようになった。その際に、学校から多かった要望は、授業で資料を活用したハンズオン体験を実施することであった。そこで当館では、貸出件数の増加に備えて社会科見学や出前講座で要望の多い「生活資料」や「農業関係の民具」を中心に、博物館資料目録とは別に「貸出資料目録」を作成した。また、要望があった際に対応しやすいように、同じ種類の資料を複数収集することにした。

それにより、2016年に年間1件であった資料の貸出実績は、2019年には年間13件まで増加し、学校だけでなく、高齢者支援施設や、幼稚園・保育園などからの要望にも応えることができるようになった。貸出実績は、博物館資料の活用を検討していく際の新たな指標の一つとなるのではないかと期待されている。なお、当館のコレクションのうち現在貸出可能な資料は約20点となっている。

課題と展望

このようにハンズオン体験や貸出業務を積極的に推進しているが、資料の保存や維持と、資料の体験への利用の両立については慎重に検討していかねばならない課題である。活用のデメリットとして資料の破損等が挙げられるが、逆に破損した資料を修理しながら活用していくことが、博物館における資料の永続的な保存にとって重要ではないかと考えている。例えば民具は、産業や日々の生活の中で幾度の修理を重ね利用されてきたものでもある。

この考えのもと、当館では近年新しい取り組みとして、地域の人々に博物館ボランティアとして協力をいただき、ともに資料の修理を行う事業の検討を始めた。利用しながらの修理方法の記録は、民具そのもののに資料的価値を付加していくことにもつながるのではないだろうか。

今後も、地域の人々が葛飾区の歴史や文化に触れあえる場として、ハンズオン体験や貸出など博物館資料の活用に注力し、新たな展開を模索していきたい。

Column

沖縄県立博物館・美術館
バックヤードツアーと学芸員の意識

山本正昭

はじめに

2007年（平成19）に開館した沖縄県立博物館・美術館は沖縄県内にある博物館の中でも比較的新しい博物館である。沖縄県内でも後発とも言える当館では、沖縄県内の博物館ならびに博物館相当施設において従来まで実施されてこなかった催事として「博物館バックヤードツアー」をこれまでに実施してきた実績がある。この催事は『沖縄県立博物館・美術館の設置及び管理に関する条例』の「管理　第1条」に明記されている「（博物館・美術館資料）を収集し、保管し、展示して教育的配慮の下に一般公衆の利用に供し、その教養、調査研究、レクリエーション等に資するために必要な事業を行い（後略）」に基づいて現在、月1回の頻度で当館の非公開エリアを公開していく。

実施内容

バックヤードツアーは普段、完全非公開としている当館の裏側を公開することで、博物館の役割とその背景を知ってもらうことを主旨としている。また、学芸員と観覧者が直接、質疑応答ができる数少ない機会となっていることから、複数回にわたって参加する観覧者も存在する。開始時間は午後2時から、60分間でバックヤード4～6カ所を案内役として当館学芸員1名のほか、当館関係者1名、計2名が随行する。

主な見学場所は学芸員室、特別展示室ならびに企画展示室のバックヤード、常設展示室バックヤード、トラックヤードを基本とし、収蔵庫や特別収蔵庫、冷凍庫、一時保管庫、工作室、撮影室など各学芸員の専門分野に沿った内容で巡見していく。そして、防犯上の観点から写真撮影は禁止にしている。各場所において参加者からの質問が単発であるが受け付けており、最後の余った時間で質問コーナーを設けて、回答する形で最後はまとめている。

参加者からは、博物館の業務が展示業務以外にも多くあることや博物館資料の保管には細心の注意が払われていることを新たに知ったといった感想が主に得られた。

参加者は学校が夏休み期間となる7・8月は親子連れや県外からの観光客が多く見られる傾向がある。また、令和2年度以降はコロナ禍による都道府県外移動の自粛が影響してか、参加者は県内在住にほぼ限られている。

案内する学芸員の意識

当館学芸員11名を対象にバックヤードツアーの現状に対する意識調査を実施したところ、実施時間の60分、開催日時、開催頻度に関しては現状のままで良いとする意見が多く、年間2回以上の開催は少数にとどまった。また、案内する場所については同じ場所を毎回案内している学芸員と、毎回異なる場所を案内している、もしくは稀に異なる場所を案内している学芸員に分かれた。後者においては各学芸員が各年度で関連している企画展や催事にあわせて案内場所を変えているといったことが理由として挙げられる。

参加者からの質問については学芸員の専門分野で異なっているため、ここでは詳細について取り上げないが、全体を通してバックヤードツアーが学芸員と観覧者が直接対話できる貴重な機会であることをこの回答から改めて感じることができた。

そして、バックヤードツアーにおける今後の展開として、収蔵資料についてピンポイントでの解説を行うことや全分野の学芸員による案内、実際に普段の業務を見てもらうといった展開面におけるユニークな提案も見られた。その一方で、参加者からの質問や意見を集約してより内容の充実を図っていくべきであるといった現状におけるバックヤードツアーのあり方に対する提言も見られた。

以上のように、学芸員によりバックヤードツアーに対する意識や取り組み方の違いがみられたものの、バックヤードツアーについては今後も実施していくべきであるという意見は全学芸員の一致するところであった。

バックヤードツアーは当館の施設を紹介していくのみならず、博物館における学芸員自身の在り方について自問自答できる機会となっていくものと思われる。

Column

地域の博物館がデジタル・アーカイブの活用を進めるには

佐藤正三郎

各地の博物館で、所蔵資料や館の蓄積した情報をデジタル化し、ウェブ上のシステムにより公開することが一般的になってきた。このようなデジタル・アーカイブ（以下、D・A）活用の要点について、中小規模の地域の博物館に勤める歴史分野の学芸員である筆者の立場からまとめてみたい。

デジタル・アーカイブ（D・A）と連携

当初は単一機関が優品をわずかに紹介するD・Aも多かった。近年は館種や分野を超え連携し、膨大な資料を一つのサイトで検索できる仕組みが確立しつつある。2020年（令和2）、国立国会図書館によるジャパンサーチが正式公開された。分野横断的に複数のD・Aの情報が、各分野や地域ごとの「つなぎ役」を介して集約され一括で検索できる。日本の文化資源を探すにはまずジャパンサーチを検索するだけ、という状況ができつつある。

各館では、いずれかの「つなぎ役」を介して、ジャパンサーチとつながるD・Aを構築することが、活用を広げる肝となろう。例えば人文系博物館の「つなぎ役」として、文化庁「文化遺産オンライン」がある。都道府県単位では、例えば「北海道デジタルミュージアム」が「つなぎ役」となり、道立に加え市町村の博物館とも広く連携している。しかし図書館や文書館に比べて、基礎自治体の博物館の参加は多くない。博物館資料の多様性ゆえか有力な「つなぎ役」が少ないのだ。

特定企業のシステムを導入する策もある。「ADEAC」はデジタル化した自治体史や歴史資料等の公開システムである。各館ごとのD・Aの他、120以上の機関の、13万件超の目録と7万件超の画像、10万件超の本文データを公開するポータル機能もあり、ジャパンサーチの「つなぎ役」も担う。早稲田システムの「I.B.MUSEUM SaaS」は、資料管理と業務支援から資料公開につながる点が特徴だ。同社は「MAPPS Gateway」をウェブ公開し、約240館、400万点超の資料情報を一括検索できる。「ジャパンサーチ」と直接は連携していないが、連携データの出力機能がある。一方で特定の企業やシステムへの依存はD・Aの持続性の点で問題視され、オープンなシステムの利用が推奨されている（岡本ほか 2015）。今後、D・Aを小規模館にも広げるには、ジャパンサーチや「つなぎ役」が、資料の管理にも益するオープンシステムのD・Aを安価で提供、またはサポートを行う仕組みができるとよいだろう。

デジタル・アーカイブ（D・A）の課題

一方で、連携機関と資料数が増加しただけでは、D・Aは色々な資料はあるものの、探し出せない使いにくいものとなる恐れがあり、コレクション（資料群）単位の記述の充実、資料同士の関係性などを体系化し提示することなどが対応策となる（岡本ほか 2015）。体系化の事例では、例えば本書所収の「美濃加茂事典」や先述の「ADEAC」がある。八潮市立資料館「れきナビ―やしお歴史事典」はWikipediaと類似した表示形式のサイトで、資料解説や過去の展示概要も盛り込み、適宜同館のD・Aにリンクしている。さらに年表や地図を用いた検索や、教育普及のコンテンツも充実しており、多様な博物館機能の成果が体系的にデジタル化されている。

利用者に優しいシステムとなるよう、利用ガイドの充実、人名や組織名・事件名・場所といったキーワードの設定、代表的な資料や主題別分類のリンクなど静的ページの整備といった策がある（金 2021）。さらにデジタル画像の公開規格IIIFへの対応（永崎 2019）、著作権上の権利処理（福井 2014）など考慮すべき点は多い。館蔵資料の他に、地域に眠るプレ文化情報資源（例えば民家にある未整理の古文書）のデジタル化を図る人材育成も提言されている（福島 2011）。

地域博物館のD・Aをより活用するためには、日本、そして世界へつながることを意識しつつ、それぞれの組織と人が、小さな創意工夫と改善、利用者との対話を地道に重ねていくことが最も重要といえよう。

引用・参考文献

岡本　真・柳与志夫編　2015『デジタル・アーカイブとは何か』勉誠出版
金　甫榮　2020「アーカイブズ資料情報システムの構築と運用」『アーカイブズ学研究』第32号
永崎研宣　2019『日本の文化をデジタル世界に伝える』樹村房
福井健策　2014『誰が「知」を独占するのか　デジタルアーカイブ戦争』集英社
福島幸宏　2011「地域拠点の形成と意義」 NPO知的資源イニシアティブ編『デジタル文化資源の活用』勉誠出版
※紙幅の関係で各サイトのURLは省略（最終アクセスは2022年2月6日）。

第6章

博物館資料の処分

Case1 青森県立郷土館

廃止された博物館資料の受け入れと活用

古川　実

はじめに

青森県三沢市のJR三沢駅に隣接する場所に、小川原湖民俗博物館という民具を博物館資料の中心とする館が所在していた。この館は、日本の民具学の提唱者渋沢敬三が思い描いた民俗博物館を具現化したと考えられる館であり、民俗・民具研究史や日本の博物館史を考える上でも存在意義があった。ところが2015年（平成27）4月にこの館は取り壊され、現在、跡地には博物館の痕跡がすっかり無くなっている。所蔵されていた膨大な資料群の一部は、分散した状況ではあるが幸いにも保管されていて、今後どのように保管・活用し、新たな存在意義を生み出していけるのかが課題となっている。

本稿では小川原湖民俗博物館の取り壊しにあたって、所蔵資料の救出や資料の受け入れ、また、その後の活用について、県立の総合博物館である青森県立郷土館（以下、県立郷土館）の取組を中心に述べる。

1　小川原湖民俗博物館～開館から閉館まで

小川原湖民俗博物館の設立から閉館までの経緯を館史に関わる断片的な資料や、長年この館に学芸員として務めた方からの聞き取りなどから、筆者なりにまとめてみる[(1)]。

1961年（昭和36）8月、小川原湖民俗博物館は開館した。館の設立者は渋沢栄一と渋沢敬三に執事・秘書として少年のころから仕えた杉本行雄であった。杉本は渋沢敬三の教えを指針として生きた人物であり、「日本一ユニークな学術と観光の総合センターをつくる」（小川原湖民俗博物館編1989）というかねてからの念願を実現したのであるが、博物館設立も渋沢の助言によるものであったらしい。杉本は温泉リゾートの開発と経営を行う一方、観光の目玉の一つとして博物館運営を考えていたようである。

初代館長は中道等であった。中道は大正時代に編纂された青森県史の編集主任を務め、日本民俗学の創立以前から民俗研究に取り組んだ博識の学者であった。柳田國男に師事し、その後渋沢敬三の知遇を得てアチック・ミュージアムの活動にも加わった。開館時の資料点数は約5,500点。落成式に招待された渋沢は収集された資料を見て「中道さんの集められた民俗資料はみんな本物だよ」（小川原湖民俗博物館編 1989）と杉本に語ったという。開館5周年式典の祝辞で中道は「博物館の蒐集というものは大体衣、食、住つまり着物の問題、食物の問題、住い、住宅の問題と3つに区分して、それに暮しに必要な、これ一つなくても暮しが出来なかったという品物を沢山集めようと、しかも年代は何でもかんでも集めるんじゃなくて、大体100年経ったものを集めよう（筆者中略）こういう具合にして段々年と共になくなる品物をやっきになって集めまして、ここにこういう博物館のまず大体の形がととのえられた訳なのです。」（石川編 1981）と述べており、当時の資料収集方針などを窺うことができる。

1968年に中道が急逝した後、杉本は宮本馨太郎に館長になってもらうことを依頼した。杉本には、この博物館は資料収集を優先し、資料整理・分類は後に専門の人に任せるという考えがあり、また、かねてから館長をアチック・ミュージアムの研究員にお願いするつもりであったようである。宮本は在職していた立教大学の学生を連れて来館し、資料整理を行った。文化財保護法上の民俗文化財の位置づけや博物館法などの改正に関わったとされる宮本が、この館の民具整理をどのような考えで行ったのか注目されるところであるが、東京から三沢を訪れ活動できることは限定的なものであったらしく、資料整理や資料カード・台帳の作成は途中で終わっている。

展示はほとんどが収蔵展示の形態であり、同種の民具をまとめて陳列し、その数量に圧倒される展示がいくつかあった。また、民具製作や食品調理のプロセスを実物資料で示すことや、大判の写真パネルをふんだんに使った展示、レプリカによる展示、また映像による展示も比較的早く取り込むなど、民間が運営する博物館の進取性に感心させられた展示もあった。

2003年9月、杉本が急逝する。杉本家による観光リゾートの経営は代替わりして続いたが傾いてきていたらしい。連動して博物館の運営も以前のように円滑には活動できなくなっていった。経験のある学芸員は退社し、資料管理はおざなりのものとなっていった。やがて杉本家は経営から退き、株式会社三沢奥入瀬観光開発が担うこととなり、経営指導を星野リゾートが行う体制となった。この館は1964年から博物館相当施設の指定を受けていたが、2007年4月に休館状態となり、結局閉館が決定されたことから2009年5月に博物館相当施設の指定は取り消しとなった。

2　所蔵資料の救出

(1) 所蔵資料の概要

ここで館所蔵資料の概要を示しておきたい。開館当初の所蔵資料数は約5,500点とされ、2000年代に入ると約15,000点という数が所蔵資料数として示されることが多い。これらのうち、指定文化財となっている資料は、重要有形民俗文化財「南部のさしこ仕事着コレクション」64点（1966年指定）、青森県有形民俗文化財「泊の丸木舟」1隻（1962年指定）、三沢市有形民俗文化財「上北地方の紡織用具及び麻布」1,351点（1987年指定）、三沢市有形民俗文化財「上北地方の食生活用具」3,403点（1988年指定）であった。館内には古民家の一部が移設され、舟、馬橇、消防ポンプなどの大型の民具や、実物大で製作されたと思われる長さ5mほどのワラ製の草鞋・人形なども展示されていた。

(2) 閉館から取り壊し前までの資料保存

この館の資料管理については、指定文化財を所蔵していることから県文化財保護課と三沢市の文化財保護所管課である生涯学習課とが連携して、定期的に資料の管理状況調査を行い問題点の確認などをしていた。休館後は特に注視し、文化庁からの助言・指導も得て指定文化財の適当な保管場所への移管に取り組んだ。経営者側も文化財保護法の目的などについて理解し、2012年に国指定の仕事着コレクション64点が三沢市に、2014年に県指定の丸木舟1隻が使用地である六ヶ所村に譲渡された。さらに2015年1月には市指定の衣食関係コレクション計4,754点が三沢市に譲渡された。

なお、2014年に県立郷土館が同館開催の特別展に展示する資料を借用するため、筆者ともう一人の民俗担当の学芸員とが閉鎖された館内での資料調査を行った。電気系統が機能している箇所は限られており、照明がない中での調査であった。空調設備も停止しており、敷地がもともとは湿地であったためか、かなり湿気があがっている状態であった。現にカビの発生や資料の腐食が散見された。経営者側にとっても老朽化が進行し建物自体が危険な状態になっていることが懸案となっており、資料の取り扱いに援助を求めているようであった。そこで特別展のために借用した資料のうち約60点をそのまま県立郷土館に譲渡してもらうこととした。特別展のテーマが発酵に関するものであったことから食に関する資料が多かったが、厄介なことに食関係の資料は三沢市指定資料とそれ以外の資料との判別がつかない状況であった。市指定文化財は地元が保護するという三沢市側の意思を確認し、指定文化財以外の資料の寄贈手続きを行った。なお、津軽地方の刺し子数点も寄贈していただいた。館内でガラスケースの内に展示されたままになっていたもので、素材が繊維であり資料の痛みが特に気になったものであった。

(3) 館取り壊しと資料救出

館取り壊しの情報が入ったのは2015年3月下旬のことであった。三沢市の文化財保護担当者（以下、三沢市担当者）から県文化財保護課に連絡があり、資料群の保存について相談があったという。県立郷土館には県文化財保護課から連絡があり、現場で共に検討してほしいとのことであった。取り急ぎ三沢市担当者、県文化財保護課担当者、県立郷土館民俗担当者、さらに三沢市周辺市町村の文化財保護担当者や市町村立博物館・資料館の学芸員も現場に参集した。館内の資料などの状況を把握したうえで、参集した関係者それぞれが保存・活用が可能な資料を選別し、搬送などの具体的な作業を進めることとし、それらの作業を行うために館外に仮置き場を設け、移動可能な資料をそこに搬送することとした。経営者側も了解し仮置き場を提供するとともに、館内資料は保存・活用する側の意向に従い譲渡することとなった。

取り壊し工事が4月20日から開始されることに決まったことから、18、19日（土・日）に仮置き場への搬送作業が行われた。作業人員の確保のため、三沢市担当者は市役所職員や三沢市民に作業のためのボランティアを呼びかけた。青森県の民俗に関心のある者同士で結成している「青森県民俗の会」も、都合のつく会員が参加した。青森県文化財保護審議会委員民俗担当の弘前大学山田厳子教授は、弘前大学の教員や学生に呼びかけ作業に加わった。作業人員は総勢70人程度であったかと思われる。とにかく1点でも多く館内から搬出しようとする作業であった。後日、三沢市担当者がまとめた資料の保管先は、次のとおりである(2)。

県立郷土館が引き受けた内容は後述する。八戸市是川縄文館は漆掻き用具類など45点、東北町歴史民俗資料館は小川原湖内水面漁業関連漁具54点、十和田市は神楽の獅子頭1点、七戸町は絵馬と馬具類56点を引き受けた。そのほかの民具と文書・図書類約3,500点は三沢市が引き取り、三沢市六川目団体活動センター（廃校となった小学校校舎を活用したコミュニティー施設）に保管し、現在、資料の再整理が行われている。なお、弘前大学では寄託資料として引き受け、渋沢家やアチック・ミュージアム関係資料類、また民具などの資料整理と資料評価にあたった。それらの資料は後日、所有者となった三沢市に返却された。

3　県立郷土館における保存・活用

県立郷土館が行った取組を改めて説明する。仮置き場に集積された資料群をできるだけ多く受け入れるべきであるが、収蔵庫の収納能力は限界になりつつあり、別場所に資料収納のために借用している施設が県立高校の視聴覚教室1室と、同校の部活動の部室として利用していた別棟の旧木造校舎の1教室分しかない状況では、資料を選別しなければ物理的に無理であった。そこで選別・収集方針を次のとおりとした。

①生業など地域の暮らしにより密着した資料は、地元での保存・活用が望ましい。県立博物館としては、県域を想定した比較的広域の中で資料価値を位置づけできる資料を選ぶこと。

②採集年代が古く稀少である資料であること。

③館所蔵資料にないもの、あるいは所蔵数が少ない資料であること。

④展示への活用が見込まれる資料であること（資料情報があり説明が可能な資料。製作工程を実物資料で示すことができるなどのストーリー性のある資料）。

以上の方針により、民俗担当2人と筆者が通常の館業務の一環として資料受け入れ作業にあたることとなった。また、小川原湖民俗博物館の取り壊し日程や仮置き場にしている建物も取り壊しの予定であるとの情報があり、時

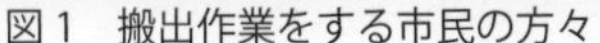
図１　搬出作業をする市民の方々

図２　展示された戸棚型の仏壇

間的に切迫した状況であると判断し資料の搬送を急ぎ、受け入れ資料の整理とリスト化は館搬入後に行うこととした。

受け入れた資料は信仰関連資料が多くなったが、イタヤの箕や展示用に製作されたと思われる漁労用具、県域での地方的な特色をよく示す農具、また、レプリカや展示パネルなども含まれることとなった。搬送は４ｔ車による運搬委託が１回と、館の公用車に積載可能な資料については、公用車により数回行われた。丁寧な資料梱包は行わず車に平置きで積載し、搬送途中で資料の毀損がない程度の措置をした。常設展示を想定した資料や希少な資料、また保存のため特に注意が必要な資料は館の荷解場に仮置きし、それ以外の資料は借用している収納施設に搬入し保管した。館に搬入した資料は、毎年度１回行われる収蔵庫燻蒸時に併せて燻蒸を行い、民俗資料収蔵庫に収納するとともに、いち早く民俗展示室に陳列した。収蔵展示をするというよりも、収蔵庫の過密状況を避けるための措置というのが実情であった。

展示した資料は、山の神の神像、青森県域では家の神として祀られることが多い二体一対のオシラサマ、一間幅の戸棚型の仏壇などである。常設展示の山仕事のコーナーには山の神の神像を展示した。オシラサマはすでに展示してあるオシラサマのコレクションに仲間入りした。津軽地方のいわゆる久渡寺型の金襴緞子に包まれたオシラサマに対し、南部地方に顕著な箱入りの包頭型のオシラサマが増え、津軽と南部の展示数はバランスがよくなった。農家の囲炉裏のある広間を概念的に造作したコーナーには仏壇を置いた。さらに神棚にもオシラサマを祀った。いずれのコーナーも１点から数点の資料を加えただけであるが、それらの資料の存在により古さとかつての暮らしの現実味が増し、コーナー全体にも奥行きが増したように感じられた。展示した資料の解説文には「小川原湖民俗博物館旧蔵」と示した。なお、取り壊し前に寄贈された食関係と刺し子資料も一部はすでに常設展示されており、刺し子は定期的に展示替えもしている。常設展示以外にも館内で行われる企画展や、季節展示などの臨時に設けたコーナー展示にも資料は活用されている。

2021年（令和3）度、県立郷土館は建物の老朽化改修のため通年休館となり、これを機に青森県内5か所での巡回展事業「ふるさとの宝物」に取り組んだ。7月から8月の期間は三沢市先人記念館で開催され、その際には小川原湖民俗博物館所蔵資料も展示された。地元にゆかりのある資料であるため、いわば里帰りの展示となった。

4　今後の課題

小川原湖民俗博物館は、同種類の民具を数量をもって展示することによって民具研究の可能性を考えさせ、また観覧する者には民具の魅力や迫力を示してくれた博物館であった。しかし、博物館の運営が立ち行かなくなったとき、収集された膨大な数量の資料群が、移管場所の確保や資料管理のための維持経費負担などの問題を生じさせ、逆に行き詰まりの原因となってしまったという面がある。今振り返ると反省点が種々あるが、残された資料群の今後の保存・活用のあり方を検討し具体的な取組をすることが大事であろう。筆者が考える今後の課題について、いくつか指摘しておきたい。

現在、分散した資料は引き受け先のそれぞれの考え方によって保存・活用が行われており、共有する方針・方法などの取り決めはない。少なくとも展示にあたっては、小川原湖民俗博物館が収集し展示した資料であることを共通して示す必要があるのではなかろうか。資料の背景には、かつて小川原湖民俗博物館が存在し、渋沢敬三をはじめとする民具研究者や博物館を担った学芸員たちの考えや想いがあったことを想起させる契機となるのではなかろうか。将来的には分散した資料群を再結合させる資料情報ネットワークや、保存する機関同士が連携して資料を円滑に活用できるシステムなどを構築する必要があるとも考える。

もっとも多くの資料群を受け入れた三沢市では、少ない人手ながら担当者は資料整理を進めている。そこで大きな課題となっているのは、情報のない資料の整理である。民具については、実際に使った経験のある方からの聞き取りも含めた再調査が必要であり、それは急ぐ必要がある。市町村の文化財保護担当者には、埋蔵文化財担当としてのプロパーが多く、民俗・民具調査に困惑しているのではなかろうか。地域の方々や民俗研究者の支援が必要である。

註

(1) 小川原湖民俗博物館の設立経緯や関わった人々などについては、山田編 2020 が詳細かつ多角的な視点からまとめている。

(2) 長尾 2016 で長尾氏が示したものを参考にしている。なお、同文中に筆者が記した部分があるが、小川原湖民俗博物館を登録博物館と記している。これは誤りであり相当博物館であることをここで訂正しておく。

引用・参考文献

石川俊夫編　1981『小川原湖博物館』十和田開発株式会社

小川原湖民俗博物館編　1989『小川原湖民俗博物館と祭魚洞公園』ぎょうせい

長尾正義、古川　実、山田嚴子、小島孝夫　2016「民具の保存管理の現状と課題―小川原湖民俗博物館旧蔵資料をめぐる活動―」神奈川大学日本常民文化研究所『民具マンスリー』第 48 巻 12 号

山田厳子編　2020『地方における「民俗」思想の浸透と具現化―渋沢敬三影響下の民間博物館―』弘前大学人文社会科学部地域未来創生センター

Case2 川崎市市民ミュージアム
被災収蔵品に関する課題とその対応について

白井豊一

1　川崎市市民ミュージアムについて

川崎市市民ミュージアム（以下「市民ミュージアム」という。）は、市域の中心に位置する等々力緑地（川崎市中原区等々力）に、博物館と美術館の複合文化施設として1988年（昭和63）11月に開館した。歴史・民俗分野の収蔵資料を常時公開し、川崎の成り立ちと歩みを紹介してきた他、都市文化の形成に大きな役割を果たしてきたポスターなどの複製芸術による作品を多く収蔵し、日本で初めて漫画資料の収集を行った公立の施設で、2017年（平成29）度より指定管理者制度を導入し、民間事業者による管理運営を行っている。

歴史、民俗、考古、美術文芸、グラフィック、写真、漫画、映画、映像（ビデオ）の作品・資料など約26万点を収蔵し、1階には映像ホール、ミュージアムショップ、2階には展示室（常設、企画）、3階にはギャラリー、ミニホール、アトリエなどを配置し、地階に収蔵庫、機械室等の主要設備を設置している地下1階地上3階建ての施設である。

2　令和元年東日本台風による被災の概要

市民ミュージアムは、2019年（令和元）10月12日に関東地方を通過した台風第19号（令和元年東日本台風）により、収蔵庫や機械室等がある地階が浸水した（図1）。2020年4月に本市が公表した検証報告書（川崎市2020）では、市民ミュージアムが位置する等々力緑地の浸水原因は、多摩川が計画高水位を超える過去にない水位になったことにより、放流渠（ほうりゅうきょ）から多摩川へ排水される量が減り、その影響として自然排水区域内にある地盤高の低いマンホールなどから溢水（いっすい）したもの（内水氾濫）と考えられている。

マンホールから溢水した大量の雨水は、道路等を伝い地盤面が低い市民ミュージアム地階のドライエリア（屋外）に大量に流れ込み、溜った雨水は

図1　被災時の館内（1：中央監視室　2：収蔵庫の扉　3・4：収蔵庫の様子）

12日20時ごろ収蔵庫等に繋がる地階のシャッターを水圧により破壊し、館内に大量の水が侵入した。壁面についていた水跡を地階床面から測ったところ一番高い箇所で3.24mまでに達していた。機械室、電気室など主要設備が地階にあったため、同日21時40分には全館が停電し、それに伴い電話、空調、エレベーターなどが使用不能となった。

翌13日9時30分より市消防局ポンプ車による地下駐車場に溜った水の排水作業を開始したが対応しきれない水の量のため、国土交通省関東地方整備局へ要請し、14日22時30分より大型ポンプ車による排水作業を開始し、5日後の18日に、ようやく施設内地階に立ち入れる状況となった。

9つある収蔵庫は全て浸水し、庫内の棚は倒されるなど、収蔵品約26万点のうち展示品等を除く約22万9,000点の収蔵品が被災してしまった。

3　文化庁への支援要請と収蔵品レスキュー体制の立上げ

浸水を受け、同月13日には市と指定管理者で協議の上、当面の休館と事業の中止を決定し、翌14日には国立文化財機構に連絡し、収蔵庫がある地階が浸水したなどの被災状況を報告した。文化庁への支援要請については、18日に状況説明、23日付けで救援等に係る技術的支援の要請を行い、翌24日には技術的支援の実施を決定され、専門家の派遣が直ちに行われた。

収蔵品を収蔵庫から搬出するために、まず取り掛かったのは、搬出ルートの確保である。床に散乱した資料等を片付けるとともに、盛り上がった床板の撤去、壊れたシャッターの切断などを行いつつ、指定文化財、借用作品、写真、映画フィルムなど収蔵庫内で比較的アクセスが容易かつ優先順位の高い作品・資料の搬出を並行して行った。

また、国立文化財機構を通じレスキュー協力の申し出のあった団体と調整し、11月14日より外部支援団体による本格的な収蔵品レスキュー活動が開始された。収蔵庫が9つあり、作業スペースや搬出ルートの確保もあり、全ての収蔵庫から同時に搬出することはできず、搬出のスケジュールや手順などについて日々、協議・調整しながら行った。

同時に、施設前広場に被災収蔵品を仮置きするための仮設ユニットハウスの建設、仮設電源による電力の復旧、事務室等の確保、古文書等の紙資料を冷凍保管するための冷凍コンテナの購入や外部冷凍倉庫の借り入れなど様々な環境整備も行った。

なお、被災収蔵品レスキュー活動の1年間の記録を、報告書および動画にまとめているため一度ご覧いただきたい[1]。

4　被災収蔵品レスキューにあたっての基本的な考え方

被災した作品・資料は「修復」を基本としているが、作品・資料によっては、その取扱いについて判断をしなければならないことから、被災収蔵品を適切に管理するために、2020年3月に修復等に向けた基本的な考え方として「被災収蔵品に係る修復等の判断基準」を策定した（図2）。

判断基準は、レスキューの段階に応じた3段階に分け、「レスキュー判定1」の段階は、収蔵品の搬出後、洗浄・乾燥等の安定化処置を行い、古文書等の紙資料は劣化の進行を抑えるため冷凍保管を行うこととした。この段階で、「被災状況が酷く、複製・印刷物などで当館以外でも存在が確認できるもの」などに当てはまる場合は、所定の手続を経て、「現状保管」または「廃棄」を判断する場合があるとした。

「レスキュー判定2」の段階では、洗浄などの応急処置を行った収蔵品は、専門家等の「修復評価」を取得することとし、「専門家等により修復が極めて厳しいと判断されたもの」は所定の手続を経て「現状保管」または「廃棄」となる場合があるとした。

「レスキュー判定3」の段階では、専門家等の修復評価を得た収蔵品は、基本的に修復するが、「専門家等により修復が極めて厳しいと判断されたもの」は「現状保管」とすると整理した。

5　被災収蔵品の安定化・修復等に関する処理手順等

市民ミュージアムは博物館と美術館の複合文化施設であることから、被

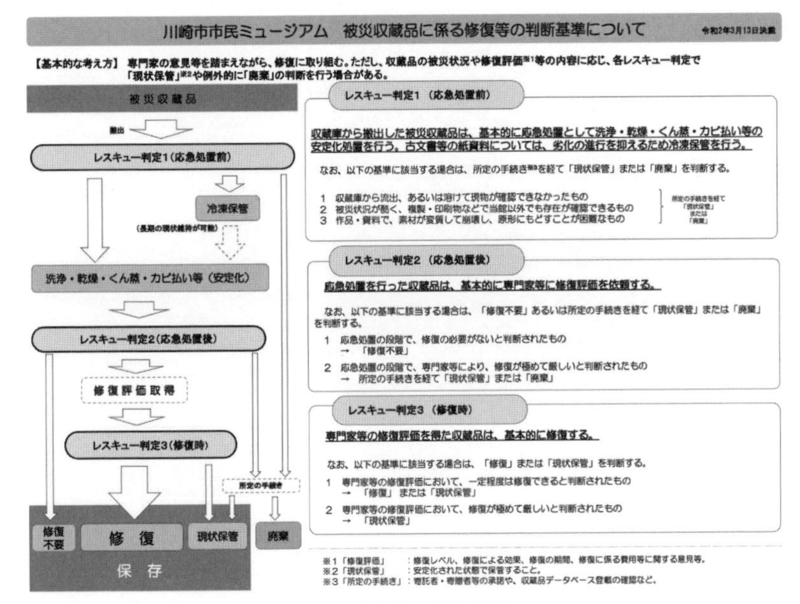

図2　修復等の判断基準

災した収蔵品は、歴史、考古、民俗、日本画、油彩画、ポスター、写真、漫画、映画フィルムなど多岐に渡った。そのため、材質・素材に応じた工程で作業を進めていく必要があることから、東日本大震災での事例を参考に、「被災収蔵品に関する安定化および修復等の処理手順」を2020年7月に策定し、一定の処理手順を確立した。

例えば、民具などは、洗浄・カビ払い後に乾燥して燻蒸後に素材に応じた修復を行うなどとしている。他の材質・素材の処理手順についても、基本的には定めた手順で行うこととしているものの、状態に応じ、随時見直し、処理手順を確立することとしている。

6　被災収蔵品の処分に関する運用基準

2020年3月に作成した「被災収蔵品に係る修復等の判断基準」の中で、「被災状況が酷く、複製・印刷物などで当館以外でも存在が確認できるもの」などに当てはまる場合は、“所定の手続”を経て、「現状保管」または「廃棄」を判断する場合があるとしたことから、“所定の手続”などを規定した処分に関する運用基準を同年7月に定めた（表1）。

表1　処分の運用基準

市民ミュージアム被災収蔵品の処分に関する運用基準

次に掲げるいずれかの事項に該当する作品・資料は、所定の手続きにより処分することができるものとする。

1	収蔵場所からの流出等により現物が確認できなかった場合
2	被災状況が酷く、複製印刷物などで市民ミュージアム以外でも存在が確認できた又は同一のものが入手できる場合
3	被災状況が酷く、素材が変質するなどして、劣化又は破損しており、原形に戻すことが困難で次に掲げる場合
	ア　現状のままでも収蔵品としての価値が損なわれている場合
	イ　他の収蔵品に対して保存上の危険を生じさせる場合
4	当該作品・資料に関する調査・分析が十分になされた上で、その結果が公表され、全ての関連記録がしっかりと保存されている場合
5	埋蔵文化財等は「川崎市教育委員会埋蔵文化財等取扱要領」の定めるところによる。

運用に当たっての所定の手続き

収蔵品の処分に当たっては、次の手続きを行わなければならない。

1	作品・資料にある権利、収蔵時に付随した特別な条件が、その後の作品・資料の処分を妨げないこと。
2	他の博物館・美術館・図書館等で、被災した作品・資料と同一のものを保有しているかを確認すること。また、複製作品等は、新たに複製できるか又は購入できるかを確認すること。
3	文化的、歴史的、芸術的及び教育的価値の評価を行い、必要に応じ当該分野の専門家の意見を求めること。
4	保存することで安全衛生上等の危険を生じさせるような場合、専門家による調査・状態報告を受けること。
5	作品・資料の評価額を把握することとし、必要に応じ専門家による評価額を算定すること。
6	処分をする場合は、手続きを永久的な記録として保存し、処分リスト等は閲覧可能とすること。

例えば、「被災状況が酷く、素材が変質するなどして、劣化又は破損をしており、原形に戻すことが困難で、収蔵品の価値が損なわれている場合」には、寄贈品なら寄贈者への承諾、他の美術館などに同一の資料等の有無、文化的・歴史的等の評価、作品等の評価額の把握など“所定の手続き”を定めている。

2021年1月と3月には、所定の手続きにより、カビの増殖源になっていた企画展時に作成した藁人形（図3）や他館でも存在が確認できた漫画などの複製品など約43,000点を処分することで市議会への報告と、報道発表を併せて行ったところである。

7　被災収蔵品のレスキューにあたって

被災から約8か月後の2020年6月に地下収蔵庫から被災したすべての収蔵品の搬出は終わったが、被災から2年が経った現在も、冷凍保管した古文書等の紙資料の解凍、乾燥などの応急処置を行っている。冷凍保管した紙資料等はコンテナボックスで約1,200箱あるため、全ての資料等の応急処置をするには、少なくとも10年程度は要すると考えている。

今回の被災で対応に苦慮しているのは、被災収蔵品と既存台帳との突合で

図3　藁人形（左：被災前　右：被災後）

ある。収蔵庫から搬出する時点で資料等の撮影や保管場所等を記した出庫管理表を作成しているものの、資料等に付けていた「資料カード」も水に浸かって外れてしまっているものがほとんどのため、台帳との照合ができないものが民俗資料に多くある。また、今後は、冷凍保管している古文書等の紙資料の解凍・乾燥作業を進めつつ、原形がわからない資料と台帳との突合作業をしていかなければならないなど対応に苦慮することが予想される。

また、市民ミュージアムに指定管理者制度を導入した目的の一つに、収蔵品台帳の整備があった。既存の台帳は、分野によって台帳の書式が異なっていたり、紙で管理されていたり、表計算ソフトで管理されていたりなど、統一的な収蔵品台帳としての管理がされていなかったため、指定管理業務に収蔵品台帳の統一化とデータベース化を盛り込んだ。指定管理制度導入の２年後に台風により被災したため、既存台帳の整理とともに、被災収蔵品を収蔵庫から搬出し、収蔵品の状態や置き場所などを管理するための出庫管理台帳の作成をしていることから、既存収蔵品台帳と出庫管理表等を統合した「新収蔵品台帳」の作成を進めており、新収蔵品台帳の作成にあたっては、作品等のカウント方法の統一化と、アーカイブズ学を鑑み、作品・資料等を「作品」、「アーカイブズ資料」、「図書」の３種類の台帳を整備することを目指している。

被災直後を振返ると、すべての収蔵庫が浸水し、収蔵品が一体何点被災してしまったのかの公表に困難を極めた。速やかな公表が求められる状況で、学芸員から上がってくる数の情報は、二転、三転するなど、なかなか正確な数が上がってこなかった。これは、現在の学芸員が悪いというわけではなく、開館から約30年に渡り、それぞれの分野の学芸員がそれぞれの方法で管理し、統一的な様式等で引き継がれていなかったことが原因であると思われる。

館として統一した収蔵品台帳を完備し、出来ればデータベース化まで行い、資料等をきちんと整理をしておくことが、大変重要であることを痛感した。万一に備えるためにも、博物館等の関係者は是非とも取り組んでいただきたいと考える。

8　適切な収蔵品管理に向けて

被災収蔵品の応急処置、修復を進めている一方で、市民ミュージアムの今後をどうするかの検討も行った。本市の附属機関である川崎市文化芸術振興会議に、学識者で構成する市民ミュージアムあり方検討部会（以下「あり方検討部会」という。）が設置され、現施設の取扱いや本市に求められるミュージアム機能などについて議論のうえ、2021年7月に答申を頂いた。答申を踏まえ、本市として「新たな博物館、美術館に関する基本的な考え方（案）」（以下「基本的な考え方」という。）として取りまとめ、2021年8月に公表し、パブリックコメントを実施し市民意見を反映した上で11月に策定した。

基本的な考え方では、施設については「現施設でのミュージアム機能の再開は行わず、新たな施設は、可能な限り被災リスクの少ない場所に設置することで検討していく」としつつ、新たな博物館、美術館が果たす役割などを取りまとめた。

また、あり方検討部会の議論の中で、「現在の施設は大きすぎる」、「被災収蔵品も含め26万点に及ぶ収蔵品はどうするのか」なども話題にあがった。

本市としても、新たな施設の候補地が決まっておらず、現施設と同じ収蔵庫の面積およそ2,400㎡が確保できるかは不明で、かつ、被災前から収蔵率は100％に近い状態であったため、前述の台帳整備に併せ、収蔵品の整理を行っていかなければならないと考えている。

今回の被災で、我々市職員も収蔵品レスキュー活動に参加し、主に従事したのは民俗資料等を収蔵していた第1収蔵庫からの搬出であった。民俗資料は、昔の生活用具が中心だが特に農機具が多く、同じような鍬が何十本もあった。レスキューに参加している職員のほとんどが、なぜ同じものが何本もあるのか疑問を抱き、学芸員に確認すると、地域によって耕す土質が異なる、刃のかたちが微妙に違う、などの説明を受けたが、おそらく一般市民にはその違いは判らないだろうし、何本も持つことの必要性を理解できないであろうと思われる。また、民俗資料のほとんどは「寄贈」のため、市民ミュージアムには既にあるが、価値もあるし費用が掛からないから取りあえず貰うとする安易な収集が、26万点もの収蔵品数になってしまったのではないか。つまり、市民ミュージアムが収集してきた資料は、学芸員の専門家目線での収集となっており、市民ミュージアムにとって、あるいは、市民にとって必要なものなのかという視点での収集が行われていなかった結果だと思われる。

新たな博物館、美術館の整備に向けては、事業展開の方向性に併せ、どういう収蔵品が必要なのかも検討し、少しでも収蔵品を整理、削減する必要があると考えている。しかしながら、被災した他館にもある漫画雑誌や企画展のために製作して収蔵庫に保管していた藁人形を廃棄処分したことで、博物館関係者の一部から批判の意見が少なからずあった。本市は、東日本大震災時とは異なり、修復や復旧に係る費用は国からの補助がなく、全額市費で賄っているため、修復のみならず被災収蔵品の保管に長期間、多額の費用を投入し続けることに市民の理解が得られなくなるのではないか。

また、東京都、横浜市、大阪市など大都市の文化行政担当者会議でも、多くの博物館、美術館の収蔵庫は満杯状態に近く、対応に苦慮していることが議題に上るなど、現在の日本国内の博物館関係者の考えを切り替え、実状に即した収蔵品の取り扱い方を生み出していかなければならないと考える。

今後、本市としては、収蔵品の整理は避けて通れない課題であるため、収集方針の厳格な運用、同年代・同種のものは数量に上限を設けるなど、厳格な収蔵品管理の方法を模索して構築し、新たな博物館、美術館の開館を迎えたいと考えている。

註

(1) 川崎市「令和元年東日本台風から1年 川崎市市民ミュージアム被災収蔵品レスキュー活動の記録」(2020-10-29)、https://www.city.kawasaki.jp/250/cmsfiles/contents/0000122/122172/kawasakicitymuseumhoukokusyo.pdf
川崎市市民ミュージアム「川崎市市民ミュージアム被災収蔵品レスキューの映像記録―2019.10.12―」https://www.kawasaki-museum.jp/rescue/movie/
川崎市市民ミュージアム「2020年度川崎市市民ミュージアム被災収蔵品レスキューの記録集」https://www.kawasaki-museum.jp/rescue/booklet/

引用・参考文献

川崎市 2020『令和元年東日本台風による市民ミュージアムの対応に係る検証報告書』p.46
https://www.city.kawasaki.jp/170/cmsfiles/contents/0000111/111602/200709myu-ziamu.pdf

第7章

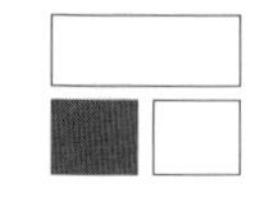

収蔵庫の管理と増設

公開承認施設の収蔵庫をめぐって

渡邉尚樹

文化財保護法第53条によれば国宝・重要文化財の所有者（管理団体も含む）以外の者が、国宝・重要文化財を展示するときは、文化庁長官の許可を受けなければならないとある。ただし、「公開承認施設」において展示する場合は、展示が終了した後、文化庁長官宛てに報告は必要だが、事前の許可が不要になる。一方、重要文化財の展示実績がなく、公開承認施設でもない館においてはハードルが高くなる。文化庁から許可が下りるかどうかは、施設の仕様が整っており、重文の扱いができる学芸員がいるか否かにかかってくる。その反面、公開承認施設になれば国宝・重要文化財の公開手続きが簡素化される。最も大きなメリットは、具体的には他館の所有する重要文化財が容易に借用可能となることであり、これによって重要文化財の企画展が増える。企画展を企画し、運営していくためには、館蔵の資料だけの展示では限界がある。館蔵の資料だけでは、発展性がなく、飽きられてしまう傾向があるからである。他館の所有する重要文化財を借用し、魅力的な企画展にしていくことが、集客力につながる。例えば、ある特定のテーマで企画展を開催する際、テーマの全貌を掴むためのコレクションが館蔵では足りず、他館の重要文化財で補完される場合もある。その時に、所有者以外の者が重要文化財を展示するために文化庁長官の許可をとることが障壁になる（公開承認施設でない博物館は他館から貸出を断られることもある）。公開承認施設とすることで積極的な企画展開催が可能になるといえる。また、地域の重要文化財を所有していても、展示収蔵可能な施設がなければ地域住民の共有の財産を「宝の持ち腐れ」にしていることになる。これを解決し、広く一般の人に重要文化財を公開できる。また、明確な方針をもって、なるべく短期間で公開承認施設の申請を行うことが肝要である。施設面での条件は、新設の博物館においては難しいものではない。

1　公開承認施設の収蔵庫

文化庁との事前協議の際に提示されるリーフレット「公開許可等にかかる確認項目(管理指導)」の４項目から収蔵庫に関する確認項目内容のみを抜粋し、それぞれ解説する。

文化庁が確認する収蔵庫とは基本的に「特別収蔵庫」のことである。

①施設（建築）

区画区分（展覧区画＝展示室／保存区画＝収蔵庫／管理区画）　博物館の機能を部門別にゾーニングしたものが図１である。展覧区画は展示室を中心とした展示・公開部門にあたり、保存区画は収蔵庫が設置される収蔵部門にあたり、完全に別区画とし、管理区画を形成している。図１の網掛け部分の室（風除室・収蔵庫前室・トラックヤード）は公開承認施設では設置は必要不可欠である。

②設備

消火設備（ガス消火設備／消火栓／消火器）　博物館は消防法において特定防火対象物ではなくスプリンクラーの設置の義務はない（11階以上は除く）。規模が小さい施設は消火器のみであるが、大型施設になれば屋内消火栓が設置される。

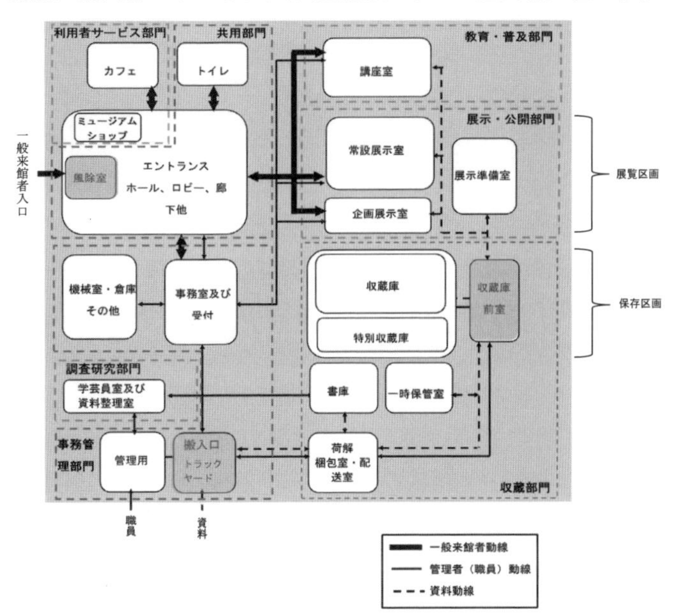

図１　諸室機能構成図

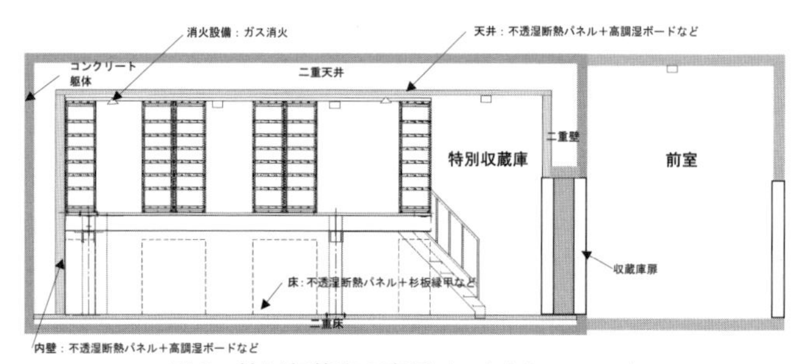

図2　特別収蔵庫の事例（石巻文化センター）

ただし、公開承認施設においては、借用した重要文化財が仮置きや収蔵、展示される室はガス消火設備（ハロンガス、窒素ガス等）を導入することが求められる。

空調設備（形式・熱源・設定温湿度・独立空調・吹き出し・センサー位置・フィルター等）　特別収蔵庫内は収蔵されている資料にもよるが、収蔵環境は恒温恒湿とされ、24時間空調が求められ、設定は温度20℃±2℃、湿度は55%±5%が一般的とされる。個別の資料材質の湿度については表3を参照の事。収蔵庫の空調は他部門とは別区画として独立空調とする。風速は空調の吹き出し口から300㎜程度離れた位置で1m/s以下とし空気がまんべんなく循環するように吸い込み口の位置も考慮する必要がある。

収蔵庫（二重壁／収納棚／前室）　保存環境として管理された収蔵庫に資料を収蔵することが肝要である。通常、特別収蔵庫は、外気の入らない密閉度の高い建築物の中で、防火区画にすることが望ましい。

- 空気層を設けた二重壁・二重床・二重天井の中に設置する。できれば二重壁の中の空気層の空調が望ましい。
- 収蔵庫ラック（収納棚）について地震時の資料落下防止の配慮をする。
- 収蔵庫には、前室を必ず設置し、前室も収蔵庫と同仕様であることが望ましい。
- 収蔵庫扉には、堅牢で密閉度の高い金庫扉を設置すること。東日本大震災で収蔵庫の扉が堅牢なため、津波でもあまり浸水しなかった博物館事例があったことから、この収蔵庫扉と同仕様以上のものが望ましい。

③管理体制

環境調査（照度調査・空調調査・有害ガス調査）　2018年（平成30）に文化庁より出された「国宝・重要文化財の公開に関する取扱要項改訂【概要】」では文

表1　個別の重要文化財等の公開における留意事項

重要文化財等	留意事項
絵　画	絵画の照度は100ルクス以下とする版画の公開日数は50ルクス以下とする
工　芸	漆工品、甲冑類の照度は100ルクス以下とする染織品の照度は80ルクス以下とする
書跡・典籍・古文書	照度は100ルクス以下とする
歴史資料	近代の洋紙を利用した文書・典籍類、図面類、写真類などの照度は50ルクス以下とする

※この要項によりがたい場合には、事前に文化庁に技術的指導・助言を求め、協議し対応を決定すること

表2　東京文化財研究所による上限値の目安

汚染物質	アンモニア	酢酸	ギ酸	ホルムアルデヒド	アセトアルデヒド
室内空気汚染物質濃度の基準値	30ppb	170ppb	10ppb	80ppb	30ppb
劣化の影響	油絵材料の亜麻仁油を変色させる	日本画などの顔料や工芸品の鉛と反応し、酢酸鉛・ギ酸鉛となる		膠（にかわ）を硬化させる	

化財保護法第53条に基づき、所有者及び管理団体以外の者が移動を伴う公開を行う場合の取扱いを行うべき事項や留意すべき事項を示す指針において照度について通知された。公開承認施設においても、表1の内容に準ずるものと推察される。

新築建築物の躯体コンクリートの乾燥が不十分であると、水分の他に資料に悪影響を与えるアルカリガス（特にアンモニアガス）が発生する。このガスを残さぬための枯らし期間が「二夏を越す」という表現になっている。正確に言えば、夏前にコンクリート打設し、その年とその翌年の夏を過ぎることである。文化庁が所管する独立行政法人国立文化財機構の下部組織である東京文化財研究所が「美術館・博物館のための空気清浄化の手引き H31年版」で上限として以下の物質の安全の濃度を定めている。有害物質として環境測定で扱う化学物質を表2に示す。ただし、この数値はあくまで目安で、必ずしも文化庁の推奨値ではない。

有害ガスの一種である揮発性有害化合物（VOC）の排除は、展示空間全般に共通することではあるが、特に密閉度の高い展示ケース内においては、そのケースの特性上、一度ケース内に放散されてしまったVOCは長期にわたりケース内に残留してしまうため、展示ケースにおいては、特にVOCの放散防止について十分注意する必要がある。

表3　ICOMによる相対湿度の基準

相対湿度		資料の材質
高湿度	100％	出土遺物（保存処理前のもの）
中湿度	55～65％	紙・木・染色品
	50～65％	象牙・皮・羊皮紙・自然史関係の資料
	50～55％	油絵
	45～55％	化石
低湿度	45％以下	金属・石・陶磁器

④展覧会企画

文化財管理事項（作品保存状態／展示期間／輸送方法／展示方法／保存管理責任者・取扱責任者）　資料の材質に応じた温度と相対湿度の条件は、ICOM（国際博物館会議）などでは、次のような基準を定めている。

・温度：約20℃

・相対湿度

適切な保存環境が求められるのは収蔵庫だけではない。移動または設置されるルートにある一時保管庫等の保存・保管部門、重要文化財を展示する展示室などの展示公開部門、トラックヤード及び搬入口のある事務・管理部門が重要なゾーンとなる。

組織面のことで意外と忘れがちであるが、文化財取り扱いに習熟した専任者2名が確保できないと施設面の条件をクリアしても公開承認施設の承認が延びることになる。

2　公開承認施設における収蔵庫事例

現在、日本では100館を越える施設が公開承認施設の認定を受けている。都城島津伝承館と東京都江戸東京博物館の2例を挙げて、承認に向けての取り組みを紹介する。

［事例１］　都城島津伝承館（新築）

規　模　延床面積812.88㎡

　　　　収蔵庫面積152.55㎡

　　　　内訳：第一収蔵庫52.50㎡

　　　　　　　第二収蔵庫61.05㎡

　　　　　　　第三収蔵庫39.0㎡

図3　都城島津伝承館（都城島津邸提供）

構　造　鉄筋コンクリート造
階　高　2階建て
竣工年　2010年

当施設は、都城島津家の史料を展示する施設である。2015年公開承認施設に登録された。所蔵する文化財は、この同じ地で共に保存され、継承していくことが最も望まれていた。しかしながら、展示公開するにあたっては、都城島津邸内での史料の展示列品は、建築物保存上、史料保存上で困難であるため、史料の展示公開のために新規に博物館を整備することになった。

寄贈を受けた同家史料やその他移管された史料は、国の重要文化財である「紺糸威紫白肩胴丸　大袖付」をはじめ、約10,000点にのぼる。しかし、温度管理等当時の保存環境基準から考えると十分な施設がそれまではなかった。新たな博物館を建て、公開承認施設とすることでこの問題を解決することを目指した。基本設計の事前協議において、基本プランを提示して確認したところ、文化庁から主な是正事項を挙げられた。4つの是正の指導内容は、博物館の内容により異なるが、重要文化財の適切な保存・展示環境の維持に重点が置かれている。

○具体的な指導内容

1）民家との境界線がある西側壁面1階窓に防火シャッターの設置
2）非常時の電源の設置の考慮
3）高湿度になる1階スラブは二重ピットにする
4）最低でもケース免震の設置

1）隣地からの延焼を防ぐことが目的である。建築基準法では敷地境界線から3m以内は延焼の恐れのある部分として開口部を防火戸にする規定がある。しかし、ここでは規定以上の距離があっても文化庁から指導された。
2）災害時の停電で電気供給が停止した場合を考慮したもので、収蔵庫、展示室の環境維持が目的である。
3）建築物の床が直接地面に接する部分については地面からの湿気対策が必要である。
4）建築物の免震構造は理想であるが、建築コスト上昇のリスクがある。この施設では重要文化財の展示が予想されるケースを免震ケースとする。

以上の是正事項を含めた様々な条件をクリアし、当施設は設計された。それまでは大型の博物館が公開承認施設となることが多かったが、この規模のクラスの博物館でも公開承認施設になり得ることを示した。

［事例Ⅱ］東京都江戸東京博物館

規　模　　延床面積 48,512㎡
　　　　　収蔵庫面積 5,184㎡
　　　　　※ならし・前室含む
構　造　　鉄筋コンクリート造
階　高　　地下1階地上7階建て
竣工年　1992年

図4　東京都江戸東京博物館
（東京都江戸東京博物館提供）

図5　染織収蔵庫
（東京都江戸東京博物館提供）

1980年（昭和55)、マイタウン構想懇談会が当時の鈴木東京都知事に「マイタウン構想懇談会報告書」を提出し、翌年東京都江戸東京博物館建設懇談会が設置された。1993年3月28日に当施設は開館し、1997年度に公開承認施設に登録された。1996年度から公開承認施設制度が始まっているので制度の初期に登録された施設である。公開承認施設としては収蔵庫だけで5,000㎡を超える大規模施設である。対象となる収蔵庫は染織・漆器などの展示資料の特性に合わせて15の収蔵庫に分かれ、映像音響収蔵庫は温湿度が、漆器収蔵庫は湿度の設定が異なる。仕様は全収蔵庫でほぼ同じであるが、床はベニヤにブナ材、天井・壁仕上げの材料はスプルース材貼りとケイ酸カルシウム板貼りの2種類を室に応じて使い分けている。館外の借用資料の収容場所としては借用収蔵庫（234㎡）が用意されている。東京都では美術館を除外すれば唯一の公開承認施設の博物館施設である。1997年当時、文化庁からどのような指導項目があったかは現在では知り得ないが、当時最先端の技術で造られていた博物館施設のため、基準をクリアして公開承認施設の登録がなされたものであろう。

前述した「公開許可等にかかる確認項目（管理指導)」の4項目から収蔵庫に関する確認項目内容について当施設の対応を以下に示す。

1）施設（建築）

・区画区分　収蔵庫及び、常設展示室と企画展示室は重要文化財の展示環境として設定

2）設備

・消火設備　ガス消火設備としてハロン消火器を設置

・空調設備　収蔵庫ごとに恒温恒湿管理

・収蔵庫　二重壁・二重床・二重天井の中に設置

3）管理体制

・環境調査　公開承認施設申請時に実施

4）展覧会企画

・文化財管理事項　適切に対応

東京都江戸東京博物館は、開館から20年以上経ち、今後改修を行った上で再オープンする予定である。

3　今後の公開承認施設の収蔵庫について

近年の公開承認施設の数は、ある一定数を超えて以降、新設館が増えているのに総数が増えていないとされる。それは、重要文化財の展覧会の持続的開催ができない運営面、人的な対応ができない組織面などで登録を取り消しされているためである。

たとえ、取り消しになったとしても特別収蔵庫の高い機能を有しているので、夫々の施設が公開承認施設の基準を満たすことで、日本の博物館の収蔵庫の質の向上に繋がっていると考えられる。

引用・参考文献

独立行政法人国立文化財機構東京文化財研究所 「美術館・博物案のための空気清浄化の手引き H31年版」https://www.tobunken.go.jp/ccr/pub/190410aircleaning_guideline.pdf（2022年4月検索）

半澤重信　1991『博物館建築』鹿島出版会

文化庁 「国宝・重要文化財の公開に関する取扱要項改訂【概要】」

文化庁 「公開許可等にかかる確認項目（管理指導）」（リーフレット）

文化庁美術学芸課 「「公開承認制度」のご案内」

渡邉尚樹　2019「公開承認施設の考察」『博物館学雑誌』第44巻第2号、全日本博物館学会

都城市公式ホームページ　http://cms.city.miyakonojo.miyazaki.jp/site/shimazu/9001.html（2022年4月検索）

収蔵庫および収蔵環境の管理に関する現状と今後の課題

今野　農

はじめに

博物館資料の劣化要因には、大きく、温湿度、汚染物質、光、生物、および突発的な災害がある。それらを未然に防除し、適切に資料を保存・管理する収蔵庫の環境管理に関する望ましいあり方については、多くの文献があるものの、現実的には、1つとして同じ収蔵庫は存在しない。個々に置かれている、立地、規模、館蔵資料、施設･設備、人員、経費などによって多様である。収蔵庫内の保存環境に関する概説的な説明については、既にいくつかの文化財保存科学の関連書籍などでも取り上げられているため(1)、本項では扱わない。

概して、今日の博物館や資料保存を巡る人事や予算面での状況は厳しさを増している。加えて、新型コロナウイルス（SARS-CoV-2、以下、新型コロナウイルス）の世界的流行は、博物館や資料保存、収蔵庫環境の問題を再考する一つの契機になり得ると考えられる。

そこで、本項は、収蔵庫の環境管理や総合的有害生物管理（Integrated Pest Management、以下、IPM）を巡る現状の問題点を明確化し、さらに新型コロナウイルスへの対応等、今後新たに生じ得る収蔵庫管理の課題について提起するものである。

なお、本項の執筆にあたり、地方独立行政法人大阪市博物館機構大阪歴史博物館（以下、大阪歴史博物館）、地方独立行政法人大阪市博物館機構大阪市立東洋陶磁美術館（以下、東洋陶磁美術館）、八尾市立歴史民俗資料館、八尾市立埋蔵文化財調査センターでの聞き取り調査を実施した。これらの館が日本の収蔵庫の問題を代表しているわけではないが、多くの有益なご教示を得たため、端々に引用しつつ議論を深めるものとする。

1　収蔵庫、および収蔵環境の管理における現状と今後の課題

(1) 収蔵庫の飽和を巡る問題の実態

収蔵庫の環境管理において、近年、特に収蔵スペースの問題が依然深刻化している。収蔵庫の状況について、『令和元年度日本の博物館総合調査報告書』では[(2)]、全体2,314館中、57.2％の館が「ほぼ、満杯の状態」「収蔵庫に入りきらない資料がある」と回答し、2013年（平成25）調査の46.5％よりも高くなっている。また、外部に収蔵場所を設けている館は、全体の平均27.2％に上っている。

管見の限り、収蔵庫に関する実態調査の事例は少ないが、丹青研究所・文化空間文化財環境研究部による「「文化財公開施設の収蔵環境に関するアンケート調査」結果報告」は、定量的調査として詳細なデータを提供している[(3)]。同調査時点において、収蔵庫の飽和は指摘されているものの、10年以上が経過した今日、状況はより深刻化していることから、このような調査結果が十分に共有・議論されず、打開策が打ち出されてこなかった点がうかがわれる。特に、収蔵庫の飽和に起因する、館外の有閑スペースによる資料保管を行う場合、収蔵環境として適当でない可能性があるだけでなく、人員や予算の不足といったソフト面と相俟って、場合によっては資料が未整理の状態のまま放置せざるを得なくなるといった深刻な状況に陥る事例も耳にする。

収蔵スペースの確保に館外の有閑スペースを活用している事例として、八尾市立歴史民俗資料館、八尾市立埋蔵文化財調査センターでの聞き取り調査結果を掲げる。なお、両館とも、執筆時点では公益財団法人八尾市文化財調査研究会が指定管理者となっている。

1987年（昭和62）に開館した八尾市立歴史民俗資料館の収蔵庫は、延床面積181.712㎡、特別収蔵庫40.000㎡であるが、開館後10年程で一杯となったものの、30年程が経過した今日でも資料の収集は継続されている。この間、民具資料の選別といった資料受け入れの方針を定めつつ、大きな梱包のコンパクト化による対処に加え、小学校の空き教室などを利用して対応してきた。空き教室には空調等設備がなく、収蔵する資料は民具類のみとされている。かつては、空き教室で収蔵展示が試みられたこともあったが、学校側からの要請により収蔵先の小学校から引き揚げ、今日では廃園となった幼稚園が利

用されており、収蔵展示も行われていない。

八尾市立埋蔵文化財調査センターは、施設自体が廃園となった保育園を利用したものであり、土器、石器が主体であるため収蔵庫に空調設備はなく、金属器のみは温湿度管理が可能なケースに収納されている。出土遺物は等級付けして各部屋に分納され、一部の最優品は先の八尾市立歴史民俗資料館に保管されている。一方で、ランクの高い遺物であっても2018年度分からは棚に収蔵しきれず、一部の遺物は廊下に仮置き、未整理品は多目的室、さらにランクの劣る資料については、館外の有閑スペースが活用されている。加えて、同館では、整理作業の公開も職員の勤務状況次第で常時実施し、普及啓発に努めているが、多目的室での講演イベントなどは遺物の占有により実施できない状況にある。

両館とも、小規模の機関ながら、資料の整理・保管、収蔵スペースの確保、資料の有効活用や資料保存面の普及・啓発に努めてきたものの、収蔵スペースの問題によって、そのような活動も一部ままならなくなってきている状況にある。

館外の有閑スペースには、独自の空調等の設備の設置・管理を要請しにくい点や、提供する側の理解や都合に左右される点、さらには教育委員会の所管を離れると教育施設の利用を打診しにくくなる可能性もある。これまでの博物館議論においては、このような取り組み自体が報告されること自体が少なく、先に掲げた定量的な実態調査も実施されて久しい。収蔵庫の飽和、外部収蔵庫の問題について、各館や関連機関、一般社会を含めたより具体的な議論の場づくりが望まれる。

(2) IPMの普及と課題

1992年（平成4）のモントリオール議定書締約国会合において、燻蒸用の化学薬剤として使用されてきた臭化メチルが廃止リストに追加され、2004年12月をもって全面使用禁止となった。これを受けて、文化庁でも、虫・カビ対策に関し、燻蒸ガスによる一括処理からIPMへの転換を指導している（独立行政法人国立文化財機構東京文化財研究所 2015）。

上記の転換期から、20年程が経過した現在、普及書も多数刊行され、実践的な取り組みも紹介されている。本項では、その一例として、大阪歴史博物館の取り組みを掲げる。

同館における資料保存分野全般の概要については文珠省三氏の報告に詳しいが（文珠 2014）、今日では、文珠氏の担っていた業務は各職員に分掌されている。加えて、IPM に関する同氏担当の時代からの変更点としては、トラップ設置個所の数量、寄贈品・寄託品に関する袋内（容積 2㎥）での二酸化炭素による燻蒸設備が不使用になった点が挙げられる。

同館の IPM の取り組みとして、収蔵庫燻蒸、全館燻蒸といった一括燻蒸は行っていない。さらに、年 1 回の生物調査（外部委託、8 か所の収蔵庫・前室・通路・ホール・エレベータにトラップ、フェロモントラップ、浮遊菌採取キットの設置）、新資料受け入れ前のエキヒュームによる高減圧燻蒸（年間 3 回）、未燻蒸の資料に対する厚手のビニル袋内での保管、事故発生時における緊急措置としての室内燻蒸を行っている。清掃は、担当学芸員が気付き次第適宜、および年 1 回の生物調査時に収蔵庫のほぼ全面に対して行っている。

本事例では、職員が扱えるようになっていた設備が、需要がなかったこと、および老朽化したことから使用されなくなったものもあり、単純に施設・設備さえ整えれば薬剤による燻蒸から移行できるわけではない点が示唆される。さらに、燻蒸に代わる有効な手法の選択が難しい点、専門業者自体も先細り（技術の継承、装置の部品の希少化）している点が懸念され、燻蒸業者の技術継承も問題になっている。現段階では薬剤による燻蒸から完全に脱却することは困難であるため、燻蒸からの転換を図る潮流にありながらも、専門業者の技術水準を維持するという困難な局面に立たされている。

このような IPM に取り組んでいる館がある一方で、現在でも一括燻蒸を行っている館もある。この場合、人員、予算、施設的側面での不備により、「やりたくてもできない」実情や、代替となる決定的な手法が確立されていないこと、および「IPM」という考え方自体が未定着な場合もある。

現状の博物館の置かれている状況を鑑みるに、IPM の専門家を各館ごとに設置することは難しい。改めて、学芸員の研修機会の増加、学芸員の研修参加に対する運営サイドの理解、館単位ではなく、地域をカバーする専門員の配置の必要性を提言したい。

(3) 収蔵庫管理業務における新型コロナウイルス対応上の課題

世界大戦のような人的災害を除けば、博物館が汎世界的、かつ同時的な災禍に直面したことは未曽有のことであろう。利用者の安全対策は無論であるが、長期に渡り職員が不在、または出勤が制限される状況の下では、空調停止や生物の侵入、盗難、さらには閉館前、閉館中、再開前、再開後の各段階における準備や貸借中の資料に関する対応も確立していく必要がある。

未知のウイルスに対する海外の博物館関連機関、資料保存研究機関、各分野の学術団体などの動向は、Webサイトを通じてその凡そがうかがわれる。

情報提供の媒体としては、従来のホームページやPDF、動画の他、インフラとして急速に整備されたSNSによる双方向の中継や討論等が加わった点が特筆される。資料保存分野の内容としては、特設サイトの開設、館再開のガイドライン、長期閉館を見越した点検リスト、ウイルス毒性の持続期間や薬剤の効果・適否に関する研究プロジェクト、洗浄・消毒用具等の紹介、質疑応答や公開討論、およびそれらのリンク集などが挙げられる。

上記について詳述する紙幅のゆとりはないが、ここで強調したい点は、海外の情報公開性の高さと早さ、種類の多様さであり、さらに、休館情報や館蔵資料の活用といった利用者サービス以外にも、資料保存や収蔵庫管理業務においてICTの応用が可能、かつ必要であることである。

日本でも、2020年（令和2）4月、政府による最初の「緊急事態宣言」を受け、同月23日付けで文化庁から各都道府県・指定都市文化財行政主管部課長等宛の事務連絡「文化財所有者及び文化財保存展示施設設置者におけるウイルス除去・消毒作業に係る対応について」が発出され、文化庁、独立行政法人国立文化財機構東京文化財研究所、同文化財活用センターの三者による、博物館からの相談窓口が開設された。

同年5月14日には、公益財団法人日本博物館協会も「博物館における新型コロナウイルス感染拡大予防ガイドライン」を公表し、同月25日、および9月18日には改訂版が公表されたものの、資料保存や収蔵庫管理に関する記述はなかった[(4)]。また、8月には、一般社団法人文化財保存修復学会により、オンライン研究会「博物館における新型コロナウイルス感染拡大防止対策」が開催され、10月12日から12月12日の2ヶ月間公開されたものの、閲覧は学会員限定にとどまった[(5)]。

他方、公益財団法人日本博物館協会は、「新型コロナウイルス蔓延下における博物館の対策の状況や運営上の課題を共有して今後の運営に資すること」

などを目的としたアンケート調査を実施しており(6)、展示柵、展示ケース、展示物への消毒の頻度や、施設内の空調管理・換気対策など、資料保存分野、および収蔵庫管理面においても示唆に富む知見をもたらしている。この内、特に目を引く設問は「休館中に学芸系職員が取組んだ(でいる)主たる業務について(複数回答可)」である。同設問では、全体709館中、「収蔵資料整理・調査」が550館、「収蔵庫・展示室等の環境整備」が452館と、両者が圧倒的に高い数値を示しており、その次に高い値を示した「その他」の188館を大きく上回っている。この結果は、初めて直面した危機的状況下において「できること」、即ち収蔵庫内の業務に取り組んだ結果とも言える。一方で、近年の博物館が「展示」や「教育普及」の事業に偏重して力を入れてきた傾向は周知のことであろうが、これらが外的要因によって制約を受けた状況下に置かれてはじめて、収蔵庫の整備に取組める状況が生まれたことも看守される。

新型コロナウイルス対応の事例として、東洋陶磁美術館はピーク時に出勤職員が半減したものの、地方独立行政法人大阪市博物館機構が2020年5月に策定したガイドラインに沿い、館を再開した。収蔵庫の入出においては手洗い慣行やアルコール消毒を励行し、庫内の換気は通常時の水準でおこなわれた。また資料の貸借における渡航が制約される状況下において、オンラインによる相互の検品によって返却事業を実施した。収蔵庫のLAN環境が整っていなかったことから、ケーブルを地階まで引っ張るという困難もあった。検品時の画像については、学芸員が直接立ち会うレヴェルの次元は望めないものの、今後の技術の発展によって、精度は向上していくものと思われる。一方で、このようなオンラインでの検品を可能にしているのは、長年積み重ねてきた相互の信頼関係が根底にあることを忘れてはならない。

この度の新型コロナウイルス蔓延という状況にあって、日本における資料保存分野の情報共有性が海外に比べて低調である点も浮き彫りになった。安易な資料への消毒や不十分な水準での収蔵庫内の換気は不可能であり、今後の対策事例の蓄積や研究の進展、情報の共有によって教訓を継承する必要がある。

おわりに

収蔵庫、さらに収蔵環境の管理について、収蔵庫の飽和、IPMの普及、新型コロナウイルス対応に関する現状と今後の課題を述べた。この他に、聞き取り調査で多くの知見が得られたものの、本項で提示し得なかった今後の課題として、①収蔵庫業務に対する「評価」の在り方や、②収蔵庫管理業務の継承、③収蔵庫のエネルギーコスト低減がある。②に関し、東洋陶磁美術館では館蔵品の管理要項を踏まえた、管理マニュアルや運用の明文化、資料の様々な履歴情報とリンクしたデータベース化に取り組み、③に関し、大阪歴史博物館では試験的な夜間節電の検証に取り組んでいる点を付記しておく。

①の「評価」に関し、資料の「劣化」という現象は、いつ、どのような形で訪れるかについて現時点での予測が困難であるため、将来的な「劣化」を未然に防ぐ学芸員の日常的な取り組みや館が構築してきた「信頼」などについては、今まで以上に評価し、その枠組みも用意しなければならない。

②の収蔵庫管理業務の継承に関し、引継ぎ要員が補充されない間に、ベテラン学芸員が定年を迎える状況も収蔵庫管理業務上の課題である。また、仮に、そのような事態が生じたとしても、最低限度の明文化された「マニュアル」のような書面を残しておくべきであろう。無論、収蔵庫管理業務は文書やデータベースのみで引き継げるものではないが、それまでの学芸員からの引継ぎが十分でない場合や指定管理者が交代した場合など、それまでのノウハウが継承されないという事態は避けなければならない。

③のエネルギーコスト低減に関しては、収蔵庫の環境に限らず、施設全体、さらには地域への影響も考慮して議論されるべきものであるが、収蔵環境の管理に対し必要最低限度のコストの見定めや縮減方法などは今後不可避な問題となろう。

本項で指摘した課題の根底にある問題点として、収蔵庫管理業務のパブリシティの低さがある。これまで博物館は、広く一般に収蔵庫を巡る実情を知らせることに積極的であったであろうか。一部の資料保存・管理に積極的な館はアピールするが、そうでない館の状態はブラックボックスになっている。新型コロナウイルス対応にもその点が現れており、館と専門機関の内部、あるいは館同士の横のつながりといった閉じた回路の中で当座の解決が図られ、広く情報を共有することに達していない。一般の理解がない状態では、目先の問題に対する個別の対処に止まり、本質的な問題の解決には至らない。これからの収蔵庫やその環境管理を巡る問題については、紙面やWebに限らず、バックヤード・ツアーや収蔵展示、修復・整理作業の公開といった手法によってパブリシティを確保し、収蔵庫を巡る逼迫した状況の理解を促すことによって、改善策を模索していくことが解決に向けた第一歩である。

謝辞　末筆となりましたが、本稿執筆にあたり、一般財団法人大阪市文化財協会・藤田浩明氏には聞き取り調査をコーディネートしていただきました。また、聞き取り調査にあたり、地方独立行政法人大阪市博物館機構大阪市立東洋陶磁美術館・巖由季子氏、小林仁氏、鄭銀珍氏、宮川典子氏、地方独立行政法人大阪市博物館機構大阪歴史博物館・村元健一氏、公益財団法人八尾市文化財調査研究会・西村公助氏、樋口薫氏、樋口めぐみ氏には、ご高配を賜り、有益なご教示を頂戴いたしました（館名・氏名、五十音順。機構名・所属は執筆時点。）。記して御礼申し上げます。

註（URL は閲覧時点であり、リンクが切れている場合もあり得る）

(1) 一例として、三浦 2002。

(2) 同調査は2019年10月4日～11月20日に実施され、回答方式はWEB回答、および紙回答により、有効回答数は 2,314 館であった（公益財団法人日本博物館協会 2020a）。

(3) 同調査は 2007 年に 1,400 館を対象として実施され、有効回答数は 385 館であった（小林 2009）。

(4) 公益財団法人日本博物館協会「博物館における新型コロナウイルス感染拡大予防ガイドライン」 https：//www.j-muse.or.jp/02program/pdf/200918setgaid3.pdf（最終閲覧 2021 年 5 月）

(5) 一般社団法人文化財保存修復学会「「博物館における新型コロナウイルス感染拡大防止対策」について」
https：//jsccp.or.jp/corona_virus/（最終閲覧 2021 年 5 月）

(6) 同調査は2020年9月1日～9月15日に実施され、方法はWEBアンケート形式、設問数は46問、回答施設数は 709 館であった（公益財団法人日本博物館協会 2020b）。

引用・参考文献

公益財団法人日本博物館協会　2020a『令和元年度日本の博物館総合調査報告書』

公益財団法人日本博物館協会　2020b「新型コロナウイルス感染予防の対応状況に係る緊急アンケートの結果について」『博物館研究』第 55 巻第 11 号、pp.1-8

小林宣文　2009「「文化財公開施設の収蔵環境に関するアンケート調査」結果報告」『Museum Data』No.75、pp.7-24

独立行政法人国立文化財機構東京文化財研究所　2015『IPM フォーラム「臭化メチル全廃から 10 年：文化財の IPM の現在」報告書』

三浦定俊　2002「収蔵庫内の保管環境」『文化財のための保存科学入門』角川書店、pp.326-335

文珠省三　2014「博物館における資料保存のための施設管理覚え書き」『大阪歴史博物館研究紀要』第 12 号、pp.1-16

Case1　栃木県立博物館

収蔵庫を増設する

林　光武

はじめに

栃木県立博物館は、考古、歴史、民俗、美術・工芸の人文系4分野と、動物、植物、地学の自然系3分野を備えた総合博物館であり、栃木県の教育、学術及び文化の向上に寄与することを目的として、1982年（昭和57）に開館した。収蔵庫は、学術分野及び収蔵資料の性質に基づいて分けられ、考古収蔵庫348㎡、歴史・美術工芸収蔵庫569㎡、民俗収蔵庫467㎡、動物植物収蔵庫（乾燥標本用）527㎡、生物液浸収蔵庫82㎡、地学収蔵庫224㎡、寄託収蔵庫251㎡、その他、低湿収蔵庫や多湿収蔵庫などの収蔵スペース88㎡が設けられた[(1)]。当館では、開館準備段階から栃木県の自然と文化を物語る資料や、自然や文化について県民の関心を高め理解を深めるための資料を積極的に収集してきたが、開館から約20年を経た2000年頃には、分野によっては収蔵庫が満杯となり、資料の適切な管理に支障が出るとともに、新たな資料の収集を控えざるを得ない状況となるに至った（林2018）。このため、県庁内の検討を経て、新しい収蔵庫棟が建設され、2021年（令和3）4月に供用が開始された。「収蔵庫の満載」問題は多くの博物館に共通の悩みであり、収蔵庫の増設は解決策として関心を持たれている。そこで、本稿では収蔵庫増設に至る経緯と新しい収蔵庫棟について紹介する。

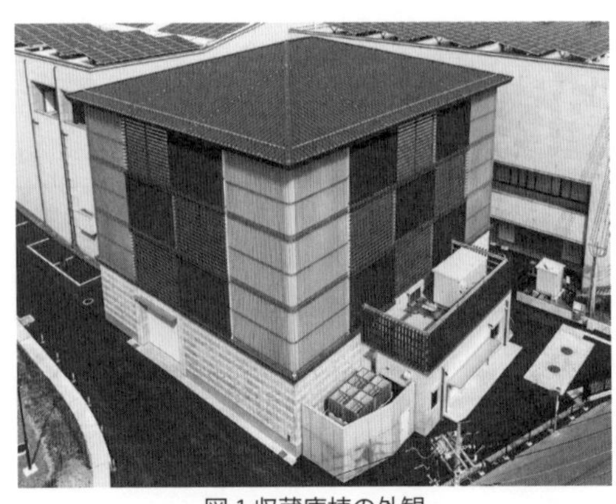

図1 収蔵庫棟の外観
後ろの建物が博物館本館。

1　収蔵庫増設の経緯

2013年（平成25）度の県議会で、県立博物館の収蔵庫の満載状況が取り上げられ、「文化遺産の適切かつ有効な保管と活用」と題する特定テーマ報告書において、資料の収集・保管のシステム化と適切な収蔵環境の確保について提言を受けた。

これを踏まえ、2014年度に専門業者（株式会社丹青研究所）による「資料収蔵状況等に関する委託調査」を実施し、博物館の収蔵庫の現況調査と資料収集や収蔵の方法に関する評価と改善策の検討が行われた。また、外部委員を中心とする「県立博物館資料収蔵に関する検討会」を設置して対応策を検討した(2)。さらに、2015年度には、県政策経営会議の検討課題として、「県立博物館における収蔵資料の保管と活用のあり方」が取り上げられ、県庁内関係各課からなるワーキンググループによる協議・検討が行われた。

これら一連の協議・検討は、館の基本的性格や今後の方向性、資料収集方針の確認やマネジメントのあり方などを含めた広範囲にわたるもので、その結果、2015年度に以下のような方針が示された。

⑴ 県立博物館の基本的性格及び今後の方向性

地域の貴重な文化財等の保存や自然環境の実態把握など、博物館に期待される役割は、これまで以上に増加していることから、栃木県の人文・自然に関する総合博物館、県内の博物館の中心的施設という基本的性格は維持する。

⑵ 資料収集方針の検証、収蔵資料のマネジメントのあり方

資料の収集、保管は博物館の重要な機能のひとつであり、博物館の性格上、資料の増加は避けられない一方、無制限に収蔵庫を拡張することは現実的でないことから、資料収集の方針を見直し、収蔵資料のマネジメントを導入する。

⑶ 収蔵環境の確保

収集方針の見直しと収蔵資料のマネジメントの導入を前提として、今後30年間(3)にわたる博物館活動に対応する収蔵庫を博物館に隣接して建設する。

収蔵環境の確保策としては、未利用県有施設の活用案と博物館敷地内におけ

る増設案の比較が行われた。未利用県有施設の活用とは、博物館から約20㎞離れた元県立高校校舎を活用する案であった。廃校利用の場合、初期整備費用は館に隣接した新収蔵庫棟建設に比べて低額で済むものの、学校建築は窓が多く気密性に欠けるため、温湿度管理や害虫の侵入防止、遮光に問題があり、収蔵庫として必要な性能を満たすためには結局多額な改修工事が必要になる可能性があることが大きな問題点となった。さらに本館から遠隔地にあるため資料の利活用に不便であること、資料と職員の移動のコストが発生すること、防火・防犯対策のコストがかかること、エレベーターがなく大型資料の搬入・搬出に問題があることも指摘され、一時的な保管場所にはなり得るが、収蔵庫としての長期間利用には不向きであると結論付けられた。

一方、博物館に隣接する新収蔵庫棟を建築する案は、初期整備費用が廃校利用に比べれば高く、職員駐車場として利用されている土地に建設することになるため、そのスペースがなくなるなどのデメリットはあるものの、資料にとって望ましい収蔵環境を確保できることが大きなメリットとして挙げられた。また、本館に隣接していることによって資料の利用の促進が期待できること、本館と一体で管理できるため、防火・防犯対策コストが最小限で済むなどのメリットも挙げられ、長期的な利用を考慮すると新収蔵庫棟建築が適当との結論に至った。

30年間にわたる博物館活動に必要となる面積については、過去の資料の増加ペースを参考にしつつ、寄贈の申し出を断ることもあるなど受け入れを制限しながら対応している現状の収集ペースを最低水準とし、さらに後述する除籍措置の効果を考慮したうえで、30年間に予想される収集資料の収納必要面積を推計した。

ワーキンググループによるこれらの方針を踏まえ、さらに2016年度に新年度予算査定を経て新収蔵庫棟建設が認められた。

2　収蔵庫棟の設計から供用開始まで

収蔵庫棟建設の予算化を受け、2017年度に基本設計と実施設計が行われ、2018、2019年度の2か年で収蔵庫棟が建設された。なお、設計にあたっては、当館は公開承認施設であり、収蔵庫棟に国指定の文化財を収蔵する可能性があることから、文化庁に指導を仰いだ。

2020年3月の竣工後、ひと夏のからし期間を経て、同年10～11月に収蔵庫棟への新規の収蔵棚の搬入・取付工事、12月～2021年1月に本館の収蔵庫から新収蔵庫への資料と収蔵棚の引越しを実施した。また、2021年1～3月に、後述する本館動物植物収蔵庫の民俗第2収蔵庫への用途替えに伴う新規の収蔵棚の搬入・設置と資料の引越し作業が行われた。地震による収蔵棚の転倒を防止するため、前後左右の収蔵棚は連結された。さらに向かい合う列の収蔵棚は天つなぎ材によって連結された。一方、収蔵庫の密閉性や温湿度保持性能を損なわないよう、収蔵棚は壁や床にはボルト等による固定はされてはいない。また、収蔵棚内の資料の転倒・転落防止対策は、資料ごとの特性に応じて柔軟に対応できるように後付けすることとした。

なお、竣工後には収蔵庫棟内の収蔵庫の気温・湿度・空気質（有機酸・アンモニア・ホルムアルデヒド濃度）の計測を継続的に実施し、収蔵棚搬入前の9月と資料と収蔵棚の引越し前の12月には、収蔵庫内は気温22℃、湿度55％前後で安定し、空気中の有害物質の濃度が東京文化財研究所の推奨値(4)以下であることを確認したうえでそれぞれの工程を実施した。

このようにして2021年3月末に収蔵庫への収蔵棚の搬入・設置と資料の引越作業を完了し、2021年4月から収蔵庫棟が供用開始となった。

3　収蔵庫増設の概要

前述のとおり、当館の資料は、考古、歴史･美術工芸、民俗、動物植物、地学、寄託、生物液浸など、学術分野及び資料の性質に基づいて異なる収蔵庫に収蔵されていたが、特に資料の満載状況が深刻な民俗、動物植物、地学収蔵庫の状況を改善するために、収蔵庫棟の建設に伴って、次のような収蔵スペースの増設と再配分が行われた。

まず、本館の動物植物収蔵庫内の動植物の乾燥標本は、既存の収蔵棚と共にすべて収蔵庫棟内の新しい収蔵庫（生物、昆虫、動物、植物･菌類）に移設された。空いた動物植物収蔵庫は、民俗第2収蔵庫に用途変更して新しい収蔵棚を設置し、既存の民俗収蔵庫（民俗第1収蔵庫と改称）から資料の一部が移設された。さらに、収蔵庫棟にも新たに民俗第3収蔵庫を設け、新規の収蔵棚を備えて民俗資料の収蔵スペースを確保した。地学分野については、既存の本館の地学収蔵庫を地学第1収蔵庫として使用し続けると共に、収蔵庫棟内に新たに

図２　動物収蔵庫
収蔵棚内の資料の転倒・転落対策は未実施の状態

図３　収蔵庫棟のトラックヤード
電動クレーンが設置されている

地学第２収蔵庫を設け、資料と収蔵棚の一部を移設した。

なお、歴史、美術工芸、考古の各分野については、収蔵スペースの増設は今回行われていない。これは、歴史･美術工芸収蔵庫と考古収蔵庫については、検討過程で収蔵庫内の収蔵棚の配置換えや増設などによって収蔵スペース不足を解消する方針となったためで、今後の課題として残されている。

建設された収蔵庫棟は、地下１階、地上３階の鉄筋コンクリート造（RC造）で、建築面積629㎡、延べ床面積2360㎡である。免震装置はない。地階は空調機械室で、１階には、トラックヤードと一時保管庫の他、本館との連絡通路が設けられている。

収蔵庫は、1階から３階までの各階に２部屋ずつ合計６部屋設けられている。収蔵庫面積の合計（中２階部分を含む）は、建築面積1699㎡、実測面積1558㎡である。１階には、民俗第３収蔵庫（実測面積157㎡、以下同様）と生物収蔵庫（52㎡：動物と植物の大型資料を収蔵）、２階には昆虫収蔵庫（248㎡）と地学第２収蔵庫（389㎡）、３階には動物収蔵庫（315㎡：昆虫以外の動物資料を収蔵）と植物・菌類収蔵庫（397㎡）が設けられている。１階の収蔵庫には中２階はないが、２階と３階の収蔵庫は中２階構造になっている。

各収蔵庫は、外部の温度変化の影響を最小限にするため二重壁構造となっており、各階の収蔵庫には前室が設けられている。空調装置は収蔵庫内と二重壁内の２系統とし、収蔵庫内系統は温度と湿度を、二重壁内系統は温度を調整している。設定温度は22℃、湿度は55％である。また、収蔵庫内系統の空調装置には、空気中の酸・アルカリ・ホルムアルデヒドを除去するフィルターを取り付けている。収蔵庫の内壁には、調湿機能を持つシリカ系中性調湿板を使用している。収蔵庫棟の外壁に取り付けられた金属パネルやルーバーは、デザインとしての意匠であると同時に、建物本体に直射日光が当たるのを避け、風通しを良くする効果を狙って設計された。1階の外壁部分に張られた大谷石の石板も、県産材を用いて栃木県にふさわしいデザインを演出するとともに、直射日光を建物本体のコンクリートに当てない効果を狙って用いられた。

火災対策としては、収蔵庫の前室の扉は耐火扉とし、収蔵庫内にはハロゲン化物消火設備が備えられている。また、防犯対策として、前室の扉はダイヤル錠と通常の錠の二重ロックとなっており、本館同様、収蔵庫棟内と周囲の要所には防犯カメラが設置され、警備員室でモニターされている。

収蔵庫棟建設前の敷地の一部に動植物の飼育栽培や標本作製のための施設があったため、これらの機能を持つ小部屋（飼育栽培室と水槽室）が収蔵庫棟に隣接した1階に設けられたが、これらの部屋と収蔵庫棟の間に出入口はなく、漏水事故防止のため収蔵庫棟本体には水道は配管されていない。このため、収蔵庫棟には水洗設備やトイレはなく、必要な時には連絡通路を通って本館にある設備を使用する必要がある。なお、収蔵庫棟の屋上からの漏水事故を防止するため、収蔵庫棟には屋根がかけられ、屋上に雨水がたまらない構造になっている。また、通常屋根の縁に取り付けられる雨樋は、ゴミが詰まって漏水の原因となる可能性があるため取り付けられていない。

収蔵庫棟建設の経費は、新規収蔵棚の購入・設置費、資料と収蔵棚の引越業務の委託料などを含めて約17億円であった。

図4　収蔵庫棟1階前室の大扉

右：大扉を開いた様子。前室の左側に生物収蔵庫、右側に民俗第3収蔵庫がある。

4　資料の収集・保管・活用に関する内規の整備

前述のとおり、当館の収蔵庫増設に関する検討は、単に収蔵庫が一杯だから増設を認めるか、どのような収蔵庫にするべきか、ということにとどまらず、博物館の在り方、資料の収集、保管、活用全般について行われ、関連する内規が整備、改定された。この中で、新たに「収集、保管、活用等に関する要綱」が定められ、資料収集、保管、活用に関する基本的な考え方が明文化され、購入、寄贈、採集、寄託など関連する手続きが整理された。また、収蔵資料のマネジメントの導入として、既に収蔵している資料についても、定期的な見直しを制度化し、収蔵価値を失った資料や他施設に保管された方が活用されることが見込まれる資料を除籍する仕組みが新たに定められた。なお、登録資料の除籍にあたっては、慎重を期するため、博物館内の検討だけでなく、外部の専門家である資料評価委員による評価を必要とすることとした。さらに、毎年の収集資料の増加状況を館全体で把握し、主管課である県民文化課に報告し情報を共有する制度が設けられた。

これらの資料マネジメント業務は、展示や行事に追われがちな学芸員の日常業務の中で、毎年各年度の資料収集の結果を見直し、資料整理について考える時間を確保することにつながるプラスの面が大きいと考えている。

おわりに

当館では、資料収集活動や収蔵庫の重要性を広く知ってもらうため、収蔵庫ガイドなどの行事や企画展「収蔵庫は宝の山！～博物館の資料収集活動～」などの展示を、収蔵庫増設に関する検討と並行して実施してきた。収蔵庫増設が成った現在、当館の設立目的である栃木県の自然と文化に関わる資料の収集、保管という基礎的な業務を地道に継続する一方、収蔵資料を活用して情報発信をより一層行っていくことが求められている。これまでにも機会をとらえてマスコミなどで話題になった収蔵資料のトピック

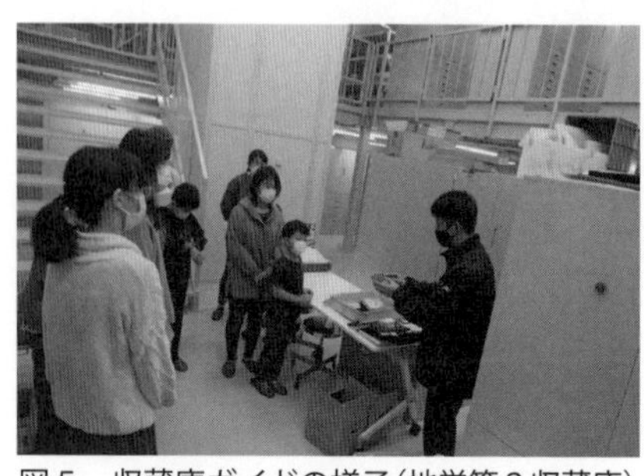

図5　収蔵庫ガイドの様子（地学第２収蔵庫）

展示や講座などを開催してきたが、今後さらに収蔵資料が物語る栃木県の文化や自然の特徴、魅力を、展示や行事、印刷物、ウェブサイトなどを通して広く紹介し、収蔵資料の利用や調査研究を促進するよう努めていきたい。

註

(1) 面積の表記として、図面上の建築面積と実際に使用可能な実測面積があるが、本稿では、特に断らない場合、実測面積を示す。また、収蔵庫内に中2階（メザニン）がある場合にはその面積も含む。

(2) 検討会は、日本博物館協会の半田昌之専務理事、菊池健策元文化庁主任文化財調査官、遠藤秀紀東京大学総合研究博物館教授、県立博物館の主管課である県民生活部県民文化課長、栃木県立博物館副館長の5名の委員によって構成された。

(3) 30年という期間は、県の建造物の長寿命化方針により、RC造の博物館の本館が竣工から65年間つまり2047年まで使用されることを前提としたことから導き出された。

(4) 東京文化財研究所HP「美術館・博物館のための空気清浄化の手引き（平成31年3月改訂版）」(https://www.tobunken.go.jp/ccr/pub/190410aircleaning_guideline.pdf)（2021年12月1日閲覧）

引用・参考文献

林　光武　2018「栃木県立博物館の新収蔵庫建設への道」『博物館研究』第53巻第11号、pp.34-37

Case2　横須賀市自然・人文博物館
文化財収蔵庫を増設する

瀬川　渉

1　横須賀市自然・人文博物館の沿革

横須賀市自然・人文博物館は市立の総合博物館として歴史が古く、ペリー来航から100年を記念して博物館構想が発表された1953年（昭和28）にまで遡る。翌年には、博物館法の登録博物館として横須賀市久里浜の地に横須賀市博物館が開館した（前年に開館したペリー記念館を発展的解消）。1970年には現所在地である横須賀市深田台に自然科学部門が移転し、人文科学部門は久里浜に残り久里浜分室と改称した。これは自然科学部門の移転を第1期工事とし、人文科学部門の移転は第2期工事として、当初から計画されていたものである。人文科学部門の移転より前、1974年に「三浦半島の漁撈用具」2,603点が国指定重要民俗資料になり、小稿で取り上げる重要有形民俗文化財収蔵庫（以下、文化財収蔵庫）が1976年に完成した。1983年には久里浜分室を廃止して、横須賀市自然博物館と横須賀市人文博物館を現所在地に設置した。これは、自然科学部門の移転時からある建物を自然博物館とし、第2期工事で完成した人文科学部門の展示室・資料室を有する建物を人文博物館としたの

表1　横須賀市博物館の沿革

1947年	横須賀市郷土文化研究室設置、市史編纂を目的として自然・人文に係る資料の調査収集開始
1953年	ペリー来航100年を記念して、博物館建設構想
	久里浜の旧海軍工作学校兵舎を改築し、「ペリー記念館」落成
1954年	横須賀市博物館条例制定
	ペリー記念館を改称し、横須賀市博物館開館
1970年	横須賀市深田台（現所在地）に自然科学部門が移転（久里浜分室には人文科学部門が残る）
1974年	「三浦半島の漁労用具」2,603点が国指定重要民俗資料
1975年	文化財保護法改正　重要民俗資料から重要有形民俗文化財へ
1976年	重要有形民俗文化財収蔵庫落成
1983年	現所在地に横須賀市自然博物館と横須賀市人文博物館を設置（久里浜分室を廃止）

である。ただし、市民等の利用者にしても職員にしても、自然科学部門と人文科学部門の別々の博物館が存在しているという意識はないが、現在でもこの建前は残っているため「横須賀市自然・人文博物館」と称するのである。こうして、横須賀市深田台に、自然博物館、人文博物館、そして文化財収蔵庫という3棟の建物が存在するのである。

2 三浦半島の漁撈用具の概要

三浦半島沿岸には、砂浜もあれば磯もあり、それらにあわせた多種多様な漁撈用具が受け継がれている。さらに三浦半島近海には南から黒潮が流れ、季節によっては北からの親潮の影響も受け、豊かな漁場が形成されている。三浦半島の漁撈用具は、この環境にあわせた様々な釣漁や網漁の漁具、素潜り漁や見突き漁、漁船、船大工道具や信仰·儀礼用具などから構成されている。

三浦半島の漁撈用具が収集されたのは1970年前後であり、ちょうど漁具や船の材質が麻や木綿、木材などからナイロンやFRP（繊維強化プラスチック）などの石油化学製品へと移り変わっている時期であった。この変化に危機感を持った博物館が積極的に収集したコレクションが三浦半島の漁撈用具である。その危機感の表れとしても、また文化財保存の観点からも特徴的であるのは、博物館が木造船を横須賀市鴨居の船大工に発注し、製作過程を写真などで記録したことである。博物館発注の木造船も2,603点のなかに入っている。

1970年に民俗学担当学芸員として採用された田辺悟は、収蔵庫建設のための予算獲得に向けた説明文で、三浦半島の漁撈用具のなかで特に特徴的なのは、多種多様な漁網が揃っていることであり、国家的な資料であると述べている。「国家的な資料」は予算獲得に向けた言い方であるにしても、日本各地で見られる漁網が揃っているということは三浦半島の特色と言ってよい。

表2 三浦半島の漁撈用具分類表

分類	名称	件数
A	漁場関係用具	5
B	漁船（模型含む）	5
C	漁船の付属具（船具他）	51
D	船上用具（衣類他）	42
E	漁船建造及び修繕用具（船大工道具他）	14
F	漁具製作及び修理用具	74
G-1	釣漁関係用具	349
G-2	網漁関係用具	171
G-3	その他の漁具	106
H	水揚げ・運搬	29
I	製造・加工用具	23
J	信仰・儀礼用具	10
K	その他（原材料含む）	20
L	淡水系内水面漁撈用具	23
	計	922

※単位は件数、1件につき数点の場合がある

3　文化財収蔵庫の建設とその経緯

三浦半島の漁撈用具の特色を明らかにしたのは学芸員や郷土史家であるが、当館の研究活動は外部の研究者によっても支えられていた。1954年の開館当初から学術顧問と研究委託制度を導入し、職員だけでは十分に対応できない部分を補完していた（林 2005）。1972年から1977年には、文化庁主任文化財調査官を歴任した祝宮静（ほうりみやしず）に対して民俗分野を対象とした研究委託がなされた。委託終了後に亡くなった祝への追悼記事では、国指定に祝の指導が大きく貢献した旨が述べられている（横須賀市博物館 1980）。また、田辺が残した記録によると、

たまたま前文化庁文化財主任調査官であられた田原　久氏をはじめ、現文化財主任調査官であるの木下　忠氏が前横須賀市長長野正義氏とともに久里浜分室に収集、保管されている漁船をはじめとする三浦半島の漁撈用具コレクションを視察され、その際、羽根田弥太前博物館長及び筆者との4人の懇談が行なわれたが、これらの資料は横須賀市のものというよりは、国家的な立場で保存すべきであるとのアドバイスを文化庁よりうけたことにはじまり、コレクションの系統的な整理をおこなう一方、横須賀市はこれらの貴重な文化財をあらゆる災害から守り、永く保存、活用するために収蔵庫の建設を計画するに至った。（横須賀市博物館 1977）

とある。文化庁からの働きかけがあったとまでは言えないが、文化庁との認識共有が早い段階から行われていたことがわかる。引用文中の木下は祝の後に研究委託を受け、田原は1983年6月から横須賀市自然・人文博物館の初代館長を務めた。このように開館当初の人文博物館は、民俗分野に力を入れていたことが人事の面からもわかるが、展示にもそれは反映されており、人文博物館における展示面積の半分を民俗展示が占めていた。

それでは次に、具体的な文化財収蔵庫の概要と完成までの過程を述べる。当時の資料によると、具体的な文化財収蔵庫の建設概要は以下の通りである。

⑴ 構造

基礎　鉄筋コンクリート造独立基礎

主体　高床式鉄筋コンクリート造（一部中2階）

外壁　コンクリート打放しマスチックA工法

建具　アルミニウム製（二重扉）

天井　ネオパールスキン吹付

(2) 建築面積　294㎡（21m × 14m）

(3) 各階床面積　1階294㎡　中2階147㎡　計441㎡

(4) 工事経過　着工1974年12月3日　竣工1976年3月3日　落成式1976年6月11日

(5) 総事業費　5500万円

先述の通り、現在の人文博物館が建設される前に文化財収蔵庫が完成し、漁撈用具は久里浜分室から搬入された。久里浜分室では、木造船を屋外に置いていたため、保存に適した環境ではなかった。全長11m以上の木造船を後世に残すためには、専用施設での保存が絶対条件であり、収蔵庫建設を目指すのは必然であった。

田辺によると（横須賀市博物館1977）、先述の認識共有の後、1973年5月26日に文化庁文化財管理指導官の半沢重信に収蔵庫の設計その他について指導を仰いだとのことである。また、1972年9月30日付で文部大臣あてに重要民俗資料指定申請を行った際に、文化庁主任文化財調査官の木下忠、県教育委員会の今泉民彬の指導・助力を得たとしている。

国指定の申請が1972年、正式指定が1974年2月、その年の12月には文化財収蔵庫が着工しており、急ピッチに進められたことがわかる。文化財収蔵庫の建設には、重要民俗資料の保存施設建設の国庫補助制度が使われていることを考えると、指定から文化財収蔵庫完成までがセットで計画されてい

図1　屋外に保管された木造船

図2　屋外に保管された木造船

図3　文化財収蔵庫に搬入する木造船

図4　文化財収蔵庫落成式

図5　文化財収蔵庫落成式

たことが窺える。内部資料を読むと、横須賀市や文化庁の関係者だけでなく、様々な役職・地位の人々へ陳情がなされていたようである。また、文化財収蔵庫の完成は行政や博物館関係者だけでなく、資料寄贈者にとっても待ち望んでいたことであった。落成式の写真には、資料寄贈者が寄贈資料の前に並び撮影されたものもある。漁撈用具の収集から文化財収蔵庫完成までの一番の立役者は、資料寄贈者であることを忘れてはならない。漁師や船大工にとって漁撈用具は自分の命と同じくらい大事なものだからである。そして、資料を学芸員が体系的に把握し、三浦半島ならではの価値を見出したからこそ、文化財収蔵庫が完成したのである。

4　完成後の文化財収蔵庫

文化財収蔵庫が1976年に完成し、1983年に人文博物館が新設・開館した。この人文博物館の建設には、国庫から歴史民俗資料館建設費補助が拠出された。未指定の民俗文化財保護と国立歴史民俗博物館の建設構想に付随した国と県・市町村の連携などを目的とした補助事業である。文化財収蔵庫から人文博物館の建設までの過程は、1970年代の民俗文化財保護政策を具現化したものであった。それでは、完成した文化財収蔵庫が博物館の活動とどのように関わってきたのかを中心に述べる。

文化財収蔵庫は展示施設ではないので、普段は公開していない。学芸員でさえ、温湿度管理の観点から入庫は慎重に判断している。しかしながら、市民の文化財への理解を促進するため、人文博物館開館から毎年、文化財収蔵庫を一般公開している。当初は11月の文化の日前後の数日であったが、2015年からは5月のゴールデンウィークも公開している。これは、気候が安定している11月と5月であれば資料への影響が少ないと考えているからである[(1)]。この一般公開は、1998年から2010年までの民俗学担当学芸員が不在であった時期も実施されていた。さらに、2012年からは展示解説を年1回、当館研究員が行なっていた。2021年度から研究員制度はなくなったが、引き続き同じ外部講師を招いている[(2)]。これは、外部講師から全国の漁撈用具との比較も踏まえながら解説を受けることで、三浦半島の漁撈用具の特色がより理解できると考えているからである。

もちろん、学芸員が対応しないわけではなく、できる限り公開中は文化財収蔵庫に常駐するようにしている。それは、学芸員にとっても市民と話せる機会であり、寄贈者やその家族が来る場合があるためである。寄贈関係者から漁撈用具についての思い出話を聞けるのは年に1回あるかないかという程度ではあるが、貴重な機会である。収集から約50年が経過し、学芸員も代替わりをしているなかで、収集者ではない学芸員が資料についての活きた情報に触れることができるのである[(3)]。このような機会に恵まれたのは、博物館とは別棟の文化財収蔵庫に三浦半島の漁撈用具が保管されているからで

図6　文化財収蔵庫外観

図7　一般公開時の展示解説

ある。仮に館内の収蔵庫に木造船も含めて保管されていたら、管理上の理由から入退場自由の一般公開は不可能であった。建設当時には期待されていなかった効果ではあるが、文化財の積極的な公開・活用が勧められている今日においては公開しやすい構造となっている。もちろん、展示のための施設ではないため、展示室と比べて通路幅の狭さやキャプションの設置が行き届かないなどの点は留意が必要である。

国指定後も博物館の漁撈用具収集は続いている[4]。それに対応するため、1992年に中2階部分を98㎡増床した。もちろん、このような工事をするには文化庁への確認が必要である。さらに建設後に施した工事として、2006年に扉の交換と除湿器の設置が挙げられる。扉の交換は腐食が進んだことなどにより開閉が困難になったためである。除湿器の設置は保存環境から考えて当然のことではあったが、建設当時としては一般的な設備ではなかったと推察する。先述の通り、横須賀市だけの手続きだけで工事ができるわけではないことも、除湿器設置がこの時期になってしまった原因の1つだと考えられる。さらに付け加えると、燻蒸剤エキボンが使用できなくなったことも挙げられる。他の博物館と同様にエキボンでの全館燻蒸を実施していたが、2000年代に入り、使用できなくなったため、殺虫剤噴霧の燻蒸しか実施していなかった。これでは、菌害を防ぐことができず、湿度管理を厳重にする必要があった。文化財を公開しその価値を市民に理解してもらうことも大事ではあるが、収蔵庫としての機能を維持するために必要な工事や設備を導入するのは、博物館として重要なことである。

註

(1) 5月に一般公開することによって、虫菌害のリスクが増大したため、殺菌殺虫効果がある燻蒸剤アルプを6月下旬に投薬する。

(2) 1988年10月から1998年3月まで当館の学芸員であった安室知神奈川大学国際日本学部教授に依頼している。

(3) そのおかげで、筆者は国指定後に収集した主な漁撈用具も加えた図録『三浦半島の漁撈用具コレクション』を刊行することができた。

(4) 整理作業等が一段落した際は追加指定を検討している。

引用・参考文献

林　公義　2005「横須賀市自然・人文博物館の半世紀」『博物館学雑誌』第30巻第2号、pp.19-20

文化庁　2001『文化財保護法五十年史』ぎょうせい、p.335
横須賀市博物館　1973『横須賀市博物館報』第18号、pp.63-64
横須賀市博物館　1977『横須賀市博物館報』第23号、p.41
横須賀市博物館　1979『横須賀市博物館報』第25号、p.53
横須賀市博物館　1980『横須賀市博物館報』第26号、p.54
横須賀市博物館　1983『横須賀市博物館報』第30号、pp.3-4
横須賀市博物館　1984『横須賀市博物館報』第31号、p.50
横須賀市博物館　1993『横須賀市博物館報』第40号、p.44
横須賀市博物館　2007『横須賀市博物館報』第53号、p.39

Topic　災害から地域の文化財を守る

原田和彦

はじめに

2019年（令和元）10月13日、長野市長沼（穂保）の千曲川堤防が決壊し水害が発生した。ほかにも、千曲川の越水や支流河川の氾濫が数か所で起こった。この災害によって多くの文化財が被害を受けた。水害を受けた地域はそれぞれ特徴のある歴史を形成してきており、重要な文化財の罹災が想定できた。

災害から数日後、長野市立博物館は罹災地域の個人所蔵で未指定の文化財をレスキューすると決定した。約20件で数千点に及ぶ未指定文化財を救出した。これらの資料は、この地域の歴史を物語る重要な資料群であることもわかってきた。

レスキュー活動に至るまで、そして活動1ヶ月程度の状況についてはすでに述べた[(1)]のでここでは略すこととする。

1　未指定文化財のレスキュー

長野市立博物館が民間の罹災資料をレスキューしたのは、台風19号災害が初めてではない。2014年（平成26）11月に起こった長野県北部地震に伴うレスキュー活動の経験もあった。長野市立博物館では、市内鬼無里の寺院や個人宅から仏像や古文書、什器類をレスキューし、整理の上返却した。このほか、白馬村の数家の古文書を救出し目録作成のうえ返却した[(2)]。このレスキュー活動にあわせて、企画展示も開催した[(3)]。

水害による文化財の罹災は、地震に伴うものとはまったく違うと感じた。とりわけ紙類については、水損の後数日でカビが生える。このため、カビの防止と除去が活動の多くを占めることとなる。

本稿ではこの水害に伴う文化財レスキューを通して、地域の文化遺産とどう向き合うのか、この点について述べる。

2　博物館と文化財救済レスキューの連携

(1) 史料ネット・博物館協会からの支援

水害から一週間後にレスキューを実施した地域は、長野市松代町東寺尾であった。2つの寺院から水損した掛軸、仏像などを運び出した。この時、歴史資料ネットワーク（神戸大学）、新潟歴史資料救援ネットワーク（新潟大学）、新潟県立歴史博物館から資材の支援や人的援助があった。長野市にあっては、長野市立博物館を中心に活動した。また、長野県内の学芸員が参加した。新潟県在住の仏像修復師も駆けつけた[(4)]。

ほどなく、信州大学から史料ネットを長野県で立ち上げる話があり、信州資料ネットが立ち上げられた（山本 2020）。長野市立博物館における活動も、信州資料ネットとの連携のなかから実施されることとなった[(5)]。

寺院から数多くの掛軸が運び込まれたが、災害から1週間ほど経って搬入されたため、すでにカビが繁殖していた。当初は掛軸の一点一点、時間をかけてクリーニングしていたが、まずは開いて乾燥させるという作業に移行した。掛軸については、早急の手当てがその後の作業に大きな影響を与えることを学んだ。

(2) 大学との協働

この活動には、首都圏や長野県内、隣県の大学からの支援が多くあった。首都圏からも多くの大学から人的援助があった。一橋大学、中央大学、淑徳大学、群馬県立女子大学そして国文学研究資料館からは、複数日をまたいで学生と共に参加いただいた。県内と近隣県の大学としては、上越教育大学、新潟大学、信州大学、松本大学、清泉女学院大学から参加いただいた。信州大学（人文学部）は、当初から信州大学松本キャンパスの空き研究室の利用について許可をいただいた。

近世文書の整理については、博物館の古文書同好会のメンバーが担当した。また、現代の区有文書については、その選別や整理について信州大学に依頼した。現代のいわゆる現用文書については、信州大学の近現代史研究室の指示によって、区独自の文書である「PTA」や「育成会」といった文書群について優先的に救出した（大串 2020）。大量にある区有文書のうち、残すべきものが明確となることで救出自体の意義が高まった。

清泉女学院大学では、学生を主体とした活動が実施されている。安定化が終わった大般若経の撮影と奥書の採録を進めた。清泉女学院大学との活動は、博物館と大学との関係の構築について、その可能性が無限大であることを示している。

(3) 専門家との連携

水損資料のなかで、緊急処理の難しいものが、掛軸や屏風であった。寺院に非常に多くの掛軸が伝来したが、未調査のまま水損したのである。とりあえずは、すべての掛軸を預かり処理することとなった。掛軸や屏風については、どこまでが緊急処理であるのか、どこからが専門家にゆだねる工程なのか、この点を明確にできずにいた。この時、京都芸術大学の大林賢太郎氏に掛軸の応急処理について教示いただいた。水損した掛軸の扱い方について、博物館としての立場を明確にする機会となった（大林 2020）。また、文化財保存支援機構（JCP）からは増田勝彦氏、そして尾立和則氏により今後の方針などが示された。尾立氏には、実際に罹災した屏風の処理についてのワークショップを依頼した。

古文書については、国立歴史民俗博物館の天野真志氏から、数度にわたりワークショップを依頼した。古文書を乾燥させる方法、洗浄する方法など、古文書の緊急処理とは何かを学ぶ機会となり、博物館としてどのような活動をするか明確にできた。

手探りで始めた活動であるが、様々な専門家から指導を得られたことにより、博物館としての緊急処理の方法が決まった。水損資料の緊急処理については、まだ、試行錯誤の段階である。そのなかでどのような方法をとるのか、専門家からの意見を踏まえて、博物館として明確にしていくことが必要である。

3　罹災情報の集約方法

災害時にあって、どこで文化財が罹災しているのか、情報を収集することは重要である。地域内の文化財に関する、いわゆる悉皆調査が済んでいて、罹災地と重なった場合にレスキューに向かうというのが理想的な姿であろう。しかし、博物館をはじめ、教育委員会の文化財担当部署で、地域内の文化財を悉皆的に把握している博物館や自治体は少ないと思う。

レスキューすべき文化財の情報収集については、①これまで博物館と関係のある文化財所有者からの情報、②これまで地域で文化財調査を行っていた人からの情報、③チラシや広報などの呼びかけによる情報の収集、の3つの情報収集の方法がある。

①博物館活動の延長としての情報　博物館は、主に展示の企画を目的として地元資料の調査・研究を行っている。こうした調査を通じて、学芸員は文化財の所有者と密接なつながりを持つ。こうしたつながりによって、罹災時に資料レスキューの依頼を受けることがある。今活動においても、古くから関係のある寺院から、罹災した建物に安置されている本尊などほとんどすべての仏像を預かり、一時保管することにした。これは、博物館の日常からの活動の所産だと考えている。博物館独自の活動と言える。

②研究者、郷土研究グループからの情報　博物館で日ごろ関係のある研究者からの情報も役立った。特に長沼地域は、豊富な区有文書を所有することで知られている。区有文書について常々調査していた研究者の情報によって、水害で所在が分からなくなっていた区有文書を発見することができた。

長野市では地域の歴史を学ぶグループが積極的に活動をしており、こうしたグループからも多くの情報が寄せられた。どこに文化財があるのかを正確に把握しているため、多くの文化財をレスキューすることができた。

③チラシなど広報活動による情報　災害時にあっては、チラシの配布やマスコミなどを介しての情報提供が一般的である。当初、チラシを配布して情報の提供を求めた。ただ、チラシやマスコミの情報は、避難所にはあまり届かない。長野市においては、罹災資料の保全活動が災害復興事業として位置づけられた。このことによって、避難所や長野市の情報提供ツールに、罹災資料のレスキューについての情報発信が可能となった。特に有効であったのは、避難所に掲示したポスターであった。災害という特殊な状況の中にあっては、被災現場ではなく、避難所での情報収集が最も有効であることを実感した。

4　博物館における文化財レスキューの意義

(1) 今回の活動での成果

今回の活動での成果としては、寺院の掛軸･仏像･古文書、個人所蔵の掛軸･

典籍・古文書、区有文書を救出できたことである。各地区の特徴的な文化遺産を救済することができたことは特筆すべきである。被害の大きかった長沼地区の文化財の特徴は、1）区有文書が豊富に残されている、2）初期真宗の発祥の地域である、3）小林一茶関連の資料が豊富に残されている点である。

救済活動の結果、1）は、地域の人々と協力しながら区有文書を4群も保全することができた。2）は、長沼地区に所在する浄土真宗の古刹の資料すべてを救出した。この結果、寺や初期真宗の歴史の解明に必要な文化遺産を守ることができた。3）の小林一茶関連の資料については、信濃町の一茶資料館が平時から所在確認をしていた。一茶資料館では災害直後に救出活動へと移行していた。

このように、災害後に様々な重要な資料が救出された。これら一点一点が、地域の歴史や、ひいては日本の歴史を解明するうえで欠くことのできない文化財であると言える。

(2) 大学における史料ネットとの関係

民間所在の文化財の救出活動は、これまで大学が中心の活動であった。これは、阪神淡路大震災後に神戸大学を中心として、罹災資料の救出を行ったことに始まることはよく知られている。全国の国立大学などを中心として、ほぼ県単位で「史料ネット」が設立されつつあり、民間資料の救出や日常的な保全活動などが進められている。こうしたなかで、救出についての方法論や、予防的な文化財保全活動について日々進化しているという感はある。

博物館においても、東日本大震災後に陸前高田市立博物館の収蔵資料の安定化処理が進められており（日本博物館協会 2015）、罹災した収蔵資料の安定化も一般化している。また、本書にも掲載されているように、川崎市市民ミュージアムが水害により罹災し、所蔵資料が水損したことに伴い、その救出や保全活動に多くの人々がかかわる例も見られる。ただ、長野市立博物館が行ったような、民間所在資料を救出する活動は、新潟県立歴史博物館のほかあまり例は多くないだろう。

今回の私たちの活動は、どちらかと言えば、大学を中心とした史料ネットの活動に近いかもしれない。史料ネットとの連携によって事業が円滑に進んでいる面も多々ある。博物館はこうした史料ネットと連携し、民間資料の所在調査や、災害時における救出活動について、もっと密に連携しておく必要があるとも思う。

(3) 博物館の業務としての位置づけ

民間所在の未指定文化財の救出について、博物館と大学（史料ネット）のレスキューの両者の違いやその特徴については別稿で論じた（原田 2020e）が、博物館も未指定文化財のレスキュー活動をその事業の一つとすべきと考える。

博物館が未指定文化財のレスキューを行う根拠については、近年注目されつつあるように思う。浜田拓志は、文化庁が 2019 年に出した「文化財保存活用地域計画・保存活用計画の策定等に関する指針」から、1）専門的な知見を有する学芸員等による指導・助言、2）博物館等による地域の文化遺産の調査とデータベース化、3）災害時、都道府県内の救援ネットワークの構成機関としての役割、4）過疎化や生活様式の変化等に伴う文化財散逸の危機を救済、5）地域学習の教材等としての文化財の活用など、学校教育・社会教育と連携した取組を抽出して具体的な内容を検討する（浜田 2020）。そのうえで、「博物館職員が、日常的な滅失から地域の文化遺産を守るために平常時の保全活動を進めるとともに、災害時には共働して地域の文化遺産や被災した他館の所蔵資料を守るという博物館の役割は、新たな博物館法から読めるようにするべきではないだろうか。」と結論付ける。首肯すべきであろう。

ともすれば、学芸員は館蔵資料ですら整理が追い付かない状況に置かれている。展示や教室事業などの集客につながる仕事の比重が高く、対話と連携しながら文化遺産を守るという博物館の理念からほど遠い状況にある。地域博物館は、地域との対話と連携のなかから、文化財を守るという命題を与えられていると考える。

5　ボランティアの導入とその意義

最後に、長野市立博物館特有の活動としての、市民（以下、ボランティア）との「対話と連携」による文化財保全活動について言及しておきたい。

活動の長期化が想定されることから、恒常的に活動するボランティアの導入について、活動を始めた頃から博物館内で議論した。地域の人々が活躍できる場の導入を目指したのである。被災当初は、全国各地から多くの参加者がある。しかし、それにいつまでも依存するわけにはいかないと考えたからである。すでにふれた長野県北部を襲った地震におけるレスキュー活動で、参加者が日を追って減少した経験をした。殊に民具については多くの資料をレスキューしたものの、ごく少数の人員による活動となった（福島 2016）。

私はボランティアが博物館の調査研究活動に参加することが、館の活動を活発化させるという経験をしていた[6]。私の前任の職場である真田宝物館では、展示や地域のガイドのほかに、学芸員の行う調査活動をボランティアが担い、成果品として本を出版してきた。博物館は学芸員を中心として活動するだけではなく、地域の人々と連携することによって様々な効果が生まれる。従来、ボランティアとは人員の補完といった意味合いが強かったように思う。しかし、ボランティアは博物館をつくり、かつ、博物館は地域コミュニティの一翼を担っていくはずである。こうした視点に立った時、ボランティア活動を導入することは極めて重要な意味を持つと感じた。

現在では、緊急処理をボランティアが主体で進めている。ボランティアが処理の方法について議論し情報共有する体制になっている。博物館はあくまでもその調整役に徹している。専門家からの指導についても、ボランティアからの要望を受けて依頼する形をとっている。

先に浜田の所論を紹介したが、地域文化財の所在調査、悉皆調査をボランティアと連携して進めることで、博物館が地域文化財保全の拠点となればと思っている。また、文化財を用いた展示についても、博物館とボランティアが資料の価値を共有し、また対話をしながら作り上げたいと思う。

このように、博物館における被災資料の緊急処理には、ボランティアとの対話や連携が必要であり、このことがうまくいけば博物館の地域における重要度が増すものと私は考えている。

おわりに

災害にあった資料の救済活動について、長野市立博物館での経験を踏まえて述べてきた。博物館が地域に所在する文化財を扱い、時にはそれを収集して博物館資料とするのであるならば、当然のことながら、非常時に救出活動をするのは必然であろう。ここで大事なのは、2つの連携である。第一に、全国に展開する史料ネットと博物館との連携である。そして第二に、市民とともに文化財の価値を共有しながら活動を連携して進めることである。

災害は、いつ、どこで起きてもおかしくない。平時に何をするのかが非常時に役立つと思う。

付記　本稿は、「長野市立博物館におけるレスキュー活動」『博物館研究』（第55巻第8号、2020年）を改稿したものである。

註

(1) これまで書いたものは、原田2020a〜f、2021a〜cである。
(2) なお、お預りしているわずかな期間に所有者が変わることが多かった。このため、長野県立歴史館に寄贈することで、古文書を移すこともあった。
(3) 「救い出された地域の記憶—神城断層地震から1年—」という企画展示を、2015年10月24日から12月6日まで開催した。ここでは、文化財レスキュー報告会、ギャラリートークも実施した。なお、ギャラリートークでは住宅被害を受けた方からの体験談もお聞きした。
(4) この当初の活動について、「救出・保全活動をその最初期の段階で軌道に乗せるという快挙を成している」としたうえで、「この作業が今後数年は続くと思うとため息が出るが、実はそれこそが同館の最大の功績なのだ」との評価もある（簗瀬2020）。
(5) 大学と博物館の連携については、原田2020eで述べた。
(6) 前任館である真田宝物館におけるボランティアとの関係については、金山による指摘がある（金山2020）

引用・参考文献

大串潤児　2020「赤沼地域・近現代史料の救出・保全」『長野市立博物館紀要』人文系・第21号
大林賢太郎　2020「長野市立博物館における被災掛軸調査報告」『長野市立博物館紀要』人文系・第21号
金山喜昭　2020「博物館と地域コミュニテイの連携—学びとネットワークの形成をめざしてー」金山喜昭編『転換期の博物館経営』同成社
日本博物館協会　2015『安定化処理』
原田和彦　2020a『長野市立博物館紀要』人文系・第21号
原田和彦　2020b「未指定文化財の保全活動とは」『文化財信濃』第47巻第1号
原田和彦　2020c「台風19号災害における長野市立博物館の活動—民間所在の未指定文化財に対して—」『地方史研究』第70巻第4号
原田和彦　2020d「長野市立博物館におけるレスキュー活動」『博物館研究』第55巻第8号
原田和彦　2020e「信州資料ネットの設立と活動・課題について」『信大史学』第45号
原田和彦　2020f「水損資料とその処置についてー長野市立博物館の事例—」『文化財の虫害菌』第80号
原田和彦　2021a「長野市立博物館における保全活動」『記録と史料』第31号
原田和彦　2021b「令和元年東日本台風と信州資料ネットの設立」群馬歴史資料継承ネットワーク編『群馬の歴史を未来へ』
原田和彦　2021c「台風19号災害の文化財レスキューと信州資料ネット」『歴史評論』第856号
浜田拓志　2020「地域の文化遺産の保全に対する博物館の役割」『日本の博物館のこれからII—博物館の在り方と博物館法を考える—』（http://doi.org/10.20643/00001481）
福島紀子　2016「神城断層地震にともなう個人所蔵文化遺産への対応」『信濃』第68巻第2号
簗瀬大輔　2020「台風一九号と歴史資救済活動のこれから」『武尊通信』第161号
山本英二　2020「東日本台風災害と信州資料ネット」『長野市立博物館紀要』人文系・第21号

著者紹介（掲載順）

内川隆志（うちかわ・たかし）

1961年生まれ。國學院大學文学部 教授

主な論著：2020「文化財保護思想のあゆみ」國學院大學研究開発推進機構学術資料センター編『文化財の活用とは何か』六一書房、2021「松浦武四郎明治十二年の旅―好古家とのネットワークをめぐって―」『國學院雑誌』122―12

窪田雅之（くぼた・まさゆき）

1956年生まれ。 松本市文書館 特別専門員、前 松本市立博物館 館長、信州大学他 非常勤講師

主な論著：2018『信州松本発。博物館ノート』書肆秋櫻舎、2021『松本平 安曇野 仁科の里観音札所百番めぐり』信州毎日新聞社、2022「郷土博物館の観光資源化―昭和10年代の松本紀念館の事例から―」『國學院大學博物館學紀要』46

浪川幹夫（なみかわ・みきお）

1959年生まれ。鎌倉国宝館 学芸員

主な論著：2017 NAMAZUの会編『新編 鎌倉震災志』（編集及び共同執筆）冬花社、2019「鎌倉における過去の津波について」『鎌倉市教育委員会文化財部調査研究紀要』創刊号、2021「鶴岡御神領 往還井谷々小道分間図（鶴岡八幡宮蔵）について」『鎌倉市教育委員会文化財部調査研究紀要』3

栗原祐司（くりはら・ゆうじ）

1966年生まれ。独立行政法人国立科学博物館 理事・副館長

主な論著：2009『ミュージアム・フリーク in アメリカ』雄山閣、2021『教養として知っておきたい博物館の世界』誠文堂新光社、2022『基礎から学ぶ博物館法規』同成社

松田　陽（まつだ・あきら）

1975年生まれ。東京大学大学院人文社会系研究科 准教授

主な論著：2019「不思議なモノの収蔵地としての寺社」山中由里子・山田仁史編『この世のキワ〈自然〉の内と外』勉誠出版、2020「「文化財の活用」の曖昧さと柔軟さ」國學院大學研究開発推進機構学術資料センター編『文化財の活用とは何か』六一書房、2021「観光政策と博物館認証制度」「博物館の未来を考える」刊行会編『博物館の未来を考える』中央公論美術出版

田中裕二（たなか・ゆうじ）

1975年生まれ。静岡文化芸術大学文化政策学部 准教授

主な論著：2016「平成26年度 英国野外博物館への現地調査報告 野外博物館の持続的発展を目指して」『東京都江戸東京博物館紀要』6、2017「公立博物館の外部資金導入―その経緯・事例・課題」『博物館研究』52―12、2021『企業と美術―近代日本の美術振興と芸術支援』法政大学出版局

竹内有理（たけうち・ゆり）
1969年生まれ。株式会社乃村工藝社、前 長崎歴史文化博物館 学芸員
主な論著：2012「博物館教育の内容と方法」『博物館学Ⅱ　博物館展示論・博物館教育論』学文社、2013「博物館における連携：ボランティア・市民・地域社会」「事例紹介：海外の博物館経営（イギリス）」『博物館経営論』放送大学教育振興会、2021『博覧会の世紀 1851-1970』（共著）青幻舎

奥野　進（おくの・すすむ）
1974年生まれ。市立函館博物館 学芸員
主な論著：2004「年表編（1970～2004）」『函館市史』、2015「5　第2次世界大戦後の知内の歩み」『新・知内町史』Ⅰ、2020「アイヌ絵粉本考」『市立函館博物館研究紀要』30

飯塚晴美（いいづか・はるみ）
1966年生まれ。公益財団法人東京都歴史文化財団 学芸員
主な論著：1998『犬張子調査と映像記録』江戸東京博物館調査報告書6、1999『川野の車人形調査と映像記録』江戸東京博物館調査報告書8、2000『御蔵島稲根神社祭礼・歌と踊り調査と記録映像』江戸東京博物館調査報告書11

説田健一（せつだ・けんいち）
1966年生まれ。岐阜県博物館学芸部 自然係長（学芸員）、岐阜大学 非常勤講師
主な論著：2013「岐阜県博物館が所蔵する折居彪二郎採集の標本と書簡について」折居彪二郎研究会編『鳥獣採集家折居彪二郎～鳥学・哺乳類学を支えた男～』一耕社出版、2019「学校標本を産業史の資料として活用するための視点：明治から昭和初期（戦前）までの標本販売業の変遷」『博物館研究』54―12、2020「学校理科室のライチョウ標本（岐阜県博物館）」楠田哲士編著『神の鳥ライチョウの生態と保全　日本の宝を未来へつなぐ』緑書房

増田浩太（ますだ・こうた）
1974年生まれ。島根県立古代出雲歴史博物館 専門学芸員
主な論著：2017『志谷奥遺跡出土青銅器群の研究』（共著）島根県教育委員会、2021「出雲における初期青銅器文化―荒神谷銅鐸の特質―」『山陰弥生文化の形成過程』島根県古代文化センター研究論集25、2022『荒神谷遺跡青銅器群の研究』（共著）島根県教育委員会

松沢寿重（まつざわ・ひさしげ）
1966年生まれ。新潟市新津美術館 館長、長岡造形大学 非常勤講師
主な論著：2004『牛腸茂雄作品集成』（共編著）共同通信社、2006『建築家・前川國男の仕事』（共編著）美術出版社、2018『阿部展也―あくなき越境者』図録（共編著）新潟市美術館

可児光生（かに・みつお）

1956年生まれ。美濃加茂市民ミュージアム 館長、岐阜大学 非常勤講師

主な論著：2015「博物館と学校を結ぶ」『博物館教育論』講談社、2017「地域資源と展示の在り方—多面的視点と博物館の連携をとおして」『展示学』54、2018「まちに欠かせないミュージアムに—美濃加茂市民ミュージアム」小川義和・五月女賢司編著『挑戦する博物館—今、博物館がオモシロイ!!』ジダイ社

大野　究（おおの・もとむ）

1961年生まれ。氷見市立博物館 主任学芸員

主な論著：2002「7　資料編五 考古」『氷見市史』（共著）、2009「七世紀の遺跡からみた越中四郡」木本秀樹編『古代の越中』高志書院、2016「地域とつながる博物館」『博物館研究』51—2

山田昭彦（やまだ・あきひこ）

1962年生まれ。岐阜県博物館 副館長 兼 学芸部長

主な論著：2013『大垣市史』通史編 自然・原始～近世（共著）、2019『岐阜地図さんぽ』（共著）、風媒社、2020『光秀が駆けぬけた戦国の岐阜』（共著）岐阜県博物館

山本哲也（やまもと・てつや）

1963年生まれ。新潟県立歴史博物館経営企画課 課長代理

主な論著：2004『博物館のウラおもて—レプリカの真実—（平成15年度冬季企画展解説書）』新潟県立歴史博物館、2011「博物館学史の編成について」『博物館学雑誌』37—1、2017「復興に果たされる“博物館のチカラ”とは何か」『博物館研究』52—8

小峰園子（こみね・そのこ）

1982年生まれ。葛飾区郷土と天文の博物館 学芸員

主な論著：2006『田んぼの学校　プログラム集 Vol.1』社団法人地域環境資源センター、2016「博物館における民具を利用した体験学習の現状と展望—葛飾区郷土と天文の博物館農業体験事業—」『博物館研究』51—8、2019「地域博物館の現状と課題—地域博物館に求められた「住民参加」の現在」『月刊社会教育』63—11

山本正昭（やまもと・まさあき）

1974年生まれ。沖縄県立博物館・美術館 主任学芸員

主な論著：2018『沖縄の名城を歩く』（共著）吉川弘文館、2021「今に残る沖縄戦後初の博物館施設」『法政大学沖縄文化研究所所報』87、2022「令和元年度博物館特別展『グスク・ぐすく・城』の実施経緯と新たな課題」『博友』33、沖縄県立博物館友の会

佐藤正三郎（さとう・しょうざぶろう）

1983年生まれ。米沢市上杉博物館 学芸員

主な論著：2009「地域博物館における「市民サークル主体型展示」の可能性」『野田市郷土博物館・市民会館年報・紀要』3、2012「出羽庄内藩にける武家奉公人徴集制度」地方史研究協議会編『出羽庄内の風土と歴史像』雄山閣、2015「博覧会出品解説書に見る山形名菓「のし梅」の製品改良」『和菓子』22

古川　実（こがわ・みのる）
1959年生まれ。元 青森県立郷土館 学芸課長
主な論著：1997『東通村史』民俗・民俗芸能編（共著）、2000『青森ねぶた誌』青森市（共著）、2008『新青森市史』別編3・民俗（共著）

白井豊一（しらい・とよかず）
1969年生まれ。川崎市市民文化局市民文化振興室 室長
主な論著：2021「令和元年東日本台風による川崎市市民ミュージアムの被災と新しい「あり方」の検討」『カレントアウェアネス』348

渡邉尚樹（わたなべ・なおき）
1958年生まれ。法政大学 兼任講師
主な論著：2019「公開承認施設の考察」『博物館学雑誌』44―2
渡邉尚樹氏は増補改訂版編集中の2023年3月18日に急逝されました。ここに謹んで哀悼の意を表します。

今野　農（こんの・ゆたか）
1976年生まれ。法政大学 兼任講師、目白大学・目白大学短期大学部 非常勤講師
主な論著：2005「庭園植栽の復元・整備に関する研究」『國學院大學博物館學紀要』29、2006「史跡整備と植物の関わりに関する研究」『博物館学雑誌』31―2、2008「野外博物館と文化財保護に関する研究」『國學院大學博物館學紀要』39

林　光武（はやし・てるたけ）
1963年生まれ。栃木県立博物館 学芸部長
主な論著：1990「Genetic differentiations within and between two local races of the Japanese newt, Cynops pyrrhogaster, in eastern Japan」『Herpetologica』46（共著）、2007「水田で産卵する両生類の生態」「カエル類の水路への落下対策とその効果」水谷正一編『農村の生きものを大切にする水田生態工学入門』農山漁村文化協会、2015『第103回企画展 とちぎのカエルとサンショウウオ』栃木県立博物館

瀬川　渉（せがわ・わたる）
1986年生まれ。横須賀市自然・人文博物館 学芸員
主な論著：2019『三浦半島の漁撈用具コレクション』横須賀市自然・人文博物館、2020「収集現場の映像とその資料的価値」『神奈川県博物館協会会報』91、2022「横須賀市須軽谷上の里の丸石道祖神」『横須賀市博物館研究報告（人文科学)』66

原田和彦（はらだ・かずひこ）
1963年生まれ。長野市立博物館 学芸員
主な論著：2020「松代藩の産物献上と地域社会―追鳥雉子を中心に―」鈴木直樹・渡辺尚志編『藩地域の環境と藩政』岩田書院、2021「『大地震一件』からみた一八四七年善光寺地震の被害分布」『災害・復興と資料』13、2022「松代藩における壱本証文と浪人格」『信濃』74―2

編者紹介

金山喜昭（かなやま・よしあき）

法政大学キャリアデザイン学部 教授
1954年、東京都生まれ。
法政大学大学院人文科学研究科博士後期課程（満期退学）。博士（歴史学）。
野田市郷土博物館学芸員、副館長を経て、法政大学キャリアデザイン学部へ。
2008年4月からロンドン大学（University College London）客員研究員（翌年3月まで）。全日本博物館学会常任委員、公益財団法人横浜市ふるさと歴史財団理事、公益財団法人茂木本家教育財団理事、東京都江戸東京博物館資料収蔵委員会委員など。
主要図書：『日本の博物館史』（慶友社、2001年）、『公立博物館をNPOに任せたら』（同成社、2012年）、『博物館と地方再生』（同成社、2017年）、『転換期の博物館経営』（編著）（同成社、2020年）など。

2022年6月25日 初版発行
2023年4月25日 増補改訂版発行　　《検印省略》

博物館とコレクション管理
―ポスト・コロナ時代の資料の保管と活用―〈増補改訂版〉

編　者　金山喜昭
発行者　宮田哲男
発行所　株式会社 雄山閣
〒102-0071　東京都千代田区富士見2-6-9
TEL　03-3262-3231㈹／FAX 03-3262-6938
URL　https://www.yuzankaku.co.jp
e-mail　info@yuzankaku.co.jp
振替：00130-5-1685
印刷・製本　株式会社ティーケー出版印刷

ISBN978-4-639-02901-4 C0030
N.D.C.069 284p 21cm